第二卷

中国近代文化史论 （上）

龔書鐸文集

中华书局

龚书铎（1929—2011 年）

在查阅史料

学术会议留影

北京师范大学哲学社会科学大会留影（前排左五，2006年）

国家清史纂修工程会议合影（右二）

中国近代文化史学术讨论会合影（前排左二，1984年）

近代中国与近代文化学术研讨会合影（前排右五，2007年）

目　录

近代文化漫论

一

　　英国用大炮打开了中国的大门，并扭曲了中国社会发展的正常轨道，中国由封建社会沦为半殖民地半封建社会。稳定的社会经济结构受到激烈的冲击，发生了不断的动荡和变革。相应地，原来牢固的、僵化的关系连同它们的古老而受崇信的观念和见解全都在被解体，新的观念和见解在形成。

　　新旧观念变化的一个重要表现是文化的价值观念的变化。鸦片战争前，中国传统的文化已经僵化、陈腐，不能适应现实的需要。鸦片战争时，"天朝大国"的清皇朝败于英"夷"，签订了屈辱的条约，不能不引起忧时之士去探究失败的原因，其中包括文化的原因。例如，姚莹就认为鸦片战争的失败，是由于"皆以考据为事，无复有潜心理学者"，"是以风俗人心日坏，不知礼义廉耻为何事。至于外夷交侵，辄皆望风而靡，无耻之徒，争以悦媚夷人为事，而不顾国家之奇耻大辱"①。姚莹的说法虽片面夸大，但从文化的因素来分析战争的失败，是有一定的合理性的。鸦片战争以后，面对着"数千年未有之变局"，一些有识之士采取了现实主义的态度，对中国传统的封建文化进行了反省，从怀疑以至批判；对西方文化加

①姚莹：《与陆制军书》，《东溟文外集》卷1。

以重新估价和认识，从鄙视转而肯定、接受。在他们心目中，在一定社会意义上，传统文化的价值在逐渐降低，西方文化的价值逐步上升。

文化的价值观念的变化，首先表现在对"夷夏之辨"这一传统观念的突破。分辨"夷"和"夏"，这本身就是价值判断。中国自古以来就严格区别"夷"、"夏"的界限，所谓"诸侯用夷礼则夷狄之"。"天朝大国"是文物礼义之邦，"外夷"都是野蛮落后的。明末来华的耶稣会传教士利玛窦曾就他亲身感受作了描述："他们不知道地球的大小而又夜郎自大，所以中国人认为所有各国中只有中国值得称羡。就国家的伟大、政治制度和学术的名气而论，他们不仅把所有别的民族都看成是野蛮人，而且看成是没有理性的动物。他们看来，世上没有其他地方的国王、朝代或者文化是值得夸耀的。"①即使到了近代，不少士大夫还是既暗昧无知，又虚骄傲慢，仍然"视四裔如魑魅"，"獉狉之俗"。他们顽固地固守传统的封建文化，对西方文化既很鄙夷又很恐惧，惟恐"用夷变夏"，一厢情愿地梦想"用夏变夷"，利用中西通往和火轮舟车等近代交通工具的方便条件，将孔孟圣道输往西方各国，"大变其陋俗"，拯救西方人免于"沦为异类"。

现实是无情的。人们尽管可以加以攻击、诅咒，但是现实终归是现实，并不会因此而改变。恰恰相反，是现实矫正人们的认识。这个过程也许是痛苦的。一些有见识的人之所以有见识，就在于他们勇于面对现实，敢于承认现实。鸦片战争爆发后，人们对"夷"、"夏"的观念已露出变化的端倪。少数有识之士不再抱着中国一切优越，外国一切落后低劣的陈腐观念不放，而是承认中国不是一切都好，外国不是一切都坏，中国也有不及外国的地方，叫做"船坚炮利不如夷"，并且还要"师夷长技"。当然这种承认是很有限度的，士大夫们的传统观念根深蒂固，只能逐渐地移步。曾国藩就认为："彼外国之所长，度不过技巧制造，船坚炮利而已。以夷狄之不知礼义，安有政治之足言。即有政治，亦不过犯上作乱、逐君弑君、蔑纲常、逆伦理而已，又安足法。"②只承认西方技艺、器物的长处，而贬

---

① [意] 利玛窦、金尼阁著，何高济等译，何兆武校：《利玛窦中国札记》上册，中华书局1983年，第181页。
② 宜樊：《政治之因果关系论》，《东方杂志》1910年第7卷第12期。

斥西方的政教习俗，并不是个别现象。比较起来，冯桂芬的认识要比这些人高出一筹。他不仅看到中国的技艺、器物不如西方，而且提出"人无弃材不如夷，地无遗利不如夷，君民不隔不如夷，名实必符不如夷"[①]。"四不如"，实际上涉及文化、经济、政治等中国都有不如西方之处。曾纪泽出使欧洲后，对"夷"的认识是颇有意思的。他认为中国士民对西洋诸国的态度存在着两种偏向，一种是"畏之如神明"，另一种是"鄙之为禽兽"，二者都是错误的，"彼诸邦者，咸自命为礼义教化之国。平心而论，亦诚与岛夷社番苗猺獠猓情势判然，又安可因其礼义教化之不同，而遽援尊周攘夷之陈言以鄙之耶？"[②]曾纪泽对少数民族虽还抱鄙视态度，但对西方国家的态度是正确的，它们也是礼义教化之邦，不能因与中国的礼义教化不同而加以鄙视，陈腐的"夷夏之辨"的观念必须抛弃。父子两代对"夷"、"夏"的观念显然不同，其间的"代沟"正反映了历史的前进。如果说冯桂芬、曾纪泽的认识还比较笼统，那么郑观应的说法就比他们具体，而且进了一步，认为西方的"治乱之源，富强之本，不尽在船坚炮利，而在议院上下同心，教养得法"[③]，并具体提出了兴学校、讲农学、保商务等一系列主张。19世纪末20世纪初，人们对"夷"、"夏"的认识继续在发展，已经是要学习西方的民权、自由、平等了。"夷夏之辨"是最腐朽的封建顽固势力用来反对学西方，反对社会前进的一件武器，它曾起了很坏的阻挠作用，然而最终这道藩篱还是被冲破了。

道器观念的变化。道和器是中国古代思想体系中的一对概念。道，指封建秩序、礼义纲常。器，指具体事物。道是体，是虚；器是用，是实。中国的儒家思想一直是重道轻器。鸦片战争以后，传统的道器观受到冲击。尽管顽固的士大夫还是极力要守道卫道，发出"立国之道，尚礼义不尚权谋，根本之图，在人心不在技艺"的谬论[④]，然而一些有维新思想的人，面对着社会的剧变，他们开始去重新思考和认识传统的道器观。王

① 冯桂芬：《制洋器议》，《校邠庐抗议》卷下，光绪十年豫章刻本。
② 曾纪泽：《巴黎复陈俊臣中丞》，喻岳衡点校：《曾纪泽遗集》，岳麓书社1983年，第194页。
③ 郑观应：《盛世危言自序》，陈忠倚编：《皇朝经世文三编》卷3，光绪石印本。
④ 《筹办夷务始末·同治朝》卷47，故宫博物院藏本。

韬、郑观应等人，都曾撰文阐述道器问题。王韬说："天下之道，其始也由同而异，其终也由异而同……今日欧洲诸国日臻强盛，智慧之士造火轮舟车以通同洲异洲诸国，东西两半球足迹几无不遍，穷岛异民几无不至，合一之机将兆于此。夫民既由分而合，则道亦将由异而同。形而上者曰道，形而下者曰器，道不能即通，则先假器以通之，火轮舟车皆所以载道而行者也。"[①] 从这段话可以看出，王韬认为中西之道只有差异，没有优劣之分，而且最终要归同合一；器则是沟通中西之道的契机。这就改变了传统的重道轻器的观念，器不是被动的，从属的，无足轻重的，器可以通道，器的地位和作用提高了。所以王韬还说："器则取诸西国。"

与道器问题相联系的是虚实问题。儒家思想的传统是尚虚文而轻于实际，空疏浮华，无实无用。西方文化的传播，不仅引起人们去重新认识传统的道器观，也促使人们从中西文化差异的比较中来检讨虚实的价值。冯桂芬提到的"名实必符不如夷"，就是要去虚文而求实际。左宗棠也认为："中国之睿知运于虚，外国之聪明寄于实。中国以义理为本，艺事为末；外国以艺事为重，义理为轻。"[②] 这里虽然没有提到道器，实际上是包含这层意思：义理为道为虚，艺事为器为实。他在比较中西虚实的得失时，倾向明显，目的在于提倡学习西方的求实精神，学习西方重艺事的风尚。

义利观念的变化。义利观是儒学体系中的一个重要内容。它有两方面的含义：一是指个人修养，要人重义轻利，不要见利忘义，嘉道间学者陈寿祺针对当时士习弊陋，醉心利禄的情况，撰《义利辨》以教士；一是指治国之道，讲礼义道德，重农养民，孟子所谓："王何必曰利，亦有仁义而已矣"；董仲舒说："正其谊不言其利，明其道不计其功。"这里所论述的义利观的变化是指后者。

鸦片战争前后，言义不言利的传统义利观已经在发生变化，有人就批评讳于言利是迂腐之见："利在天地间，原不禁正人拟议，彼畏利而讳言

<hr>

① 王韬：《弢园文录外编》，中华书局1959年，第1—2页。
② 左宗棠：《拟购机器雇洋匠试造轮船先陈大概折》，《左文襄公全集》卷18，光绪刻本。

者，特小儒拘滞之见，而不足以探本也。"①当时兴起的经世之学，正是反传统的"贵义贱利"，而注重于计功言利，以解决国计民生的实际问题。在近代，继承并发展了重功利的经世之学，成为时代的潮流。事实上讲功利与重器、求实的思想是一致的，只不过是这个体系中的不同概念。

与义利相联系的是本末。在中国封建社会里，在儒家思想中，贱利就是崇本抑末、重农轻商。而在近代，则是反对学西方的科学技术、器物制造、工商之利。如王韬概括指出的："中国自古以来重农而轻商，贵谷而贱金，农为本富而商为末富。如行泰西之法，是舍本而务末也。"②但是时势的变化已经不允许再保守传统崇本抑末的观念，必须是转而崇末务末了。一些具有维新思想的人士，都很强调取法泰西振兴工商的重要意义。他们一反传统的重农观念，把商提到前所未有的重要地位上，说"商务者国家之元气也，通商者疏畅其血脉也"。甚至认为商"与士、农、工互相表里"，"握四民之纲领"。他们还把振兴商务提到抵制外国侵略的高度上，认为"欲制西人以自强，莫如振兴商务。安得谓商务为末务哉？"③从以农立国到工商立国这一本末观念的变化，实质上是要求变封建经济为资本主义经济的表现。

社会伦理观念的变化。伦理纲常在中国社会是天经地义不可违背的，如"日月经天，江河行地"。直到戊戌维新运动时，张之洞还在鼓吹"五伦之要，百行之原，相传数千年，更无异义。圣人所以为圣人，中国所以为中国，实在于此"④。然而资产阶级维新家和革命家却吸取了西方资产阶级的"天赋人权"思想，尖锐批判纲常名教，指出"三纲五伦之惨祸烈毒"，"官可以无罪而杀民，兄可以无罪而杀弟，长可以无罪而杀幼，勇威怯，众暴寡，贵凌贱，富欺贫，莫不从三纲之说而推，是化中国为蛮貊者，三纲之说也"⑤。他们提倡民权，主张"人人平等，权权平等"，以资产

① 宗稷辰：《裕本篇》，《躬耻斋文钞》卷1，咸丰元年越岷山馆刻本。
② 王韬：《弢园文录外编》，第45页。
③ 夏东元编：《郑观应集》上册，上海人民出版社1982年，第604、607、614页。
④ 张之洞：《劝学篇·内篇十四·明纲》，光绪二十四年中江书院刻本。
⑤ 何启、胡礼垣：《〈劝学篇〉书后》，《新政真诠》五编卷15，光绪二十三年格致新报馆排印本。

阶级的民权、平等观来反对封建的伦常观。封建纲常伦理的权威削弱，而民权、平等思想越来越产生了广泛而深刻的影响。

以上所说的这些观念的变化，只是举例而言，并不是全面情况。不过这些观念都是具有根本性的观念。从这些观念变化的情况，可以反映出传统文化在西方文化冲击和影响下发生的变化。一些世世代代相传的陈腐的文化观念被怀疑、否定以至抛弃，一些新的有生气的文化观念在萌发、形成和发展，封闭被打破，束缚在逐渐被解除，这是历史的进步。

二

夷夏、义利等都是观念的。但是，观念、认识的变化是实际的、行动的变化的前提。正是由于人们对中西文化的价值在观念上发生了变化，才有学习西方文化的要求，并成为实际的行动（首要的是由于中国社会的变化，这里略而不谈）。

在近代中国，人们对学习西方文化，在认识和要求上，都有一个发展过程。鸦片战争刚过去时，魏源的"师夷长技"主张，很受到非议和反对，认为"失体孰甚"。但是，尽管反对者的势力很大，大有誓死保卫"圣道"之慨，西方文化毕竟还是在中国传播开来。由于时间的变化，一部分士大夫不能不因时达变，摆脱传统的偏见，去接受西方文化。甲午战争以后，民族危机的刺激，维新运动的发展，人们对了解、吸取新知识如饥如渴，译书、报刊、出版繁荣一时。梁启超在追述20世纪初年的情况时说："壬寅、癸卯间，译述之书特盛；定期出版之杂志不下数十种，日本每一新书出，译者动数家；新思想之输入，如火如荼矣。然皆所谓'梁启超'式的输入，无组织，无选择，本末不具，派别不明，惟以多为贵，而社会亦欢迎之。"①这段话既反映杂而滥的情况，也表明追求新知识的热情。

---

① 梁启超：《清代学术概论》，中华书局1954年，第71页。

在传播、吸取西方文化的过程中，在中国近代文化的发展过程中，有两方面的进展值得注意：一是从单纯注重艺学到发展为重视政学，政、艺学兼收，而以政学为主；一是由汉宋会通，通经致用，进而为中西会通。

鸦片战争后，少数有见识的人提出学习西方制造坚船利炮等器物的技艺。60年代以后，"采西学"、"制洋器"成为更多的人议论的题目。这些具有洋务思想的人虽然仍相信并坚持中国的圣道优于外国，西方"未闻礼义之风，儒者教化"，"礼乐教化，远逊中华"，但他们却不能不承认西方器物技艺之精良为中国所不及，认为中国应当因时变通，"诚使孔子生于今日，其于西国舟车枪炮机器之制，亦必有所取焉"[①]。变器而不变道，"器则取诸西国，道则备自当躬"。正是在这种思想认识的指导下，介绍西方自然科学，吸取其器物技艺，成为甲午战争以前学习西方的主要内容。洋务官员办了一批军用和民用工业，还办了一些学堂。这些学堂，大体上属于外语、军事技术、工艺三类。此外，也有人主张于科举中"特开艺学一科，以储人才"。左宗棠赞成这一主张，认为开艺学特科后，可以以功名富贵吸引聪明才智之士来学习西方技艺。他如郑观应、陈虬等人也都主张设科以鼓励人们对西学的探究，他们所说的西学还是指格致艺学。

甲午战争以前，传播、学习西学的范围并不仅限于器物技艺，但主要的还是在这方面。甲午战争以后，随着政治形势发展的需要，人们的视野也更开阔，传播西学的热情高涨，所涉方面较之战前广泛得多。社会科学、人文科学较科学技术的比重越来越增大。据顾燮光《译书经眼录》统计，1901年至1904年译书共533种，自然科学方面为132种，只占总数的1/4弱，而社会科学、文学等占了3/4强[②]。这种情况反映了中国士大夫接受西学变化的趋向，即由认为"师夷长技"是"失体孰甚"，进而学习西方的器物技艺之学，再进而学习政治、经济、哲学、教育、史学、文学等，同时也反映他们思想上传统的束缚不断被打破。戊戌变法时，张之洞在所撰《劝学篇》中也已提出"西学亦有别，西艺非要，西政为要"。当然张

---

① 王韬：《弢园文录外编》，第323页。
② 张静庐：《中国近代出版史料二编》，中华书局1957年，第100页。

之洞所说的西政，其含义自与维新派有别。康梁维新派强调政学，主体思想是民权、立宪，这却是张之洞所激烈反对的。尽管如此，人们的着眼点不局限于艺学，而是艺学、政学并重，甚至认为政学更为重要。梁启超就主张，"今日立学，当以政学为主义，以艺学为附庸"。他们所以强调政学的重要，是因为深感能"讲求古今中外治天下之道"的政才乏人，需要培养造就这方面的人才。"使其国有政才而无艺才也，则行政之人，振兴艺事，直易易耳……使其国有艺才而无政才也，则绝技虽多，执政者不知所以用之，其终也，必为他人所用。"①显然，这是反封建的社会政治改革的需要，目标是培养资产阶级政治人才。生产工艺的变革引起社会政治的变革，而社会政治的变革为工艺变革提供了保证。从艺学到政学艺学并重、政学为主，体现了社会的前进，也表现了文化本身的发展。

在近代文化发展过程中，另一个值得注意的趋向是汉宋会通进而主张中西会通。道光间由于面临的社会危机，汉学、宋学自身的衰落，对现实的无能为力，于是喧嚣一时的汉宋之争转而走向调和。从李兆洛到陈澧，都提倡汉宋兼采会通，而其归结则在通经致用、明体达用。因而，经世之学复兴。同光间，西学传播日渐繁衍，儒学地位受到冲击，趋于下降。而中学与西学之争尖锐地存在。王韬曾说："咸丰初元，国家方讳言洋务，若于官场言及之，必以为其人非丧心病狂必不至是……不谓不及十年，而其局大变也。今则几于人人皆知洋务矣。"②王韬说的是洋务，包含广泛，虽不是专指西学，但也应涵西学于其中，可以反映西学传播的情况。西学的广泛传播和吸取，目的也是为了经世致用。其归结是中西调和、中西会通的提出。

从中学与西学之争进而主张中西调和、会通，基本上也是出现于甲午战争以后，康有为在戊戌变法时就针对"由科举出身者，于西学辄无所闻知，由学堂出身者，于中学亦茫然不解"的弊病，提出会通中西学的主张。他认为"中学体也，西学用也，无体不立，无用不行，二者相需，缺

---

① 梁启超：《学校余论》，《饮冰室合集·文集之一》，中华书局1936年，第61—64页。
② 王韬：《弢园文录外编》，第32页。

一不可"，因而必须"泯中西之界限，化新旧之门户"①。此后，也有人阐述了类似的见解，"取东西而熔为一冶"，"以成一国之学"。

中西并举、会通的联结点是经世。梁启超为湖南时务学堂制订的学约，第九条即为"经世"，列为课程。其中写道："必深通六经制作之精意，证以周秦诸子及西人公理公法之书以为之经，以求治天下之理；必博观历朝掌故沿革得失，证以泰西希腊罗马诸古史以为之纬，以求古人治天下之法；必细察今日天下郡国利病，知其积弱之由，及其可以图强之道，证以西国近史宪法章程之书及各国报章以为之用，以求治今日天下所当有事，夫然后可以言经世。"②这里所说的经世之学，就是中西两学的会通融合。

政艺两学、中西两学都是经世致用的。政艺两学实际上包融于中西两学。它的特点，诚如梁启超自己说的，他和康有为、谭嗣同等人"冥思苦索，欲以构成一种'不中不西即中即西'之新学派"③。"不中不西即中即西"，确是贴切地概括了清末新学的特点，也是近代文化的特点，它表明了这种新文化既是进步的，又是不成熟的，缺乏完整的体系，新与旧、精华与糟粕混杂。

三

上面从一些观念的变化和西学传播的发展脉络论述了近代文化的衍变，下面，我们还需要进一步考察近代文化的衍变在中国文化史上的地位。

中国古代文化光辉灿烂，丰富多彩，为世人称道。但是谈到近代文化，人们总不免觉得它落后、贫乏，既没有"世界之最"，也没有像《红

---

① 康有为：《奏请经济岁举归并正科并各省岁科试迅即改试策论折》，汤志钧编：《康有为政论集》上册，中华书局1981年，第294—295页。
② 梁启超：《湖南时务学堂学约》，李华兴等编：《梁启超选集》，上海人民出版社1984年，第58页。
③ 梁启超：《清代学术概论》，第71页。

楼梦》那样使多少人为之倾倒的杰作。近代文化确有不如古代文化之处，这只是一面。近代文化也有为古代文化所不及、所没有的，这是另一面。全面地对待近代文化，才符合客观实际。况且近代文化的落后，并不单是到近代才造成的，在此之前即已存在。

近代中国是半殖民地半封建社会。帝国主义的侵略，封建主义的压迫剥削，给中国社会造成残破、贫困、落后。然而这仅是一面，不是它的全貌。在这个社会里，不论经济、政治、文化都有进步、发展，出现了新东西。毛泽东说："这种资本主义经济，对于封建经济说来，它是新经济。同这种资本主义经济同时发生和发展的新政治力量，就是资产阶级、小资产阶级和无产阶级的政治力量。而在观念形态上作为这种新的经济力量和新的政治力量之反映并为它们服务的东西，就是新文化。"[1]这里所说的新文化，在旧民主主义革命时期，即指资产阶级民主主义文化。

在近代中国，这种资产阶级民主主义的文化虽然有它的经济基础和阶级基础，但就其本身来说，却不是土生土长的，而是从西方移植来的。当然这有一个发展过程，有一个吸取、消融、变化的过程，在与传统文化逐步揉合的过程中形成自己的特色。前面所阐述的一些观念的变化和政艺两学并重、中西两学会通的发展脉络，可资佐证。

综观八十年文化发展的历程，可以说它的核心是民主和科学。以民权、平等为核心的资产阶级新文化，打破了以纲常伦理为核心的封建主义旧文化长期统治的地位。文化的结构发生了根本性的变化。而部门文化也相应地发生了显著的变化：一些传统部门衰落了，最突出的是经学；有的传统部门有了新的发展变化，或用资产阶级的观点、方法作出新的解释；不少新的部门兴起，包括文化机构和设施。达尔文进化论的传播，突破了儒家传统哲学的藩篱，在中国哲学史上是一次革命性的变化。各级新式学堂的兴办，代替了科举制和书院。小说、戏剧地位的提高和创作的繁荣，改变了传统的诗文为主的文学结构。西方的自然科学理论和技术，只是到

---

[1]《新民主主义论》，《毛泽东选集》第2卷，人民出版社1991年，第695页。

了近代才在中国真正植根。这些，不过是举例而言。总之，从文化的指导思想到它的具体部门，都发生了重大的变化。这种变化，是前进的，活跃的，生气勃勃的。应该说，这八十年的变化，在中国文化发展史上正处于承前启后的地位。对前而言，它继承和发展了传统文化，又改变了长期以来（至少明代以来）封建主义文化腐朽、凝固、呆滞、沉闷的局面，建立了进步的、开放的、丰富多样的、活泼的新文化。对后而言，它为五四新文化运动，为以后新文化的发展，准备了条件，打下了基础。尽管这时期的新文化还不成熟，没有完整的体系，甚至是幼稚的、粗糙的，但是没有它，也不会出现五四新文化运动，不会有后来的新文化，也难以建设今天的社会主义文化。历史总是向前发展的，我们不能割断历史，更不能割断文化的历史，对于近代文化的历史地位和作用应当给予实事求是的科学评价。

当然近代文化在产生和形成的过程中，不可避免地有着自身的片面性、缺点以至错误。例如，在会通、融合中西两学时，自然夹杂着西方资本主义文化消极的东西和中国封建主义的因素。在强调政艺两学并重或以政学为主时，除去因为政治现实的需要外，却又认为艺难学，基础差，而政易学，鼓吹多学政，实际上还是重道轻器，重虚轻实的传统，对于自然科学的发展不无影响。近代文化的发展与政治关系特别密切，政治运动的发展推动了文化的发展。但是，由于片面强调致用，不重视其自身的价值，使文化成为政治的附庸，失去其应有的独立性，因而成就受到影响。

（原载《北京师范大学学报〔社会科学版〕》1985年第5期）

近代中国文化三题

一

"在'五四'以前，中国的新文化，是旧民主主义性质的文化，属于世界资产阶级的资本主义的文化革命的一部分。"毛泽东同志在《新民主主义论》中提出的这一论断，对五四前的近代中国文化作了根本性的评价。这个论断，包含了以下几层意思：一、近代新文化的产生在中国文化史上是一次革命；二、近代新文化是资产阶级民主主义性质的文化；三、近代新文化是世界资本主义文化的一部分。中国近代文化正是由于它的世界性而具有不同于古代文化的新的特点。

鸦片战争以前，中国封建社会在经历了漫长岁月的发展之后，已经进入末世、衰世，"凄凉之雾，遍被华林"。尽管如此，封建统治者仍然以"天朝上国"自我陶醉，把自己封闭起来，闭关锁国。地域性，分割性，这是封建社会的局限。作为这个社会组成部分的文化，基本上也是封闭型的文化。虽然明清之际也还吸收由耶稣会士传播进来的西方的某些自然科学，但对中国文化没有发生深刻影响。中国固有的文化系统没有因此而引起重大变化。西方资本主义文化在迅速发展，而中国以儒学为中心的封建文化却凝固到僵化的程度。中西两个文化系统几乎完全脱节、背离。中国掌握文化的士林主体因自我封闭而浑浑噩噩，对外国事务暗昧无知。他们顽固地执着"华夷之辨"、"人禽之防"的观念，盲目虚骄，依旧认为只有中国才是最文明的"礼义教化之国"，此外都是野蛮的"夷狄之俗"。这是鸦片战争前士林中绝大多数人的文化心理和文化性格。

事情往往看来是似乎奇怪而矛盾的。鸦片战争的结局，竟然是"未闻礼义之风、仁者教化"的"夷狄"打败了"礼义教化之国"。英国用大炮迫使中国沦为半殖民地社会，但也打破了清王朝与"文明世界"隔绝的状态。伴随着大炮、鸦片、商品和传教士被推进入中国的是西方文化。清王朝面临的空前危机，不仅因内部种种矛盾而弄得焦头烂额，而且由于外来的威胁而使"天朝上国"的权威遭到损害，为之服务的封建文化也遇到西方资本主义文化的挑战。西方文化像一阵风似的在封建文化这潭死水里吹起了波浪。一切都来得那么突然，社会缺少应有的条件，人们没有必要的思想准备。只有一个严酷的事实迫使人们无法回避而必须作出回答：为什么"礼义教化之国"，"昌明隆盛之邦"竟惨败于"鄙之为禽兽"的"夷狄"？林林总总的士大夫中一些有见识者被大炮的轰鸣声惊醒起来，屈辱、剧变使他们不能不面对现实，冷静地对自己的文化进行反省，对西方文化给予重新估价和认识。

文化的发展变化是一个社会的、历史的过程，认识的变化同样也是一个社会的、历史的过程。人创造了文化，反过来文化又陶铸、制约着人。人们要对自己固有的文化和西方文化作出恰当的估价和认识，并不是轻而易举的事情，而是一个困惑的、苦恼的、艰难的历程。中国近代文化就是在艰辛的历程中走向世界的。

在鸦片战争爆发后的20年间，少数有识之士感时忧世，被迫睁开眼睛去看世界。他们感受到"夷狄"并不是那么野蛮落后，至少还有某些"长技"，还有可"师"之处。于是了解西方、介绍西方的主张和撰述也逐渐多起来了，尽管是肤浅以至有许多谬误。这不能不说是开风气之先。但是，人们对当时笼罩着的封建文化并没有任何怀疑，即使是睁眼看世界的有识之士，也是对之坚信不移的。主张"师夷长技"的，可以说是凤毛麟角。主张了解西方并不等于就赞成学习西方，甚至连撰写了介绍西方著述的人对于"师夷长技"却很反对，认为"其始皆出中华"，"反求胜夷之道于夷，古今无是理"，"失体孰甚"。在两种文化系统开始相遇接触的情况下，士大夫们的文化心理是既傲慢又疑惧。但不论出于何种心理，都是极力卫护封建文化。曾国藩在太平天国起义中所发布的《讨粤匪檄》，或许是具有典型性的。这是一场阶级斗争，如果从文化的角度来考察，则在一定程度上反映了中西两种文化的冲突。曾国藩就是利用士大夫这种卫护封建文化的心理来作号召，从而最大限度地把他们集聚在自己的旗号下。

尽管封建文化对西方资本主义文化执着地抗争，但它却显得越来越无能为力。19世纪60年代后，如倭仁、李鸿藻、徐桐辈虽竭力保卫"圣道"，赞美讴歌以儒学为中心的封建文化如"日月经天，江河行地"，然而人们对封建文化并不象以往那样把它看得那么十全十美，而对西方文化的价值则给予更多的重视。五六十年代之交出现的洪仁玕的《资政新篇》和冯桂芬的《校邠庐抗议》，大致显示了文化观念发展变化的趋向。"中体西用"，是以封建文化为主体的前提下来承认西方文化中的器数之学（艺学），毕竟是意识到西方文化的某种价值，并要加以学习、吸收，用它来辅助封建文化，卫护封建文化。

19世纪末20世纪初，甲午战争的风暴给中国社会带来又一次的灾难，也给中国士人敲起了新的警钟。如果说五十多年前士大夫中一些有见识者从"天朝上国"开始失去权威的遭遇中惊醒起来，那末五十多年后一批新的知识分子则是在瓜分危机的险恶环境里觉醒起来。他们已不再满足于只注重西方的艺学，而是进一步扩展开来，学习、吸取西方的社会政治学说、哲学、文学、艺术、教育、史学……并用西方的民权、自由、平等来批判封建文化的核心伦理纲常，用西方资产阶级的观点、方法来研究、评价自己的文化。这是一场资产阶级新文化运动的滥觞。它的延续和发展，而有五四新文化运动的出现。五四新文化运动对封建文化所进行的猛烈冲击，不论广度和深度都是前所未有的。

对近代文化的变化所作的轮廓勾画，难免会有粗枝大叶之嫌。不过从它的变化历程和发展线索，大体可以看出近代文化是怎样走向世界的。中国封建文化在它发展的过程中，曾经不断消融、吸收某些外来文化，以为对自身的补充和丰富。外来文化即如影响很大的佛教文化，它的传入并没有能改变以儒学为中心的封建文化体系，倒是被消融于这个体系之中。然而近代则不同，当时闯进中国社会的西方文化，不仅是某一局部的具体的领域，而是与封建文化根本异质的资本主义文化体系。已经由盛而衰近于僵化的封建文化面对着比自己先进而具有活力的资产阶级文化，不可能也无力来消融它。拼命地抵拒、抗争，结果是节节退却。在近代中国社会，文化面临的问题不再是在原来体系的基础上单纯的消融外来文化，而是建构资产阶级的新文化，是资本主义的文化革命。这场新的文化运动，使中国文化出现了"裂变"，推动了中国文化向前发展。

马克思和恩格斯在《共产党宣言》中指出："资产阶级，由于开拓了世界市场，使一切国家的生产和消费都成为世界性的了"，"过去那种地方的和民族的自给自足和闭关自守状态，被各民族的各方面的互相往来和各方面的互相依赖所代替了。物质的生产是如此，精神的生产也是如此。各民族的精神产品成了公共的财产。民族的片面性和局限性日益成为不可能，于是由许多种民族的和地方的文学形成了一种世界的文学（按："文学"一词，成仿吾译本作"文献"）"。中国文化终于打破了封闭的、孤立的状态，进入世界文化的行列，成为世界性的文化。当然，这种世界性的起始并不是由于中国文化自身的正常发展所造成的，而是由于外国资本主义的侵略而被卷入的，是产生在半殖民地半封建社会这个特殊的环境里，它没有能真正建立起一个完善的成熟的体系，却不能不带有被动的悲剧性格。尽管如此，近代新文化属于世界资产阶级的资本主义的文化革命的一部分，终归是一个历史的进步。

二

中国近代资产阶级新文化是出现在半殖民地半封建社会里，它和欧洲资本主义文化的产生发展走着不同的道路，从而具有自己的特点。欧洲的资本主义文化以文艺复兴为起点，发现了人的价值，鼓吹人文主义和理性，反对封建主义和教会的黑暗统治，反对经院哲学的腐朽世界观。中国缺少这样的社会条件，没有在自己的土壤上萌发出资本主义新文化，而是在封建文化的基础上输入西方的资产阶级文化，在半殖民地半封建社会里建构起自己的近代文化。一定的文化是一定社会的政治和经济的反映，又给予巨大影响和作用于一定社会的政治和经济。灾难深重的近代中国，面临要解决的基本问题，是挽救国家免于日益沉沦，是自强以抵御外侮，是反对腐朽的封建主义。简而言之，就是独立和民主。这也是近代文化所要反映的主要内容。可以说，近代文化的基本主题是为了反对侵略、救亡图存，为了开通民智、陶铸国魂，为了振兴中华。

近代文化的这个基本主题，从鸦片战争开始就出现了。当时一些注重经世之学的人研究边疆史地，重视边防问题；介绍外国历史、地理、社会情况，注意了解西方；研究撰写当代史，总结清朝在鸦片战争中失败的教训。诗文中抨击英军的侵略暴行，赞颂军民的抗英斗争，悼念爱国将领的壮烈殉国，成为一时潮流。而成为思潮的集中表现的，是"师夷长技以制夷"的提出。凡此种种，都归结到一点上，即为了"图制夷之策"，"冀雪中国之耻"。

此后，文化一直是围绕着这个基本主题发展的。19世纪60年代到90年代的三十多年间，传播、学习西方的声光化电等自然科学和技术——艺学盛行起来。艺学的讲求，显然是为了国家的"自强"，为了"富国养民"。"科学救国"口号的提出，不论它存在着何种不切实际的弱点，但是救国的愿望和热情却是不应抹煞的。19世纪末20世纪初，随着形势的发展，资产阶级新文化更加全面地、广泛地反映这个基本主题。从宣传达尔文进化论的生存竞争，到歌唱"中国男儿，要将双手撑天空"；从鼓吹天赋人权思想，到呼吁改革社会；从兴办学校以育人才，到提倡"强种保国"的体育运动；从"诗界革命"、"小说界革命"、"史界革命"，到探讨"国民性"……文化的各个领域，几乎都围绕着一个中心而发挥作用，这就是宣传爱国救国，"开通民智"，"唤起国民魂"，"改良社会"，维新革命。辛亥革命后的新文化运动提出的科学和民主的口号，无疑是这个基本主题的深入发展，它起了猛烈冲击封建文化和思想启蒙的作用。

近代中国文化既是在灾难深重的环境中产生发展，也是在救国兴华氛围中产生发展的。在这样一个环境中，人们不断被压抑、忧愁、感伤、烦恼、痛苦袭击缠绕着心灵。但是，人们的思绪情感并不只是沉湎于悲凉凄怆之中，不是怨天尤人，无所作为，而是悲愤激越、雄沉慷慨，表现了强烈的民族责任感。从林则徐的"苟利国家生死以，岂因祸福避趋之"，到秋瑾的"拼将十万头颅血，须把乾坤力挽回"，都充满着信心、希望和献身的精神。时代的氛围，人们的心理和感情，体现在文化上形成了特有的基本格调。这种基调，并不像有的论者所断言的是"悲凉"，而是悲愤激越的。

近代中国文化又是在社会经济和政治变革中兴起的，并随着政治形势的发展而发展。它既是因社会需要的兴起，又因为它能对社会发生积极的促进作用和影响而受到社会的重视。应该说，近代中国文化的发展是迅速的，有活力的，相对地是丰富多姿的。文化的生命力在于它能否反映时代的精神，在于它对社会进步是否关心，对社会进步所起的作用如何。文化如果对社会漠不关心，不发生积极作用，脱离了时代，脱离了社会，它就会因不为社会所需要而萎缩，失去生命力。近代中国文化发展的历程，当会给人们提供有益的启示。

但是，文化既制约于社会，本身又是社会的组成部分。它具有相对的独立性。这种独立性表现在它的能动作用，也表现在它自身系统发展的承续性。文化发挥它的社会功能，恰恰是通过它自身的特性来体现的。忽视文化本身的特性，不能不产生片面性。近代中国面临的民族危机的严重性，强烈地寻求种种救国救民的途径和手段，文化被完全用来"经世致用"自可以理解。急剧而短促的变化，实用而至于急功近利，不可避免地忽视了文化的特性。王国维曾敏感地看到当时存在的问题，他在1905年写的文章中就指出："彼等于自然主义之根本思想固瞢无所知，聊借其枝叶之语，以图遂其政治上之目的耳。由学术之方面观之，谓之无价值可也。""又观近数年之文学，亦不重文学自己之价值，而唯视为政治教育之手段。"①看来王国维是由于不赞成学术文化应具有社会功能而发出这番议论，但他认为将学术文化只视为政治教育的手段，不重视它本身的价值，则是说出了所存在的问题。正是片面追求致用，对固有文化没有认真地研究继承，对西方文化缺乏系统、深刻的了解，近代新文化难免存在一般化、割裂、肤浅、粗疏等缺陷。例如哲学、文艺等领域，存在的缺陷是明显的。哲学与政论糅合，出现了哲学被淹没于政论，缺乏独立的哲理思维，更谈不上建构哲学体系。文艺则表现为艺术质量不高，没有鲜明的艺术形象，缺乏艺术感染力，一般都比较概念化，往往成为作者的政治"传声筒"。这同样也对人们具有启示意义。

三

西方文化的输入和传播，对中国社会和固有文化来说，是一个很大的冲击。两种异质文化系统在经过接触之后，不可避免地要发生矛盾、冲突，甚至是相当尖锐。但在矛盾斗争的过程中，西方文化逐渐被接受、吸取，并成为中国社会文化的组成部分。如何对待固有文化，如何对待西方文化，成为人们思考探究的问题。近代八十年间，议论纷纷，归纳起来，大致有四种主张：一、卫护封建文化，反对西方文化；二、全盘欧化；三、中学为体，西学为用；四、中西会通融合。这里对于前两种主张不多赘述，只就后两种主张稍作议论。

"中体西用"的思想，在鸦片战争时期林则徐、魏源提出的"师夷长技"，实际上已为开端。冯桂芬著《校邠庐抗议》，标榜"以中国之伦常名教为原本，辅以诸国富强之术"②，明确了这一思想。60年代以后，洋务事业实即沿此宗旨进行，并进一步概括为"中学为体，西学为用"的八字方针。对于这个方针，现代人看来难免会觉得幼稚可笑，认为是"愚妄的

---

① 王国维：《论近年之学术界》，《教育世界》1905年第93期。
② 冯桂芬：《校邠庐抗议》卷下。

应变哲学"。简单地宣布一种说法的错误，是比较容易的。问题是在于分析为什么产生这样一种说法，而不是比它更高明的说法。从近代中国发展的历史过程看，"中体西用"论无疑是社会和时代的产物。在中国沦为半殖民地，而封建主义仍笼罩着整个社会的情况下，阶级的利益，民族的感情，社会的心理，文化的惰性，人们对两种异质文化体系的认识，只能达到这样一个水平。他们所要求实现的是维持封建文化以为主体，但又要吸收西方文化中某些可以接受的东西以为辅助，并以前者来包融后者。事实上是中西两种文化的捏合、拼合，是中国封建文化的核心——儒家的伦理纲常加西方的近代工业和技术。这就使"中体西用"论具有双重性格：一方面，它是作为近代文化的过渡环节而存在，起过积极作用；另一方面，它在中国这个社会条件下长期产生影响，起着消极的作用。20世纪初出现的国粹主义，在政治上有反对清王朝君主专制的进步意义，在文化上也有抵制崇洋而抹煞中国固有文化的作用，但从根本上说则是保守的。国粹主义者虽不反对吸收西方文化，却认为国粹是"道德之源泉，功业之归墟，文章之灵奥"，"国粹者，精神之学也；欧化者，形质之学也"[①]，把中西文化截然判分为精神与形质之别，以国粹助欧化，以西学证中学，实际是"中体西用"的变种。后来，又有所谓"本位文化"或"主位文化"，姑不论其政治目的如何，就文化观而言，无非是继"中体西用"论之绪余。

中西文化会通融合的主张较为晚出。这种主张的出现，是在鉴于"中体西用"论的弊端，并给予批判而提出的。康有为在戊戌变法时期即针对"中西两学不能会通"的不正常现象，提出会通中西的主张，要"泯中西之界限，化新旧之门户"。其后，严复也提出"统新故而视其通，苞中外而计其全"的说法。五四运动前，李大钊在对东西文化进行比较之后，认为这两种文化"如车之两轮，鸟之两翼，缺一不可"，主张两者"必须时时调和，时时融会，以创造新生命，而演进于无疆"。中西会通论者企图"取东西而熔为一冶"，"以成一国之学"。诚如梁启超所说的，"欲以构成

---

① 许守微：《论国粹无阻于欧化》，《国粹学报》1905年第7期。

一种'不中不西即中即西'之新学派"。

"新学"一词，大体上出现于19世纪末。新学与西学这两个词虽有时混用，但新学并不等于西学。西学，顾名思义是指在中国介绍、传播的西方的学术文化。新学固然离不开西学，没有西学也就谈不上新学，但新学却不仅限于西学，它还融铸了中国传统文化，是中国人自己的创造。即如维新思潮的主要构成民主民权思想，无疑是受西方政治学说的影响，但也吸收了传统文化中的"民本"思想，从王韬到谭嗣同等人的著述里都明显地体现出来。孙中山的思想学说体系，不仅是审慎地吸取了西方文化，而且有抉择地接受了传统文化，运用自己的独立思考，加以融会贯通。在一些部门文化里，也在建构自己的新学体系，例如谭嗣同的《仁学》、康有为的《大同书》、夏曾佑的《中学中国历史教科书》（《中国古代史》）、王国维的《〈红楼梦〉评论》、蔡元培的《中国伦理学史》等等。

中西文化会通融合点是什么？概括地说，其基本点是"经世致用"。严复说得较明显，他认为凡可以愈愚、疗贫、起弱的，"惟求之为得，不暇问其中若西也，不必计其新若故也"。总的目标和近代文化的基本主题是一致的，是因为"神州之陆沉诚可哀，而四万万之沦胥甚可痛也"，也就是在于救亡图存。

中西文化在矛盾中虽有会通融合，但是在不少具体领域里，长期存在的情况是中西并存，互相轻视和排斥。如中国画和西洋画，民族音乐和西洋音乐，戏曲和话剧、歌舞，中医和西医等，尤为明显。当然也有被"吃掉"的，如科举、书院、私塾，在经过与学校之争后，逐渐从历史舞台上消失，而完全为学校所代替。文化需要进行综合性的研究，但也不排斥对具体部门的探讨。文化总体是由各个具体部门构成的，离开了具体部门，综合就失去基础，甚至流于空泛。对于近代一些部门文化存在的并存现象，以及它们所反映出来的中西文化关系的问题，应当是值得注意的。这种并存，实际上也是不同的文化素养、心理、感情、习惯的表现。随着时间的推移，这些因素的变化，并存的现象也将会有所变化。趋势是在继续并存中更多的互相渗透、吸收，在某些部门或许会因融合中西而创造出新的品种来。但无论如何，西方文化在被移植、吸收、融铸的历程中，已成为中国社会文化的重要组成部分，在中国文化花园里增添了许多新花。这些外来品种，经长期流传而逐渐中国化，具有中国气派和民族风格，凝聚了中国人的思想感情，应该说是中国的。

中西文化问题，是个长期争论不休的问题。上述的几种思想主张，也还没有完全成为单纯的历史记录，在现实生活里还在重现，虽然一些说法和过去并不完全一样。譬如"全盘西化"论，在今天未必都直接这样提出，但把现代化和西方化混同起来，认为现代化就是西方化，中国自己的都不行，甚至连中国人的思维方法都贬得一无是处。"全盘西化"不仅不对，实际上也不可能。每个民族和国家都有长期形成的文化，各自都有优劣长短，在生活中发生影响和作用。对于外来文化，只能是吸收，不可能也不应该以之来取代。"全盘西化"论从五四前后到解放前鼓吹了几十年，并没有能实现。就是坚持这种主张的人，自己也没有能完全"化"了，还带有明显的固有文化素养和性格。又如复兴儒学的思潮，如今也是比较流行的。有的明确提出：儒学加工业化（或现代化）。这与五四时期吵嚷一阵子的"物质上应当开新，道德上应当复旧"的主张，没有根本的差别，其实质仍源于"中体西用"论。也有的因为要复兴儒学而否定五四运动在文化上反封建的伟大意义，指责它是文化"破坏主义"，尤其是对人伦关系的破坏。这当然不是实事求是的。五四新文化运动在对待传统文化上犯有片面性，但不能因此而抹煞它反封建的历史功绩和所起的进步作用这个主流。不论"中体西用"也罢，"西体中用"也罢，"全盘西化"也罢，从历史经验教训所提供的启示来看，对于今天恐怕都未必妥当。我想应当是从建设有中国特色的社会主义这个现实出发，"古为今用"，"洋为中用"。在马列主义指导下，对古的文化、洋的文化取其精华、弃其糟粕。至于什么是精华，什么是糟粕，那是需要花功夫做认真细致的研究，实事求是地评估的。

（原载复旦大学历史系编：《中国传统文化的再估计——首届国际中国文化学术讨论会（1986）文集》，上海人民出版社1987年）

谈学习中国近代文化史

　　中国近代文化史是中国近代史的一个分支，也是一个交叉综合的独立学科。对于这个领域的研究，目前还很薄弱。它远不如太平天国、辛亥革命等重大历史事件的研究那样基础雄厚，成果累累，也不像近代经济史等专史的研究所已取得的成绩。建国以前，出版发表的有关中国文化史的著作、论文为数不少，但论及近代的却不多。建国以后，中国近代文化史长期没有专门的研究，高等院校也没有开设这方面的课程，自然更谈不上有一支从事研究和教学的队伍。早在四十五年前，毛泽东同志就提出：对于近百年的中国史，"应先作经济史、政治史、军事史、文化史几个部门的分析的研究，然后才有可能作综合的研究"[1]。对于分门别类的研究，我们做得还不够，有的部门如文化史几乎没有研究，也就难以对中国近代的历史进行综合的研究。中国近代史还滞留在革命史的模式里。1983年5月在长沙举行的全国历史学科"六五"规划会议上，一些同志对推动和加强中国近代文化史的研究，提出了许多建设性的意见，成为开展这一领域研究的起点。几年来，中国近代文化史的研究总算有了进展，《中华近代文化史丛书》正陆续编撰出版，举办了全国性的学术讨论会，招收了研究生，等等。但是，它毕竟如同春天破土而出的一棵小苗，还需要费力去浇灌培植，才能苗壮成长。

---

[1]《改造我们的学习》，《毛泽东选集》第3卷，第802页。

学习中国近代文化史，或者说学习文化史，首先遇到的问题是什么是文化？文化史研究的对象、范围是什么？

"文化"这个词，在中国古代典籍中即使用过，其含义包括文治、教化和礼乐典章制度。不过，它与近代所说的"文化"含义有所不同。近代所说的"文化"（culture），大约是清末由日文转译过来的，源于拉丁文cultura或cultus，本义是指对土壤、土地的耕作、加工和改良，后来转义为指人的修养、教育、尊敬、文明程度等。在今天的现实生活中，"文化"这个词的使用很广泛，也很不确定，例如"学文化"、"有没有文化"是指识字、知识，文化机关管辖图书出版、文博、艺术（不包括电影、电视），通史中的文化则含哲学、宗教、教育、史学、文学、艺术、科学技术，而在一些文件中，或科学和文化并提，或教育和文化并提，等等。这种状况，表明了"文化"这一概念的模糊性。

但是，文化是一种社会现象，长期以来人们在对这种现象进行专门的研究时，必然要对作为学术概念的"文化"的定义加以探讨和表述。较早提出文化的定义并发生颇大影响的，是被称为"人类学之父"的英国学者泰勒（E.B.Tyloy）。他在1871年著的《原始文化》第2卷中把文化的定义表述为："文化或文明就其广泛的人种学意义而论，是一个复杂整体，包括知识、信仰、艺术、道德、法律、风俗，以及作为社会成员的人所获得的任何才能和习惯。"除去人类学家外，社会学、历史学、哲学、伦理学、心理学、文艺学等领域的工作者，也都从事文化的研究。他们从各自的领域和角度来认识、解释文化，其所下定义不可避免地会有所歧异。美国人类学家克罗伯（A.L.Kroeber）和克拉克洪（C.Kluckhohn）合著的《文化——关于概念和定义的检讨》一书中，列举了从1871年泰勒之后至1951年八十年间关于文化的定义不下一百六十余种。现在，据说已达二百余种。众说纷纭，莫衷一是。

国内对文化、文化史的研究，是在西方的影响下开展起来的。20世纪初年，随着留学生运动的发展，留日学生大量增加。旅居日本的一些人，不仅译述有关中国文化史的日文著作，而且也研讨中国的文化。大约在20年代，中国学者编撰的中国文化史著作即陆续问世，至1949年达数十部。至于文化学的著作，虽不如文化史那么多，但也有几种。在这些著作中，大都涉及什么是文化的问题，对文化的定义作了表述。这里没有必要一一罗列出来，仅举几个例子以见一斑。例如，有的认为"文化即生活"，或说"文化是包罗人类生活之总体。不论物质生活、精神生活，皆为文化之所包"；有的则提出"文化不外是人类适应各种自然现象或自然环境而努力于利用这些自然现象或自然环境的结果。因此，文化也可以说是人类适应时境以满足其生活的努力的结果"；也有的认为"文化就是包括知识、信仰、艺术、思想、道德等精神生活的全体"，或者径直说文化"是人格，换句话说，就是道德"，等等。种种定义，归纳起来大体是两种，一是包括物质生活和精神生活的广义文化，一是单指精神生活的狭义文化。需要指出的是，建国以前有些人已用马克思主义来探讨、分析有关文化的问题。毛泽东同志在《新民主主义论》一文中论述文化和经济、政治的关系时说："一定的文化（当作观念形态的文化）是一定社会的政治和经济的反映，又给予伟大影响和作用于一定的政治和经济。"显然，这里所说的文化，是指和经济、政治相对待的观念形态的文化。

近些年来，随着文化、文化史研究的开展，对文化的定义又重新提出讨论，据估计也有数十种。除去如同上面介绍的广义文化和狭义文化两种意见外，有提出"文化三层次"的主张。所谓"文化三层次"，一是指主要与精神文明有关的狭义文化；一是指包括典章制度、生产交换、风俗习惯以及衣食住行有关的物质条件等的广义文化；一是指在狭义文化的某几个不同领域，或者在狭义和广义文化的某些互不相干的领域中，进一步综合、概括、集中、提炼、抽象、升华，得出一种较普遍地存在于这许多领域中的共同东西的深义文化。深义文化，是一个民族文化中最具有特征的东西。也还有提出"文化结构三层面"说：外层是物的部分，即马克思所说的"第二自然"，或对象化了的劳动；中层是心物结合的部分，包括自然和社会的理论、社会组织制度等；核心层是心的部分，即文化心理状态，包括价值观念、思维方式、审美趣味、道德情操、宗教情绪、民族性格等等。后面这两种说法，虽不完全一样，但也有共同之处，事实上都属于广义文化，不过比广义文化的一般提法较为具体。

从以上介绍的大致情况可以看出，一百数十年来，不论国外国内，对文化的定义一直争论不休，各种意见相去甚远。看来还将继续讨论下去，不仅目前不能取得一致意见，今后也难以定于一尊。有的同志认为，应该先弄清楚文化是什么，取得一致意见后，才能进行文化、文化史的研究。这个愿望是可以理解的，确实也需要继续加以探讨。问题是与实际情况不大切合，如果要等待文化的定义有了一致看法后再来研究文化史，事实上等于说文化史无法研究，因为从来不曾有过统一的文化定义。然而就在对文化的定义长期议论纷纷的过程中，文化史的研究却一直在进行着，并且发表了大量论文，出版了一批著作。各种学科的研究者从自己的领域和角度来探讨文化问题，当然所着重的无疑是本学科的那个方面，只要不把它视为唯一正确的东西，从而排斥其他的说法，应该说是合理的。这里需要的是相互间的宽容，本着百家争鸣的精神，根据各自对文化的理解来进行研究，撰写出各具特色的中国文化史（包括近代文化史）。

与上述问题有关的是，中国近代文化史应当是什么样的体系或模式。

对于这个问题，现在也还不可能说得很具体。从几年来讨论的情况看，至少有一点是比较一致的。这就是一般认为文化史应当与各种专史有区别，也不等于把哲学、教育、文艺、科技等分门别类地拼列在一起，而是属于综合性的。但究竟如何综合，综合成什么样子，还有待进一步研究，加以具体化。就目前情况而言，比较实际的做法是从专题研究入手。因为近代文化史的基础薄弱，许多问题若明若昧，甚至完全没有研究，很难一下子就建立一个体系或一种模式。当然这样说并不意味着排除对建立近代文化史体系的探索。这里涉及宏观研究和微观研究的关系。宏观研究很重要，但如果不建立在微观研究的基础上，所谓宏观研究就会流于空泛，或者似是而非。譬如中西文化，自晚清以来不断有人对二者的特点作比较研究，这种探索是有意义的。但总在这上面做文章，恐怕也是很难深入下去，难免会失之于重复、笼统、浮泛。单就中国文化来说，有文字记载的历史就几千年，时间很长，经历了几个不同的社会制度，而且幅员辽阔，民族众多，东西南北差别很大，内容丰富复杂，用几个"性"来概述它好或者不好，是不容易准确的。加上作者的主观意愿，不可避免地要带有随意性和片面性。即以中国传统文化的封闭性问题为例，主是说者和反对是说者都可从历史上找到一些事例来为自己的论点作根据，非此即彼，各执一词。至于西方文化，含义更为笼统，空间广阔，时间很长，各个国家和民族也有差异，而我们对之又很隔膜，浮光掠影，人云亦云。举这个例子，只是为了便于说明需要多做具体深入的研究，扎实、艰苦的劳动。

那么，中国近代文化史要研究些什么？中国近代社会和古代社会不同，近代文化也和古代文化不同。1840年鸦片战争爆发后，西方文化随着资本主义列强的大炮、商品和传教士传播进来。中国有识之士在西方的大炮声中惊醒起来，为了救国救民，他们改变了传统的偏见，反过来从西方文化中去汲取可资利用的东西。西方文化传播进来后，与传统文化发生了接触，用时兴的新名词说叫做"撞击"。这就出现了一个中西文化关系的问题。围绕中西文化关系的问题，产生了种种议论和主张，除完全排斥西方文化者外，诸如"西学源于中国"说，"中学为体，西学为用"说，"中西会通"说，"全盘西化"说，"本位文化"说，等等。中西文化关系成为中国近代文化史的一条主要线索，对这个问题的争论一直延续到现在。在西方文化与传统文化接触的过程中，两种文化不断发生矛盾和冲突，有时表现得很尖锐。这种矛盾冲突，在朝廷、在上层士大夫内部有明显的表现，在民间、在下层群众中也有强烈的反响。而上下之间也不是对任何西方文化都采取截然不同的态度，在不少问题上都表现出共同的排斥性，如反对修建铁路、"教案"等，就反映出这种共同的民族文化心理、感情和习惯。在近代历史上，中西文化的矛盾冲突贯穿在整个社会生活中，随时随处可见，大的如政治运动，小的如风俗习惯，都存在着两种文化的矛盾。对于这种种现象，需要加以认真研究，具体揭示；同时还应当进一步探讨其产生的原因。中西文化矛盾冲突的原因复杂，例如西方文化是和侵略势力一起进来的，某些方面又是用来作为侵略的组成部分，在被侵略者心目中，很难把西方文化和侵略完全分开，不可避免地会有所抵拒；长期形成的"天朝上国"、"礼义文物之邦"的盲目优越感，以之傲视域外的一切，对于西方文化同样是轻蔑的；每个民族的文化对外来文化都有排斥性，中国传统文化和西方文化是两种不同类型、不同性质的文化，而以儒学为中心的传统文化又很古老、凝固，对西方文化的排斥是显然的；生活方式、道德、观念、心理、感情、习俗等的差异，也都会产生难以接受西方文化的心理、感情因素，何况西方文化传播进来的并不都是精华，还有腐朽的糟粕，等等。这些都有待我们在研究中加以具体分析，不能简单化。从近代历史发展的进程看来，中西文化矛盾冲突的趋势不是越来越尖锐，而是逐渐减弱。这里值得注意的是，中西文化的矛盾冲突是问题的一方面，在这个过程中，还有逐渐互相会通融合的另一方面。"中学为体，西学为用"也许可以说是中西文化会通的最低层次，尽管本体不变，只是吸收西方文化中的自然科学和技术，要以中学包融西学，但它是这个发展过程中的一个不可少的环节。1895年中日战争后，中西文化会通融合的趋势更为明显，要融中西文化"以成一国之学"。诚如梁启超后来回顾的，欲以构成一种"不中不西即中即西"的新学。从一些政治家、思想家、文学家如洪秀全、洪仁玕、康有为、梁启超、严复、谭嗣同、孙中山等个人的情况看，也都程度不同地体现出中西文化融合的趋向。中西文化的会通融合与矛盾冲突的趋势正好相反，后者逐渐减弱，前者则逐渐加强。

中西文化既矛盾冲突又会通融合的过程，也就是中国文化在近代变化和发展的过程。在这个过程中，产生和发展了中国资产阶级的新文化。这是中国文化的走向世界，是它的近代化。中国文化的近代化表现在各个方面，这里有衰落，有消亡，有新兴，有改造。例如传统文化中居于主要地位的经学，在近代衰落了。科举制度、八股文、书院终于废除、停办，一些传统的或陈腐的观念、准则在人们的头脑里逐渐淡化、消失。自然科学、学校、话剧、油画等众多新的部门兴起，民权、平等等新的观念、准则传播。史学、文学等部门引进了新的观点和方法来进行研究，改变了传统的面貌。上面所提到的一些部门，只是举例而言，并不仅限于此。中国文化近代化的问题，也不只是以揭示它的变化的表现为满足，还应当探讨一些带规律性的问题，如半殖民地半封建社会文化的近代化所具有的特征，文化近代化和经济、政治的关系，文化近代化的社会意义和历史地位，文化近代化和世界性等。

前面曾经谈到，文化史要和哲学、史学、文学、艺术、教育、宗教、自然科学等专史有区别，不能把它们简单地拼列在一起就算数。这样说并不等于这些专门领域与文化史没有关系，也不意味不需要对它们加以了解或研究。这些专门领域是文化史的重要内容，研究文化史不能把它们排除在外，也不能把它们仅仅归之于表层文化而不予重视。这些专门的领域，既是表层的，有人们常见习闻的表象，又同时是深层的，都蕴涵着思想、感情、心理和价值观念等因素，表现出文化的精神和特点。文化史不是玄虚的，不可捉摸的，而是具体的存在。问题是在于不可能也不必像专门史的研究者那样去对每个专门领域做专深细致的研究，但应当尽可能对这些领域作较多的了解，把握它们基本的和本质的东西。作为近代文化史的要求，所着重研究的是这些专门领域在近代的变化，各自在文化总体中的地位和作用，它们之间的相互关系和相互影响，表现了什么样的时代精神和社会作用，等等。

中国近代社会是半殖民地半封建社会，文化类型是多样的，除原有的传统文化外，有资产阶级的新文化，还有帝国主义文化。传统的封建文化在帝国主义文化侵略的面前败了阵，反过来又同它结成同盟，反对资产阶级新文化。这是中国文化中腐朽的部分，是糟粕。资产阶级新文化是在同封建主义文化斗争中发生和发展的，是革命的，但它又是软弱的，没有形成完整的体系，没有力量去战胜帝国主义文化和封建主义文化所结成的同盟。这里还要注意一个问题，在半殖民地半封建的中国社会，经济、政治的发展很不平衡，影响了文化的发展也很不平衡。在沿海沿江的城市，文化趋向于近代化，即资产阶级新文化比较发展，但也并存着传统文化，以至帝国主义文化。在广大内地村镇，则大都仍固守传统文化，变化很小，甚至没什么变化。中国又是一个疆域辽阔的大国，东西南北差别很大，文化自然显示出区域性。在少数民族地区，也还有各自的民族文化传统。相对地说，中国古代社会文化比较单一，而近代社会文化是多元的，复杂的，有自己的特点。这些问题，也是近代文化史需要研究的内容。

在本文的开头曾说，中国近代文化史是中国近代史的一个分支。显然，这里的文化不是包容一切，更不是决定一切，而是社会历史的构成部分。中国近代文化和近代历史的整体分不开，是随着近代历史的发展变化而发展变化的。因此，研究近代文化要对近代历史有全面了解，要从这个全局出发。当然，文化本身有相对的独立性，和经济、政治的关系不一定都成正比例，不一定是亦步亦趋。中国近代史的基本线索问题，学术界有不同意见，有"三次高潮"说，有"四个阶梯"说等，究竟何种说法符合历史实际，有待进一步探讨。但不论哪种说法，并不一定可以直接套用到近代文化史上面。近代文化的基本线索，主要应当从它本身的发展趋向来考察。这就是说，要从中西文化的矛盾冲突和会通融合，资产阶级新文化的发生发展来考察。基于此，近代文化的发展变化大致可以划分为两个阶段。第一阶段从1840年鸦片战争后到1894年中日战争，"中学为体，西学为用"体现了这个阶段文化的基本特征。从近代文化衍变的进程看来，也可以说是资产阶级新文化的萌发阶段，或者说准备阶段。第二阶段从1895年中日战争后到1919年五四运动前，资产阶级新文化运动在同旧文化的斗争中迅速发展，是这个阶段文化的基本特征。从纵的发展变化来作这样的阶段性划分，是否妥当，还有待进一步研究。

五四运动以后，中国文化又有变化，除原来的几种文化类型外，还出现了无产阶级的新文化。资产阶级文化虽然还有积极作用，但不占领导地位，居于领导地位的是无产阶级新文化。按习惯，中国近代史的下限一般还断在五四运动，以后为中国共产党领导的新民主主义革命时期。但从社会形态说，五四运动以后没有变化，仍然是半殖民地半封建社会。研究近代文化史不可避免地要探讨半殖民地半封建社会的文化形态问题，这就不可能仅局限在五四以前而不涉及五四以后的文化。尽管近代文化史需要分阶段或专题进行学习、研究，但是对于总体性的问题，如文化形态，还应当很好了解五四以后的文化。

以上提到的有关中国近代文化史研究的内容，只是举其较重要者为例，以便于说明问题，不等于是它的全部。这里还就研究中国近代文化史应注意的问题，谈几点想法。

文化具有很强的传承性，中国近代文化是从古代文化传承来的。近代社会里中西文化问题的传统文化或固有文化，实际上是古代文化的延续。因此，研究近代文化不能仅局限于近代本身，对古代文化要很好了解和熟悉，如儒家思想、道家思想、佛教思想、伦理道德、文学艺术等在中国社会影响深远的领域，更应该有所了解。如果对古代文化缺少应有的知识，近代文化也难以研究。中国近代社会引进、移植了西方文化，究竟引进、移植了什么东西需要加以研究，而且对这些东西在西方本来的状况也应当尽可能弄清楚。这就要求学习西方近代的历史和文化史，学习日本近代的历史和文化史，因为清末西方文化在相当程度上是从日本间接传进来的。

近代文化和现实关系密切，即如中西文化问题，长期争论不休，到建国后才停止（台湾和香港仍继续争论）。近些年来，随着社会主义物质文明和精神文明建设的发展，随着改革和对外开放，中西文化问题又被重新提出。一是"全盘西化"，一是"复兴儒学"，无非老调重弹。自从清末民初发生争论以后的几十年，无论哪一种主张都没有也不可能实现。当年就是错误的主张，事隔多少年后，在社会主义社会里又被拿出来鼓吹，其不可取显而易见。温故而知新，研究近代文化史对于当前"两个文明"的建设是有现实意义的。反之，只有关心和了解现实社会，才能更好地研究近代文化史。

近代文化史或者说文化史，是一门交叉综合学科，涉及的领域广泛。像人类学、社会学、民俗学、伦理学、心理学、文艺学等学科，都和文化史研究关系密切。研究文化史不能仅局限在历史学范围，还要懂得相关的学科。这不是说对各门学科都要专门研究，而是要了解这些学科各自的对象、范围和研究方法，以扩大知识和思维的领域，吸取可用的方法，丰富近代文化史的研究。

研究近代文化史还应该学点文化学或文化哲学。文化史和文化学不同，文化史是具体地研究社会文化发生发展的规律，文化学则是对文化现象的理论研究。所以，研究文化史必须以文化学作为它的基础，二者的关系如文艺学之于文学史。有关文化学的论著，西方居多出之人类学家或社会学家之手。从泰勒以后，提出了各种学说，形成了不同学派，主要如进化论学派、传播论学派、文化史学派、功能学派、物质论学派、心灵结构论学派等。西方的这些学说，对国内文化和文化史研究产生过不同程度的影响。建国以前，有关文化学的著作如朱谦之的《文化哲学》、陈序经的《文化学概观》、阎焕文的《文化学》、黄文山的《文化学及其在科学体系中的位置》等。后来，台湾有钱穆的《文化学大义》、黄文山的《文化学体系》等。建国以后，文化学和文化史一样，没有研究。这些年报刊发表了一些文章研讨文化学问题，但或沿袭西方文化人类学的说法，或撷取于自然科学的系统论、耗散结构论等。我们不排斥从西方有关文化学的学说中吸取有用的东西，但重要的是应当着力建设马克思主义的文化学，不能照搬西方的说法，更不能以此来贬斥马克思主义。

研究近代文化史要详细地占有资料，同时要以马克思主义为指导，要学习马克思主义的基本原理，掌握立场、观点、方法。而且还应当学习马克思主义有关文化问题的论著，如马克思、恩格斯的《德意志意识形态》，马克思的《〈政治经济学批判〉序言》和《导言》，恩格斯的《路德维希·费尔巴哈和德国古典哲学的终结》以及有关历史唯物主义的通信，列宁的《青年团的任务》，毛泽东的《新民主主义论》等。只有认真学习马克思主义著作，运用马克思主义来研究近代文化史，才能使近代文化史的研究顺利地发展。

（原载《文史哲》1987年第4期，题为《谈中国近代文化史的研究》，后改此题名，收入《中国近代文化探索》，北京师范大学出版社1997年）

近代中国文化结构的变化

中国近代文化史的研究正在起步，要探讨的问题很多，本文仅就"文化"一词的近代含义，近代文化的结构、发展谈一点不成熟的意见。

一

"文化"、"文明"，都是中国古老的词汇。"文明"一词，在《尚书·舜典》中就已出现，所谓"睿哲文明，温恭永塞"。"文化"作为一个词组使用，则较"文明"为晚。《易·贲卦》的《彖》虽有"观乎天文，以察时变；观乎人文，以化成天下"之说，但已是秦汉时儒生对《贲卦》的附会，且还没有构成一个整词。倒是西汉的刘向在《说苑·指武》中把"文"与"化"联用："圣人之治天下也，先文德而后武力。凡武之兴，为不服也，文化不改，然后加诛。夫下愚不移，纯德之所不能化，而后武力加焉。"不过刘向所说的"文化"，并不是整体词，而是各有独立义，"文"指文德（与"武力"相对），"化"指教化，即以文德来教化、感化。尽管如此，却也反映"文化"一词的衍变过程。此后，如晋人束皙、南齐王融的诗文中曾有"文化"一词。束皙的《补亡诗》有"文化内辑，武功外悠"句；王融在《曲水诗序》中说："设神理以景俗，敷文化以柔远。"显然，他们已把"文化"作为一个词汇使用。这里所说的文化，其含义包括文治、教化和礼乐典章制度。

语言是一种社会现象，也是一种历史现象。它既有稳定性，又随着社会生活的变化而发生变异。鸦片战争以后的近代社会，由于西方资本主义文明的影响和中国社会本身的变动，语言词汇也发生了明显的变化。新词的创造或外来语的借用，只是语言词汇的一种变化。词汇的另一种变化，是旧词被赋予新义。"经济"、"社会"等都是中国固有的旧词，但在近代它们的含义变了。"文化"一词，也是如此。

"文化"这个词具有近代新义，大约是在19世纪末20世纪初。当时的报刊，谭嗣同、黄遵宪、梁启超、严复、王国维、鲁迅等人的撰述中，都出现过"文化"一词。鲁迅专门写了一篇《文化偏至论》论述文化问题，发表在1908年的《河南》杂志。不过比较起来，当时报刊使用"文明"这个词要比使用"文化"一词为多。

就当时发表的撰述中对于使用"文化"一词的含义，归纳起来，有以下几种：

（一）与文明同义。例一，谭嗣同《赠梁莲涧先生序》："濒海有山焉，曰崖山。自宋以后，颇著称于时……惜为地球之半圆弧面所隐，使削其弧而弦以径之，将直见文化早辟，几乎《春秋》之太平，《礼运》之大同。"[1]例二，《湘报》第92号《学会汇纂》："泰西有文化之国，其战必守公法者，彼非乐于守之，恐己不守，将致人之仇，怒人之报复耳！……楚本蛮野，宋襄公以文化之国待之，故大败。"例三，匪石《浙风篇》："吾中国国民，非同一统系于黄帝者乎？虽然二千年前文化未开焉。凡文化未开时之住民，常被治于天然之感化力。"[2]

这些例子中所说的"文化"，都是与"野蛮"相对待而言。所谓"文化早辟"、"文化之国"、"文化未开"，均与"文明"同义，可以用"文明"一词代替。事实上在当时人的一些撰述中，往往有互用的情况，没有严格的区分。

---

[1] 蔡尚思、方行编：《谭嗣同全集》（增订本）上册，中华书局1981年，第281页。
[2] 匪石：《浙风篇》，《浙江潮（东京）》1903年第4期。

（二）广义的，包括精神和物质。例，《中国民族之过去及未来》："伏羲、神农之时，民智渐启，中国文明之滥觞，实始于斯时。燧人氏作火食，有巢氏作巢法，伏羲氏画八卦、教佃渔、造书契、作甲历，神农氏艺五谷、制医药、立商廛，盖当时文化甲于诸族。"[1]

这里撇开这些古代传说的可信程度如何不论，就作者的论述而言，可以说是对中国文化起源的探讨，涉及饮食、居住、农耕、渔牧、交换和文字、历法、医药等诸多方面，显然包括物质文化和精神文化在内。

（三）狭义的，单指意识形态而言。例一，梁启超《论教育当定宗旨》："雅典人所自负者，欲全希腊文化之中心点集于其国也，故务使国民有高尚之理想，有厚重之品格，有该博之科学。"[2]例二，别士《小说原理》："今值学界展宽，士大夫正日不暇给之时，不必再以小说耗其目力。惟妇女与粗人无书可读，欲求输入文化，除小说更无他途。"[3]例三，《支那教育问题》："其学术之程度，则日本以吸取泰西之文化，程度较高。"[4]

这里的"文化"指的是思想品德、学术、科学、文艺等，都属于意识形态领域。

当时对文化并没有下定义，也没有对什么是文化进行过讨论，他们受西方和日本的影响，根据各自的理解和需要来使用"文化"一词，因而其含义就较为广泛。但是，不论作者作何种理解，从上述三种情况看来，文化的含义已不完全是中国古代所指的文治、教化和礼乐典章制度，而是具有近代西方的词义了。

二

"文化"词义的变化，以及使用频率的增多，从一个方面反映了社会

① 效鲁：《中国民族之过去及未来》，《江苏（东京）》1903年第4期。
② 梁启超：《论教育当定宗旨》，《新民丛报》1902年第1号。
③ 别士：《小说原理》，《绣像小说》1903年第3期。
④ 杨度：《支那教育问题》，《新民丛报》1902年第24号。

思潮的变化，反映了文化本身结构的变化。

在中国古代历史的发展过程中，由于很早形成了统一的中央集权国家和严密的宗法制度，封建制度具有特别的稳固性。与此相适应，在意识形态领域里占据统治地位的是儒学。在漫长的封建社会里，儒学既是文化的指导思想，又是文化构成的主干；而它的核心则是忠孝节义的纲常伦理。封建的纲常伦理如"日月经天，江河行地"，是"万古不易之常经"，是"万事之根本，百川之源头"。这种以纲常伦理为核心的文化体系，具有单一性、凝聚性、稳定性，对于外来文化，或是抵拒排斥，或是吸收消融。因此，虽有几次较大的外来文化的输入，但始终没有突破、改变传统的文化体系和结构，而只是儒学文化体系自身的衍变发展。

鸦片战争以后，情况发生了变化。西方资本主义国家用大炮打开了中国的大门，随之而来的是西方文化的传播。衰落的清封建皇朝没有力量抵挡西方的"坚船利炮"，同样，在文化上，封建的儒学文化体系也无力守住阵脚而败下阵来。西方文化逐渐在中国传播开来。当然这不能简单地归之于是西方传教士和中国有识之士传播的结果，利玛窦、徐光启们并没有能够使西方文化在中国发生重大的影响。这是因为人们的愿望和活动，"丝毫不能改变这样一个事实：历史进程是受内在的一般规律支配的"[1]。西方文化之所以能在中国传播，并在社会生活中产生愈来愈大的影响，根源在于近代中国已经不是完全的封建社会，而是有了资本主义经济和资产阶级，有了资产阶级的政治运动。正是在这个基础上，中国才发生了资本主义的新文化，西方文化才能被吸收并变成为中国的新文化。然而输入中国的西方文化，并不都是有益的、积极的，其中也包含奴化思想的反动文化。它是反映帝国主义在政治上经济上统治或半统治中国的东西，是帝国主义文化。不论是资产阶级民主主义文化，还是帝国主义文化，都冲击着传统的文化，改变了传统的文化体系和结构。

近代文化结构的变化是复杂的，多方面的。

---

[1] 恩格斯：《路德维希·费尔巴哈和德国古典哲学的终结》，《马克思恩格斯选集》第4卷，人民出版社1995年，第247页。

首先是文化构成的变化。如上所述，在鸦片战争以前的封建社会，中国文化是单一的封建文化。在鸦片战争以后的半殖民地半封建社会，除去封建文化之外，还有帝国主义文化，有新文化。中国的新文化，在旧民主主义革命时期是资产阶级的民主主义文化，在新民主主义革命时期是无产阶级文化。而封建文化和帝国主义文化是"非常亲热的两兄弟，它们结成文化上的反动同盟，反对中国的新文化"①。

其次是文化内在结构的变化。指出鸦片战争后中国的文化成份由单一的封建文化变为包括封建文化、帝国主义文化和资产阶级文化的多样化的特点，无疑十分重要。但是，如果对近代文化问题作进一步探讨，仅是指出这种变化就不够了，还需要对文化本体的内在变化进行研究，才能更好地阐明近代中国文化的特点。

以儒学的伦理纲常为核心的封建文化，在漫长的封建社会里也有发展变化。即如儒学本身，宋明时期以儒学融合释、道而成的理学，就是以新儒学的面貌出现的。但是，这种变化并不是根本性的变化，只是纲常伦理的体系化和严密化，从而在封建社会里形成了一个儒学文化体系。纲常伦理作为这个文化体系的核心，支配或影响着文化的各个部门。在欧洲，"中世纪历史只知道一种形式的意识形态，即宗教和神学"，"中世纪把意识形态的其他一切形式——哲学、政治、法学，都合并到神学中，使它们成为神学中的科目"②。而在中国封建时代，宗教和神学没有取得统治的地位，占据统治地位的是儒学。哲学、法学、政治理论、教育、史学、文艺……都直接或间接地成为儒学的从属科目。纲常伦理贯穿在文化的各个领域，成为它们的指导思想。意识形态的其他一切领域，都是为了"扶持名教，砥砺气节"。

在中国士大夫的观念中，纲常伦理既是最美好的，又是最根本的。直到鸦片战争以后，西方文化已经在中国传播，中国已经产生了新的文化，他们仍然固守这种观点，鼓吹"五伦之要，百行之原，相传数千年，更无

---

① 《新民主主义论》，《毛泽东选集》第2卷，第695页。
② 恩格斯：《路德维希·费尔巴哈和德国古典哲学的终结》，《马克思恩格斯选集》第4卷，第235、255页。

异义。圣人所以为圣人，中国所以为中国，实在于此"①。甚且认为"礼义纲常之盛，甲于地球诸国"②。因而在纲常伦理受到西方文化的冲击时，就不能不使士大夫们忧心忡忡，忧虑彼教"夺吾尧舜孔孟之席"，耽心"孔子之道将废"。他们殚精竭虑地保卫圣道，同时又不无自信地认为儒学必将自东往西，盛行于西方各国，而"大变其陋俗"。对于一种学说的崇信，如果到了迷信的程度，往往会变得无知和荒唐。中国的这些士大夫们也是半是迷信半是无知。中国已经在西方资本主义国家的侵略下沦为半殖民地半封建社会，这些士大夫却还在说梦话似地津津乐道什么"仁之至，义之尽，天理人情之极则"的圣道如果不行于西方，西方人将终古沦于异类，幸好"今此通商诸国，天假其智慧，创火轮舟车以速其至，此圣教将行于泰西之大机括也。……尧舜孔孟之教，当遍行于天地所覆载之区，特自今日为始，造物岂无意哉！"③

幻想毕竟不是现实。幻想虽可以自我安慰，而现实却是无情的。士大夫们梦想的"用夏变夷"，到头来也没有实现，越来越严酷的现实倒是"用夷变夏"。"用夏变夷"和"用夷变夏"的问题，实际上就成为近代中国长期存在的中学和西学之争的问题，也就是如何对待中国传统文化和西方资产阶级文化的问题。

中国近代历史发展的进程中，也出现一批头脑清醒、有胆识的先进人物。他们在历史的大变局面前敢于正视现实，承认中国文化有不如西方文化之处，而致力于从西方资产阶级文化中去寻求、探索。从近代史的整个过程来看，这种寻求和探索，概括地说，就是民主和科学。

在西方资产阶级文化传播过程中，中国人对科学主要是自然科学的接受，相对地要容易一些，而对于民主思想的吸收，则要经历较为漫长的岁月。大体说来，是由对它的了解、介绍，进而称赞、接受，到以之批判封建纲常伦理。维新志士们从西方借取了"天赋人权"的思想武器，针对中

① 张之洞：《劝学篇·内篇十四·明纲》。
② 李鸿章：《李文忠公遗集》卷5，光绪三十年刻《合肥李氏三世遗集》本。
③ 李元度：《答友人论异教书》，《天岳山馆文钞》卷36，光绪六年爽溪精舍刻本。

国"历古无民主"的情况，尖锐地批判君权，批判纲常名教，指出"三纲五伦之惨祸烈毒"，必须"冲决伦常之网罗"，主张"兴民权"，"君末民本"，鼓吹"人人平等，权权平等"的自由、平等思想。以资产阶级的民权、平等观来反对封建的纲常伦理，正是当时新旧文化斗争的焦点。顽固守旧势力所极力卫护的是纲常伦理，"舍名教纲常别无立足之地，除忠孝节义亦岂有教人之方"；所痛心疾首、大肆攻击的是民权、平等。在他们看来，再没有比提倡民权、平等更荒谬绝伦的了："权既下移，国谁与治；民可自主，君亦何为？是率天下而乱也。平等之说，蔑视人伦，真悖谬之尤也。"①民权、平等思想与封建纲常伦理的斗争，直至五四新文化运动时，仍然是一个核心问题。

民权、平等思想的提倡和传播，蔑视了封建纲常伦理的权威，削弱了它支配意识形态一切领域的地位，使中国文化结构的核心发生了变化。尽管封建纲常伦理观念还浓厚地存在着，但资产阶级的民权、平等思想却越来越产生广泛而深刻的影响。哲学、法学、政治理论、教育、史学、文艺、习俗等等，逐渐地以民权、平等为指导思想，并为宣传这种思想服务。文化内在结构的这一质的变化，是近代文化不同于古代文化的一个根本点。

再次是文化的部门结构的变化。部门文化的变化，也是近代文化结构变化的一个重要方面。中国封建社会是农业和手工业相结合的自然经济，文化思想在这个基础上产生而又与之相适应，文化的部门分类较粗而简。而在近代社会，不仅文化思潮发生变化，文化的部门分类也发生了变化。文化部门分类的变化大致有两种情况，一是原有学科内容、体系的变革，一是新领域、新学科的兴起和发展。下面分门别类就变化的情况作概略的叙述：

哲学。进化论的传播是对传统儒学的一大冲击。尼采、叔本华、康德等的哲学也陆续在介绍、传播。而对中外哲学史、思想史的研究是新的探

---

① 苏舆辑：《翼教丛编》卷5，光绪二十四年武昌重刻本。

索和扩展。人们不仅用进化论的观点来论述中国哲学思想的历史变迁，而且已经系统地介绍西方哲学史，如《希腊古代哲学史概论》。值得注意的是有关哲学理论的著述也已出现，侯生编撰的《哲学概论》就是这样一部作品。书中的阐述今天看来难免会感到浮浅以至谬误，但在清末出现诸如认识论、实在论等概念和探讨一些重要哲学原理都是很新颖的。

法学。在民权、平等思潮的影响下，清末对西方资产阶级法学的介绍和研究掀起了一个热潮，从法律定义、法学源流、世界五大法系到国际法、刑法、民法、行政法等进行了多方面的探讨。而沈家本则试图以资产阶级法律来改革中国的封建法律，成为近代法理学的启蒙思想家。

政治学。天赋人权、国家概念、民族主义、政体、宪政、地方自治等西方资产阶级政治学中的一系列重要问题，都是人们所热心探讨的。1906年商务印书馆出版了严复著的《政治讲义》，是中国人自编的一部资产阶级政治学的著作。

教育。鸦片战争以后，西方资产阶级教育思想的传播，不断地冲击着中国的封建教育思想和制度。至清末则废科举，兴学校，建立了新的教育制度。军国民教育、国民教育、实利教育、美感教育等资产阶级教育思想和新的教学方法、教科书的编印，都表现了教育领域的根本变革。《教育学》、《教育通论》一类著述的发表，则标志着资产阶级教育理论的开始建立。

史学。由于中国的闭关局面被打破，要求了解西方、学习西方的思潮在发展，从而引起了对外国历史的介绍和论述，突破了传统史学的狭隘性，开扩了史学研究的领域。不过只是在从理论上和体系上批判了封建史学、建立资产阶级新史学后，才使史学领域发生深刻的变化。梁启超撰写的《中国史叙论》和《新史学》，提出反对史学为一家一姓的封建帝王争王统，而要"叙述人群进化之现象，而求得其公理公例"的主张，成为"史界革命"的开端。用这种观点来编写中国历史的第一部著作，是1904年出版的夏曾佑的《中学中国历史教科书》（后改名《中国古代史》）。

文艺。首先是文艺理论受到西方的强烈影响，对于文艺的特点、社会作用、创作方法等重要理论问题都有所论述。鲁迅对外国文学作了精辟的评介。而应用西方的哲学和美学理论来研究中国文艺最有成绩的要算王国维，他对小说、戏曲和词的研究是开创性的。文艺创作也发生了变化，领域有新的开拓。即以新领域而言，翻译小说的繁荣，话剧的兴起，电影的放映以至摄制，油画的介绍，漫画成为独立的画种，西洋乐器的应用和学堂乐歌的传播，大大丰富了文艺文化。

语言学。鸦片战争以后外来词汇和创造新词的大量增加，使汉语构成起了很大的变化。19世纪末以后出现的切音、简字、注音字母、白话文运动，是要求改革中国文字，统一中国语言，使言文一致。而语法学的建立，是语言文化的一个新兴部门。马建忠应用西洋语法学来研究汉语语法，著《马氏文通》，成为中国第一部系统地研究汉语语法的专著，为汉语语法学奠定了基础。

自然科学。中国古代社会科学技术曾有光辉成就，但近代意义的科学技术，却是鸦片战争后从西方输入并日渐传播的。声、光、化、电、医、算等科学技术的各个门类，几乎都有所介绍或研究。李善兰、徐寿、华蘅芳、詹天佑等，是近代中国一批有成就的科学家。在科学技术的流传和发展过程中，分类也趋向专门化。如地理这一领域，除自然地理、绘图等外，还有地质学、地文学；而地文学实际上包含政治地理学和文化地理学在内。西医学也有较细的学科分类，除医、药外，还有关于卫生保健和卫生行政管理的卫生学以及看护学。

至于报刊、出版、图书馆、博物馆……有的已经盛行，有的也开始举办。社会习俗方面，从衣食住行到礼仪婚姻，都受到西方文明的影响，发生了程度不等的变化。

从以上列举的粗略情况可以看出，由于西方文化的广泛影响，近代文化的各个专门领域都发生了变化。资产阶级思想和研究方法在改变着传统的文化领域，新领域的开拓，新学科的建立，使近代文化变得丰富而复杂，这是古代文化所不能比拟的。应该说，这是历史的发展和进步。

三

以上所述，是从横的方面探讨近代文化的变化，还有必要从纵的方面来考察它的发展变化的过程。

中国近代文化兴起和发展的历程与欧洲不同。欧洲是在14世纪后"以封建制度普遍解体和城市兴起为基础"发生了文艺复兴，它以理性、人文主义和科学击破了教会的精神独裁，掀起了"人类从来没有经历过的最伟大的、进步的变革"①，为资产阶级文化的发展奠定了基础。然而中国并没有在封建社会末期产生这样一次运动，从而萌发出近代的文化，而是在中国逐步沦为半殖民地半封建社会的情况下，把近代文化从西方移植过来的。当西方文化传入时，中国正被儒学体系的封建文化所支配，对于传统文化中的封建糟粕，并没有经过批判、剔除，而是在原有的基础上吸取了西方文化。这种不同于欧洲的发展道路，决定了中国近代文化所具有的特殊性。

鸦片战争引起了中国社会的转折，也引起了中国文化的转折。"满族王朝的声威一遇到英国的枪炮就扫地以尽，天朝帝国万世长存的迷信破了产，野蛮的、闭关自守的、与文明世界隔绝的状态被打破。"②这是中国"三千年一大变局"，但却是"变之骤至，圣人所不能防"的。士大夫们在剧变面前表现了惊惶、忧虑。有些人从"天朝大国"的盲目虚骄的幻梦中逐渐清醒起来，面对现实，反躬自省，鼓起勇气承认中国有不如西洋的地方，甚而摒弃士大夫所尊奉的"春秋攘夷之说"，主张"师夷"，要"夺彼所长，益吾之短"。显然"师夷长技"的开始，是由于外患与内忧所迫，是出于在变局面前要使清王朝能继续统治下去的考虑。人们从所见到的和实际的需要出发，首先是从西方文化中学习"坚船利炮"——兵器。言者如此，行者亦如斯，洋务事业最先办起来的是军事工业。这就把西学局限在实利的和应用技术的范围内，还没有能引起文化的更多的重大变革。

---

① 恩格斯：《自然辩证法》，《马克思恩格斯选集》第4卷，第261页。
② 马克思：《中国革命和欧洲革命》，《马克思恩格斯选集》第1卷，第691页。

随着时间的推移，由主要是学习军事技术进而吸取西洋的器数之学，用机器以殖财养民。当时人们已认识到，兵法、造船、制器以及农渔牧矿诸务，"皆导源于汽学、光学、电学、化学"。也就是说，近代生产及其技术的发展，都是以自然科学的发展为根本，要求强求富就不能只局限于军事技术，也不能只是着眼于造船制器，而必须从自然科学入手。江南制造总局附设译书局，翻译了一百几十部自然科学方面的书籍；而李善兰、徐寿父子、华蘅芳则在自然科学的研究上做出了杰出的成绩。19世纪60、70年代至90年代中，中国文化的突出变化是在自然科学和技术方面。

从着眼于军事技术和制器上升到对科学的认识，无疑是前进了。但它仍然没有摆脱经验科学的局限，事实上则是把西方的自然科学和中国的纲常伦理结合起来。还在1861年冯桂芬撰《校邠庐抗议》主张"采西学"、"制洋器"时，就提出了一条基本宗旨，即"以中国之伦常名教为原本，辅以诸国富强之术"。其意显然，即是中国文化的伦常名教是根本，西方文化的科学技术为辅助，用中国的纲常伦理来包涵西方的科学技术。这与19世纪中叶日本的洋学家所主张的"东洋道德，西洋艺术"，如出一辙。这种汲取西方文化的观点，虽有对形势变化的认识，所谓"设令炎帝轩辕复生乎今世，其不能不从事于舟车、枪炮、机器者，自然之势也"；也有对务虚名、空谈的批判，而趋向于崇实学、实践。但从理论上来考察，则是源于中国传统文化中的道器、体用、本末观。

在主张采西学的士大夫的心目中，中国文化和西方文化有根本的差别，而这种差别从本源上就存在，所谓"中国之洪荒，以圣人制度文物辟之；外国之洪荒，以火轮舟车、机器、电报辟之"。这就是说，中国文化的本质是圣人的道，而西方文化的本质是器物技艺。薛福成把它归结为道与器，他说："尝谓自有天地以来，所以弥纶于不敝者，道与器二者而已……中国所尚者道为重，而西方所精者器为多。"因此，"欲求驭外之术，惟有力图自治，修明前圣制度，勿使有名无实；而于外人所长，亦勿设藩篱以自隘。斯乃道器兼备，不难合四海为一家。盖中国人民之众，物产之丰，才力聪明，礼义纲常之盛，甲于地球诸国，既为天地精灵所聚，则诸国之络绎而来合者，亦理之固然"①。这些言论，是薛福成在代李鸿章答彭孝廉的信中说的。李鸿章阅后大加赞赏，评为"精凿不磨之作"。李鸿章是这个时期很有影响的洋务人物，可见这种中西文化道器观是具有代表性的，足以反映出当时的基调。薛福成这封信写于光绪二年（1876），越三年，即光绪五年，他撰《筹洋刍议》这部名著时，主张"取西人器数之学，以卫吾尧舜禹汤文武周孔之道，俾西人不敢蔑视中华。吾知尧舜禹汤文武周孔复生，未始不有事乎此；而其道亦必渐被乎八荒，是乃所谓用夏变夷者也"。这里所说，不仅是取外人所长的器，而且要以西方的器来卫护中国的道，进而使中国的道传被西方，让西方也为圣道所教化，达到"用夏变夷"的目的。

"中道西器"论与"中体西用"论实际上是一样的。"中体西用"论的代表人物张之洞在光绪二十四年（1898）的奏折中说："以中学为体，以西学为用，既免迂陋无用之讥，亦杜离经叛道之弊。"这虽然是稍晚说的，但实可概括他从开始办洋务到死的不变宗旨：中学为本，西学为末，讲西学是为了保存中学，为了卫护纲常名教。辜鸿铭在《张文襄公幕府纪闻》中说："文襄之效西法，非慕欧化也；文襄之图富强，志不在富强也，盖欲借富强以保中国，保中国即所以保名教。""中体西用"论者也是在于以西方的科学技术来卫护中国的纲常伦理。

"中道西器"（或"中体西用"）论者与顽固守旧论者显然是不同的，他们比较开明，能因时而变，敢于采西洋器数之学，仿用机器，不像顽固守旧论者那样迂陋拘虚，冥顽愚昧，说出"以忠信为甲胄，以礼义为干橹"那样荒唐可笑的话来。然而，礼义忠信本身却是"中道西器"论者所同样拳拳服膺的。他们的理论和实践虽然使中国文化的结构发生了某种程度的变化，但没有能触动它的核心，相反是卫护这个核心。由此可见，正是在儒学世界观这个根本问题上，他们不仅没有发生变化，而且是固守不变的。"中体西用"论者张之洞，在戊戌维新变法时，可以推行一部分新

---

① 薛福成：《庸盦全集·文编》卷2，光绪刻本。

政，而在核心问题上、在世界观上则与维新派势不两立，根本分歧就在这里。

这种情况，在丁日昌身上也表现得很典型。丁日昌被顽固派称为"丁鬼奴"，与郭嵩焘、李鸿章被时人并称为对洋务最有考求的少数几个人。但他在江苏藩司、巡抚任内，为"端风化而正人心"，一方面"尊崇正学"，"通饬所属宣讲圣谕，并颁发小学各书，饬令认真劝解，俾城乡士民得以目染耳濡，纳身轨物"；一方面"力黜邪言"，查禁《水浒》、《红楼梦》、《西厢记》、《牡丹亭》等小说、戏曲、唱本271种，并严禁城乡内外开设戏馆①。他的思想有接受、仿效西方制器的一面，但从根本上说，是陈腐的封建儒学世界观。

总之，在19世纪60、70年代到90年代中，文化领域的基本特征是：器唯求新，道唯求旧。尽管科学技术在冲击着传统文化，在改变着传统文化的结构，但传统文化没有发生根本性的变化。吸取西方的科学技术是从保卫圣道出发，是从属于圣道的。当然，这样说并不意味着这个时期仅仅吸取了西方的科学技术，没有受西方文化其他方面的影响，而是就其主导方面而言。

1894年爆发的中日战争，是中国近代史上的一大转折。正如梁启超所说："吾国四千年大梦之唤醒，实自甲午战败割台湾、偿二百兆始。"②清政府在甲午战争中惨败于日本，是中国的奇耻大辱；随之而来的是亡国灭种之祸迫在眉睫。极大的社会动荡和刺激，促使人去思考，去探索。蔡锷在1902年写的《军国民篇》回顾说："甲午一役以后，中国人士不欲为亡国之民者，群起以呼啸叫号，发鼓击钲，声撼大地。或主张变法自强之议，或吹煽开智之说，或立危词以警国民之心，或故自尊大以鼓舞国民之志，未几而薄海内外，风靡响应。"③康有为呼号"救亡图存"，孙中山揭橥"振兴中华"，成为这个时期的政治潮流。

---

① 丁日昌：《抚吴公牍》卷1、2，光绪三年刊本。
② 梁启超：《戊戌政变记》，《梁启超全集》，北京出版社1999年，第181页。
③ 蔡锷：《军国民篇》，毛注青等编：《蔡锷集》，湖南人民出版社1983年，第19页。

一定的文化是一定社会的政治和经济的反映。政治的浪潮影响、推进了文化的发展。甲午战争也成为中国近代文化史上的一个转折点。

甲午战争后，随着救亡图存、振兴中华的爱国运动的蓬勃开展，一个新的文化运动也在兴起和发展。"文学救国"、"教育救国"、"科学救国"等口号，一个接一个被人们提了出来。文化的地位和作用受到前所未有的重视，以至把它强调到不适当的地步，直到五四前夕的新文化运动，仍然是把文化作为解决中国问题的根本途径提出的。不论这里存在着何种缺点和错误，对于文化的发展无疑是起了积极的推动作用的。"诗界革命"、"文界革命"、"小说界革命"、"戏剧界革命"、"史界革命"、军国民教育思潮以及白话文运动等接踵而起，至五四时期则以反对旧道德提倡新道德、反对旧文学提倡新文学，为文化革命的两大旗帜。文化的各个领域，出现了空前活跃、繁荣的局面。

严格地说来，中国的资产阶级文化运动是在甲午战争以后才开展起来的，在这之前只是它的准备阶段。这个文化运动，到五四前夕达到了高潮。之所以说在甲午战争以后才有较完备的资产阶级文化，不仅是由于它的活跃和繁荣，更重要的还因为有了质的变化。如前所述，甲午战争前虽然汲取了西方文化的某些成份，但支配文化各个领域的思想武器还是传统的儒学，是纲常伦理。战后情况发生了变化，人们从西方资产阶级革命时代的武器库中学来了进化论和民权、平等等项思想武器，用它来批判传统的儒学，批判封建纲常伦理。进化论和民权、平等思想成为文化各个领域的指导思想，而文化的各个领域也为宣传民权、自由、平等服务。直到五四前夕的新文化运动，仍然是以民权、平等来反对纲常伦理，并被认为是最根本的问题。事实上在19世纪末以后，在知识界里有一部分人的思想主要方面已不是儒学世界观，更不是要用西方的器去保卫中国的圣道，而是资产阶级民权、平等的世界观，并以之与封建文化作斗争。这样，在中国大地上也就破天荒地出现并逐渐形成一个新的知识分子群——资产阶级知识分子群。正是这个资产阶级知识分子群，在推进资产阶级新文化的发展。

甲午战争以后，中国资产阶级文化较为迅速地形成了一个比较完备的体系。前面谈到文化的部门结构的变化时，曾分别对各个部门的变化作了概略叙述，不再赘言。这里只想指出一点，从前面的概述里可以看出，文化的许多部门的突破性变化是发生于19世纪末20世纪初，哲学、文艺、史学、教育、习俗等尤为明显。被誉为"中国西学第一"的严译《天演论》出版后风靡一时，传统的"变易"思想让位于进化论。效法欧美和日本的文艺，建设中国的新文艺的要求，则冲破了旧的文艺思想的束缚，开辟了一条新的道路。而"文明"成了社会上时髦的词汇，诸如"文明结婚"、"文明脚"、"文明戏"……都要冠以"文明"二字，反映了一时的社会心理和风尚。正是由于文化各个部门向近代化的方向发展，才有可能形成一个比较完备的资产阶级文化体系。

对文化问题的研究和认识，也比战前有了进一步的发展和加深。在一些人的论述中，已经注意探讨文化与地理、植物、商业等有关方面的关系。如太孟在《商业发达论》一文中就对文化与商业的关系提出了看法，他说："且流览三千余年泰东西之历史，其典章文物完具整备者，其商业必繁盛。远古至今，其揆若一。希腊握地中海之商业之特权，其文学、美术亦达于极点。意大利法制、美术之进步，则在帝国时代以后，商业极盛之时。封建以后，北欧文学之勃兴则在和兰诸国海上贸易发达之际。英之政治、学术放特殊之异彩，为文明诸国之先导者，亦由商业之盛兴。若夫是商业之于国力之消长，文化之进退，其关系盖至切也。"① 上述论断表明作者企图揭示作为观念形态的文化的发展规律，阐明文化之所以发达进步，是由于商业经济繁盛的结果。尽管在今天看来这种论点并不确切，但在当时却是新颖的见解。

撰写专文从社会文化思潮的高度来论述文化问题的是鲁迅。他在《文化偏至论》这篇文章中阐述了欧洲从古代至20世纪文化思潮的发展变化，指出文化总是向深远发展的，20世纪的文明必然是深刻庄严，以致和19世

---

① 太孟：《商业发达论》，《江苏（东京）》1903年第3期。

纪的文明大不相同。因而他批评当时有些人毫不注意19世纪末叶的思潮，就急于要从西方输入文化，实际上所吸取的却是西方物质文化中最虚伪最偏颇的东西。鲁迅主张"去其偏颇，得其神明"，就是"必尊个性而张神明"。

曾经被人们所激烈争论的"用夷变夏"、"中体西用"的问题，虽然还有人在絮叨不休，但已经不那么入时了。一些有见识的知识分子所注视和关心的，是对中西文化进行比较研究，探讨它们之间的异同。1895年严复在《论世变之亟》一文中就对中西文化作了对比，指出："中国最重三纲，而西人首明平等；中国亲亲，而西人尚贤；中国以孝治天下，而西人以公治天下；中国尊主，而西人隆民；中国贵一道而同风，而西人喜党居而州处；中国多忌讳，而西人众讥评。其于财用也，中国重节流，而西人重开源；中国追淳朴，而西人求欢虞。其接物也，中国美谦屈，而西人务发舒；中国尚节文，而西人乐简易。其于为学也，中国夸多识，而西人尊新知。其于祸灾也，中国委天数，而西人恃人力。"严复虽然声明"未敢遽分其优绌"，实际上是抨击以儒学伦理纲常为核心的封建旧文化，赞扬西方资产阶级的新文化。

民国年间，李大钊、陈独秀等都曾对东西文化作了比较研究。李大钊认为东西文明的根本不同点，是"东洋文明主静，西洋文明主动"。把东西文化的根本差异概括为静和动虽不科学，然而却是作了有益的探讨。尤其是他能比较客观地评价东西文化，反对"挟种族之偏见以自高而卑人"，主张"东西文明互有长短，不宜妄为轩轾于其间"，二者"必须时时调和，时时融会，以创造新生命而演进于无疆"[1]。李大钊对中西文化的态度不同于"中体西用"论者，"中体西用"论是固守封建文化的根本，并企图用西方的技艺来卫护它，而李大钊则是认为中西文化互有长短，二者必须调和融会以创造新文化。这是对中西文化认识的进展，是值得肯定的。也就在新文化运动时，另一种文化思潮也出现了。这就是"全盘欧化"论。

---

[1] 李大钊：《东西文明根本之异点》，《言治季刊》1918年7月。

"全盘欧化"论是对"中体"论和封建复古主义的反动，尽管它是民族虚无主义的文化观，但对封建文化起着冲击作用。这些文化思潮，到五四运动以后的岁月里，仍然成为人们争论的问题，而且直到现在还有影响。

从甲午战争到五四运动的二十多年间，概括来说，文化的基本情况是资产阶级新体系的形成，并同封建旧文化进行了激烈的反复的斗争；文化本身的问题也已被作为对象来加以探究比较，不同的文化观和派别也先后出现。比起以前，这是近代文化活跃、繁荣、丰富的时期，为五四运动以后中国文化的发展打下了基础。

近代中国文化的发展过程中，从一开始是跟政治密切联系在一起。正是激烈的政治斗争和急剧变化的政治风潮，推动了近代文化的发展变化，而文化也反过来为一定的政治服务。反帝反封建是近代政治的主题，从而要求独立和民主也就成为近代文化所抒发的主要内容。因此，在旧民主主义革命时期，文化的主流始终贯串着爱国主义精神。这是近代文化的精髓，我们要认真加以总结，继承和发扬这一优良传统。

（原载《历史研究》1985年第1期）

近代中国文化抉择的几个问题

任何一个民族国家的文化抉择都是现实的,不论对于传统文化或外来文化,都是如此。近代中国的文化抉择,也是以近代的社会现实为出发点。

鸦片战争以后,中国的社会现实是:帝国主义列强对中国的残暴侵掠,西方文化的冲击,封建专制主义的腐朽统治,新的经济和政治力量的出现,等等。中国社会由原来相对稳定、静止转为动荡、变革。中国向何处去,是人们关注的中心问题。有识之士不断地探索拯救中国的道路,为救亡图存、振兴中华而奋斗。独立、民主、富强成为近代中国社会的主题,相应地近代文化也是围绕这个主题来建构的。

近代中国人对西方文化的抉择,是从使中国摆脱困境,走上独立、民主、富强的道路出发的。从林则徐到孙中山、李大钊,都是在对中西文化进行思考、比较中认识到,要救国就必须改变现状,就必须学习西方文化,从物质文化、制度文化到精神文化都加以吸收。近代80年,从文化发展的总过程来看,人们所追求的,概括起来是科学和民主。然而,维新运动很快失败了,中华共和国的方案也成为泡影,科学和民主虽传播开来,但半殖民地半封建社会并没有改变。于是,人们在继续探索中选择了西方的另一种文化——马克思主义。中国人民终于推翻了帝国主义、封建主义和官僚资本主义的统治,结束了半殖民地半封建社会,建立了新中国。

同样,对于中国固有的文化,也必然会受到社会现实的审察、筛选、改造。近代中国人既继承发扬了文化传统中优秀的遗产，也批判文化传统中陈腐的糟粕。他们批判三纲五伦、科举八股，批判汉学、宋学，一直到批判孔子。他们之所以批判孔子和儒学，是因为孔子的思想言论和后来的儒学，"不能适应中国现代的生活、现代的社会"。从维新派到革命派再到五四新文化运动的倡导者，都以民权、自由、平等为武器去批判封建文化。这是在经过对社会现实的严肃思考后的抉择。

文化的抉择是感情的，也是理智的。理智和感情有时候会发生矛盾，但多数情况下是一致的。文化保守主义者不仅是出于感情上的眷恋，也是经过理智的思考的。文化保守主义者的问题不在于是否理智和感情的分离，而在于他们忽视或抹煞文化的现实性。现实性也就是时代性，对文化来说是主要的特性。将封建时代文化的主体在近代社会固守下来，显然是与时代背道而驰，是不适应的。现在提出"复兴儒学"，看来也是不合时宜的，至少是不够确切。把儒学作为整体来复兴，既不可能，也不合适，应当是从社会现实出发去吸收儒学中有用的成分。

在文化的抉择中，有一个如何对待传统的问题。传统和现实不是两极，不能对立起来。传统不是静止的东西，是动态的，是一个"发展流"。传统包含在现实之中，现实是传统的现实。在社会中生活的人，既是现实的人，又是传统的人。因此，人在选择文化时，不论有意识或无意识，终归离不开传统。近代中国主张吸收西方文化的人物中，如容闳、严复、孙中山、陈独秀、胡适等，都在少年或青年时到国外学习，接受了西方文化，较少或基本上没有受到传统教育。但是，他们都没有也不可能完全摆脱传统的影响，而是带着传统去接受西方文化，理解西方文化，作出他们的解释。这不独中国接受外来文化是如此，对于其他民族国家来说也是如此。

外来文化既不可能像一架机器那样整个搬过来，而且是在本国的文化土壤上去吸收的，它要经过选择、消融、改造、整合，与本国的实际相结合，才能在这块土壤上生根开花。近代中国人在中西文化碰撞的过程中，不断地思考、探索如何对待中西文化的问题。固守传统文化论、"中体西用"论、"东方文化"论、"中国本位"论、"全盘西化"论等，众说纷纭，各是其是。而康有为、梁启超、严复、鲁迅、孙中山、李大钊等，则主张融会中外古今，创造新文化。本世纪40年代初，毛泽东撰写《新民主主义论》，提出了正确对待中西文化的态度。

从鸦片战争到中华人民共和国建立的110年间，中国文化发展变化的历程，都没有离开中国的传统，是在不断会通融合中外文化的过程中来创建中国的新文化。近代文化的建设尽管新旧杂糅，很不完善，但它毕竟向前发展了。认为近代文化只是反复循环，没有进步，其中一个原因就是以西方文化作为衡量的标准，追求"全盘西化"。文化的近代化，不等于文化的西方化。盲目地、简单地否定自己的文化传统，鼓吹全盘接受西方文化，并不等于进步。世界的文化不是一元而是多元的，中国的文化传统和外国各种文化都有长处和短处，不能依据某一国文化为标准来衡量别的国家的文化，并从而予以贬抑，应当是互相尊重别国的文化，积极肯定异质文化并存于世界的意义。中国应该是拥有自身的文化，吸收别国的文化，建设出不同于西方的文化。这不仅是中国本身的需要，也是对人类和世界的责任和贡献。

主张"全盘西化"和固守传统文化的人，表面看来似乎是对立的，各执一端，其实本质上是同一的。首先，思维方法相同，二者只能择一，非此即彼，要么西方文化，要么传统文化，没有协调的余地，都陷于绝对化、片面性。其次，都对外自卑，缺乏自信。全盘西化论者认为中国的一切都不如人，只有全盘搬西方的，显然是缺少民族自信心。固守传统文化的人，对于西方文化似乎很看不上，而于传统文化则很自信，事实上盲目排外、封闭的本身就是对外来文化的恐惧和无可奈何，同样是没有自信心。再次，都是理智的，又是感情的。固守传统文化的人不仅是由于感情因素，也是对传统文化的认识和崇信。全盘西化的主张虽是理智的思考，然而对于中西文化的好恶之情也是明显的。

文化是人创造的，是人的文化；人又是受文化环境的陶冶，是文化的人。因此，文化问题从根本上说是人的问题。近代中国文化抉择的过程中，从器物、制度和思想逐渐集中到人的问题上来。大致在戊戌变法时期，维新思想家们已经把人的改造作为关键性的问题提出来。严复认为，"自强之本"在于"鼓民力，开民智，新民德"三大端。梁启超在他的名著《新民说》中，也提出民德、民智、民力的启蒙任务。辛亥革命时期的革命党人，鼓吹"陶铸国魂"。后来，鲁迅又强调改造国民性，孙中山也提出人格、人性的修养。至于五四新文化运动，无疑也是关于人的改造问题。这就是说，社会客体的变革，必须变革社会的主体——人，即提高人的素质，实现人的近代化。

但是，不论戊戌变法时期的严复、梁启超，还是五四新文化运动中的陈独秀等人，都认为文化主体的变革是首要的问题，只有主体变革才能实现社会客体的变革，只要主体变革了，一切社会政治问题也就迎刃而解。强调重视主体的能动作用，有其必要性和合理性。但把它强调到不恰当的地位，就不妥当了。文化主体的变革和社会客体的变革不能截然分开，没有主体的变革，客体的变革不可能真正完善；而不变革社会客体，主体也不可能得到合理的、充分的变革。落后陈腐的观念无疑是社会变革的阻力，而更为实际和重要的则是阶级或集团的权力和财富的分配问题，是阶级或集团在社会上占居什么地位的问题。这就不是单靠思想文化所能解决的。

近代中国关于改造国民性、实现人的近代化的探讨中，经常涉及到个人和社会的关系问题。维新人士、革命党人、五四新文化运动的倡导者，都对封建伦理纲常压抑束缚个性进行了尖锐的批判，提倡自由、平等，追求个性解放，使人从奴隶性中解放出来，实现人格的独立、自由。但是，他们并没有把个人的自由绝对化，鼓吹追求自我欲望的无限制膨胀，而是将个人自由和群体、社会的利益结合起来，认为"人得自由，而必以他人之自由为界"，个人自由不能离开群体的自由，不能因个人自由损害群体，破坏社会。近代先进的中国人，对西方文化也好，对传统文化也好，都是经过认真、审慎的态度来加以抉择，是负责任的。他们都有强烈的忧患意识，都为国家的自由和民族的生存而努力奋斗，为此在提倡个人自由的同时大力宣传民族自由，以唤起国民的民族意识和爱国主义精神。

从近代中国关于中西文化认识和抉择的历程，可以给我们今天的文化建设提供一些有益的启示。

从近代中国的历史看来，文化的抉择并不完全是出于人的主观愿望，而是受社会现实的制约。根据中国的社会现实，吸收了西方文化进步的因素，批判了传统文化中封建陈腐的思想观念，继承发扬了传统文化中优秀的成分，加以会通融合，以建设近代中国的新文化。尽管近代中国的文化构成是复杂多样的，但不论前80年或后30年，都有主导性的文化在起作用，前者是以民权、自由、平等的资产阶级文化为指导，后者则是以马克思主义的无产阶级文化为指导。这是近代文化发展的方向。在社会主义初级阶段的社会现实中，在改革开放的情况下，思想文化客观存在的事实是多样而复杂，包括各种各样的思潮、流派，甚至还有很腐朽、野蛮的东西。多样性是打破僵化、教条的束缚才出现的，对文化建设有积极意义；而混乱现象却值得注意。问题的关键在于要有明确的指导思想和发展方向，有主导性的文化，有舆论的正确引导。社会主义初级阶段自然具有初级阶段的特点，但初级阶段不是别的，是社会主义的，并且要向更高的阶段发展，这应该是我们进行思想文化建设的方向。

近代对于中西文化的认识虽不断得到进展，但问题并没有解决，直至今天依然存在。例如有一种意见认为，中国的落后，在于传统文化的桎梏，不摆脱这个大包袱，中国步入现代化便永无时日。这种说法并不符合客观实际，不是实事求是的态度。前面已经谈到，不再赘述。这里需要说的是，现在经常议论的传统或传统文化，在时间上并没有明确的界定，但人们都心中有数，是指鸦片战争以前封建社会的文化。不过，这样一来就产生了一个问题，无形中将鸦片战争至五四运动前的80年，五四运动至中华人民共和国建立的30年，建国后至十年动乱结束的27年，前后近140年的历史文化一笔勾销了，岂不真的出现了文化的长期"断层"？我们今天讨论文化传统，只局限于140年前更为古老的传统，割断了历史，显然不妥。这140年的文化，是在先前的传统中发展变化来的，既包含着以前的传统，又形成了各自的传统，同样有好的一面和坏的一面。例如，既有革命的、进步的传统，又有腐朽的、落后的传统；既有民主和科学的传统，又有专制和愚昧的传统；既有实事求是的传统，又有教条主义、片面性、绝对化的传统；等等。这些都在我们的社会现实生活中存在，需要加以认真清理。

随着社会现实的发展变化，人们的思想观念也在不断更新。问题是更新什么观念。笼统地讲观念更新并不解决问题，把对的观念当错误的观念批，把错误的观念当对的观念鼓吹，更不应该。例如，因为发展商品经济而去为"奸商"正名，硬说历史上和现实生活中都不存在奸商，并非事实；把迹近女流氓的形象捧为中国当代的新女性，未尝不是对妇女的侮辱；把赚钱完全等同于对社会作贡献，恐怕连"倒爷"、诈骗分子、贪污受贿者自己也想不明白。传统的观念不都是陈腐的、错误的，新的观念也不都是进步的、正确的。猎奇，趋时，为新而新，甚至把正确的观念当成陈旧落后的观念，只能增加思想的混乱。

近代关于个人和社会的关系的议论，在今天也还有现实意义。在近几年的文化讨论中，个人和社会的关系仍然是人们重视的一个重要问题。由于长期来不重视个人，甚至个性和人格受到压抑和损害，人们强调尊重个人，强调主体意识，是必要的，积极的。但是，也多少存在着把个人和社会对立起来，把主体绝对化的偏向。甚至有把自我极度膨胀，鼓吹自我崇拜狂、自我发泄狂，把丑陋、邪恶神圣化，反对理性，反对道德，反对社会责任心。人是社会的人，个人在社会中有其独立性，但又必须依赖于社会，把个人和社会对立起来，或置个人于社会之上，社会将不成其为社会，个人也无从实现其价值。个人的价值，正是在他人和社会中体现出来。马克思、恩格斯都很强调个人的自由发展，但他们也认为，"只有在集体中，个人才可能有个人的自由"。

近代中国文化抉择的历程，今天仍然在延续。在新时期中，应当是在马克思主义的指导下，从实现现代化的社会现实出发，会通融合中外古今的优秀文化，以利于文化建设的发展。

（原载国家教委社会科学发展研究中心编：

《回顾与思考》，北京大学出版社1989年）

中国近代思想史研究的几个问题

新中国成立后五十多年来，中国近代思想史研究成绩显著，这是上世纪前50年无法比拟的。严格地说，中国近代思想史是在新中国成立后才真正建立起来并不断发展的。中国近代思想史研究涉及的问题很多，下面仅就其中的几个问题谈一点个人的思考。

体裁问题。就已经出版的中国近代思想史著作而言，大致经历了按时期依序论述思想家及其代表作到按主要思潮分类论述、由思想史或政治思想史到社会思潮史的变化。这种变化，体现了中国近代思想史的发展和深入。但是，不论哪种体裁，都难免有其局限性。以思想家及其代表作依序论述有其不足，不易见一代思想发展变化的脉络，如见木不见林；以思潮递嬗分类论述，可弥补其不足，却也有缺失，不易见思想家的个性特点，如见林不见木。二者各有长短，就如同传统史书之纪传、编年、纪事本末一样。如何取二者之长而去其短，尚可进一步探研。

起论问题。中国近代思想史（含思潮史、专门史）著作，一般都起于1840年鸦片战争。但也有研究者认为，思想史与政治史关系密切，思想的发展变化无疑要受到政治的影响。然而，二者又有区别，思想的发展变化有其自身的内在逻辑，思想史的分期不一定完全等同于政治史分期。如鸦片战争之前嘉道年间出现经世思潮的复兴，使中国传统思想具有了向近代转型的可能，因而中国近代思想史起点应确定在嘉道年间。有的研究者不赞成此说。不同意见的讨论是正常的，这有助于学术的发展。

中国近代思想史还是以鸦片战争为起点更符合历史实际。因为中国社会各方面包括思想发生大的变化、质的变化，无疑是在鸦片战争以后。鸦片战争前，中国社会内部包括思想虽然有一些变化，但没有根本性的变化。嘉道年间的经世思想家林则徐、魏源、姚莹等人主张学以致用，讲求务实功利；鸦片战争时，他们敏锐地感到西方的坚船利炮不是用"夷夏之防"就能抵御得了的，因而提出"师夷长技"。这种胆略和识见，与他们的经世思想是分不开的。经世思想在沟通传统与近代之间起了桥梁作用。但就嘉道年间兴起的经世思想本身而言，并不是新思想，而是传统思想。儒家讲修身、齐家、治国、平天下，或者说"内圣外王"，"外王"就是经邦济世，经世是其题中应有之义。尽管如此，对经世思想复兴的现象还是应给予关注。

历史分期是历史发展阶段的体现，它必须有一个能够标志其转变的事件、年代，如鸦片战争之于中国近代史。然而，对历史分期也不能看得过于死板，把它绝对化。事实上，中国近代史的著作，都不是只从1840年英国发动侵略中国的战争写起的，而是从鸦片战争前清统治的衰落、英国等西方资本主义的发展以及对华贩卖鸦片和中国的禁烟写起的。对于中国近代思想史来说，起始于鸦片战争，并不妨碍追溯及于嘉道年间社会、思想所发生的变化。思想文化是延续的，有如江河流衍，不能像切西瓜似的一刀下去劈成两块。

新中国成立后，中国近代史的下限止于五四运动前，五四运动至中华人民共和国成立前为中国现代史。20世纪八九十年代，史学界基本上认同中国近代史的下限应至中华人民共和国成立前。不过，中国近代思想史著作的下限一般仍止于五四运动前。20世纪90年代末，情况有了变化，有些著作的下限已至中华人民共和国成立前。

对象和内容问题。思想史涉及的范围广泛，包括经济思想、政治思想、文化思想等诸多领域。已出版的专门领域的思想史，有《中国近代经济思想史》、《中国近代法律思想史》、《中国近代哲学史》、《中国近代史学思潮与流派》、《中国近现代伦理思想史》、《中国近代儒学思想史稿》、

《中国近代军事思想和军队建设》、《中国近代新闻思想史》、《中国近代文艺思想论稿》等，几乎涵盖了近代思想的各个方面。在已出版的中国近代思想史著作中，为数不少是以《中国近代政治思想史》命名的。即使以《中国近代思想史》命名，其内容主要也是政治思想。而所谓社会思潮史，基本上是写政治思想。思想史、政治思想史、社会思想史，就其内容而言，三者并没有多大区别。

中国近代社会是半殖民地半封建社会，面临被瓜分亡国的危机，救亡图存、振兴中华成为时代的最强音，政治思想突出是不奇怪的。但突出不是唯一，它不能涵盖全部思想史。政治思想史和其对应的经济思想史等，都是思想史的组成部分。顾名思义，思想史包括政治、经济、文化等各方面的思想。当然，这不等于把诸多专门领域的思想逐一罗列，成为一个大拼盘，而是要分清主次，加以综合。如戊戌维新运动，既是一次爱国救亡运动，又是一次政治改革运动，更是一次思想启蒙运动。维新思想家传播西方资产阶级的社会政治学说，宣传自由平等、社会进化观念，批判封建纲常伦理；阐扬发展资本主义经济的思想；推动文艺、学术、教育、社会风习等广泛的文化革新运动，从而发生了新学与旧学之争、西学与中学之争。爱国救亡、政治改革与思想启蒙构成一个整体，政治思想、经济思想、文化思想、社会思想都是在构建资本主义社会体系之下运行的。

这里涉及中国近代思想史的内容是什么的问题，对此学界有不同说法。有的论者认为一部中国近代思想史，就是一部知识分子不断寻求现代化过程的历史。对中国近代思想史的内容作这样一个归纳概括，并不符合历史实际，是片面的。中国近代社会是半殖民地半封建社会，帝国主义和封建主义压迫、剥削中国人民，造成中国的贫穷落后，面临被瓜分亡国的危机。同时，中国人民长期地进行不屈不挠的反帝反封建斗争，历尽艰辛地探索中国的出路。

独立、民主、富强，是中国近代历史的主题。换句话说，就是革命和近代化（现代化）。革命和近代化不能互相代替，不能割裂开来，对立起来。革命和近代化的关系，是革命为近代化扫清障碍，创造必要的前提。

也就是说，中华民族如果不开展反帝反封建斗争，不通过革命改变半殖民地半封建的社会地位，不争得民族独立和人民解放，就不可能推翻帝国主义对中国的统治，改变它们控制中国财政经济命脉、利用特权向中国大量倾销商品和输出资本、压迫中国民族工商业发展的局面；就不可能废除封建地主土地所有制和专制政治制度，解放农村生产力，改善农民的生活，扩大民族工商业的国内市场；就不可能达到民族的团结、社会的稳定，从而集中力量进行经济、文化、教育等各方面的现代化建设，实现国家的繁荣富强和人民的幸福富裕。

在中国近代历史上，一些爱国人士曾想从发展工商等入手来实现中国的近代化。他们提出工业救国、教育救国、科学救国等思想主张，并为此进行过不懈努力，但是行不通。这说明，只有走革命之路，推翻半殖民地半封建统治秩序，才能为实现中国的近代化开辟新的天地。将中国近代思想史归结为中国知识分子不断寻求现代化过程的历史，至少存在两个缺失：一是离开了中国近代的国情，排斥革命，孤立地讲现代化；二是只讲知识精英，而忽略了人民群众。中国近代思想既有知识精英的思想，也有普通百姓的思想，不能将其仅仅归之于知识精英的思想。

（原载《人民日报》2007年6月22日）

传统文化在近代中国演变的历史启示

　　鸦片战争以后，中国逐渐沦为半殖民地半封建社会。由于社会经济和政治力量的变化，以及西方文化的传播等种种原因，传统文化不能不发生变化。传统文化在近代演变的历程，给人们留下了不少有益的启示。

一

　　文化具有传承性，它像江河一样川流不息地流衍着。中华民族的文化源远流长，世世代代传承下来，形成了自己的文化特点，体现出民族性。但是，文化又总是随着时代的发展变化而发生变化，不可能停滞不前。宋代理学兴起，虽仍为儒学正宗，但它又吸收了释、道二家的思想而加以融合，成为"新儒学"，较先秦之儒学已有变化。它反映了自唐末历经五代十国的纷乱，宋朝建立后面临诸多问题，包括道德颓丧之类的问题。理学正是应时而兴。在近代，社会发生了大变动，所谓"三千年一大变局"，传统文化相应的必然发生变化。文化的因时而变，表现出文化具有时代性。

　　传统文化在近代的变化是多方面的，从观念到社会生活方式、习俗等都有不同程度的变化。而最主要的表现，是被视为"圣人所以为圣人，中国所以为中国"的封建纲常伦理受到批评、谴责，它从意识形态上维护封建统治秩序的权威地位受到冲击，发生动摇，以至最终失落；而反映新的资本主义经济和资产阶级政治势力需要的新的思想文化，如进化论、民权、自由、平等，则被从西方吸收进来，并逐渐在社会上传播流衍。

传统文化博大精深，对世界上文化的发展曾经作出伟大的贡献。但它毕竟是在前资本主义社会形成的，已不能适应时代变化的需要，不能适应新的阶级及其政治要求的需要。康有为发动的维新运动、孙中山领导的民主革命、陈独秀等倡导的新文化运动，都体现了文化变革的时代性，不同程度地批判了传统文化中封建性的思想内容。维新思想家尖锐指出"三纲五伦之惨祸烈毒"，"官可以无罪而杀民，兄可以无罪而杀弟，长可以无罪而杀幼，勇威怯，众暴寡，贵凌贱，富欺贫，莫不从三纲之说而推。是化中国为蛮貉者，三纲说也"①。孙中山认为："就人群进化的道路说，旧思想总是妨碍进步的，总是束缚人群的。我们要求人群自由，打破进步障碍，所以不能不打破旧思想。"②陈独秀、李大钊针对康有为和孔教会主张的"以孔子为大教，编入宪法"，进行了批评。陈独秀认为："文明进化之社会，其学说之兴废，恒时时视其社会之生活状态为变迁。"③李大钊指出：社会、道德都是进化发展的，"孔子之道，施于今日之社会为不适于生存"④。

即以儒学而言，它在与西学的矛盾中调和会通了西学。康有为、谭嗣同在维新运动期间，就力图会通中西学，以西学比附、阐释儒学，"援西入儒"，构成"不中不西，亦中亦西"的以儒学为主、中西学杂糅比附的不成熟的思想体系。20世纪20年代初，梁漱溟以陆王心学融会柏格森生命哲学等，建构其"新儒学"理论体系，以"复兴儒学"，突破了康有为、谭嗣同等人简单的杂糅比附。无论人们对他们作何评价，但事实本身表明了儒学也在随着时代而变化，同样体现出所具有的时代性。

不论近代的政治家、思想家的言论、主张，也不论实践历程中所表现

---

① 何启、胡礼垣：《〈劝学篇〉书后》，《新政真诠》五编。
② 《孙中山全集》第8卷，中华书局1986年，第469页。
③ 陈独秀：《孔子之道与现代生活》，《新青年》1916年第2卷第4期。
④ 《李大钊选集》，人民出版社1959年，第80页。

出来的结果，都表明文化具有鲜明的时代性。在新的时代条件下，传统文化必须具有新的思想文化的内容，体现出时代的精神，才能存在并继续发展。也就是说，传统文化要适应现实生活，为现实社会的进步发挥作用，而不是让已经发展了的现实社会去适应传统文化。不能像康有为那样，生活于民国，还要以孔教为国教，编入宪法，还要让人们去尊孔读经。

这里有一个问题需要提出，即从清末以来一直争论的关于中西文化的差异问题。还在清末就有人提出中西文化"只有性质之异，而非程度之差"的观点，不承认西方资本主义时代的文化比中国封建时代的文化进步。1918年，李大钊发表文章批评了这种观点。他认为中国古代文明曾对世界文明作出伟大的贡献，但现在西方文明已经较东方文明处于"优越之域"，因而当下决心，"竭力以受西洋文明之特长，以济吾静止文明之穷"①。李大钊说中国文明为"静止"并不科学，但他认为当时所说的西方文明比中国文明先进则是正确的。这是从社会进化的观点来看待文化问题，也认识到了文化的时代性。而那种认为中西文化"只有性质之异，而非程度之差"的观点，虽然肯定了不同民族的文化各有其优长，但却把文化视为静止的、不发展的，否定世界上各民族、国家因发展先后的不平衡性而带来的文化上的差距。不承认文化的时代性，必然导致抱残守缺、故步自封、停滞不前。

二

文化之所以具有时代性，是因为它既根源于现实生活，是现实社会的反映，又服务于现实社会。不论对于本国的传统文化，或者外来的西方文化，人们都是从现实社会的需要来加以继承、吸收的。

近代中国人对西方文化的吸收有一个好传统，即不是不加分析地盲

---

① 李大钊：《东西文明根本之异点》，《言治季刊》1918年7月。

从，而是采取一种冷静分析、筛选的态度，择善而从。其实还在明末清初来华耶稣会传教士传入西方文化时，中国的一些有识之士就已经采取了这种态度。鸦片战争后，从林则徐、魏源开始，近代先进的中国人对待西方文化，可以说都继承发扬了这一优良传统。

在近代中国，对西方文化的吸收，经历着一个不断探索的过程：认识、选择—再认识、再选择。林则徐、魏源是近代中国人最先睁眼看世界的代表，人们熟知的"师夷长技以制夷"的主张就是鲜明的体现。这个主张所蕴涵的，首先是看到并承认西方有长处，其次是学习西方的"长技"，最后归结为用来抵御西方的侵略。他们由于主观认识和客观条件所限，选择的是"坚船利炮"一类的"长技"。过了约二十年，冯桂芬提出了学习西方的方案。他在《校邠庐抗议》中明确标明"以中国伦常名教为原本，辅以诸国富强之术"的宗旨，主张"采西学"、"制洋器"。其后，有人概括为"中学为体，西学为用"。19世纪60至90年代的三十多年间，这一直成为中国人对待中西文化的指导思想。就清政府方面而言，直至其覆灭，基本上是以此为指导的。"中体西用"论者与顽固守旧论者不同，他们比较开明，能因时而变，敢于采西洋技艺之学，仿用机器。然而，"中体西用"的指导思想，不是使固有文化适应"近代"的变革，使之具有"近代"的功能；而是在于维护封建思想文化和封建统治秩序，仅仅局限于吸收西方的机器生产和科技。这种文化选择，充分表现了它的保守性和狭隘性，不能不导致其失败的命运。

1895年中日甲午战争后，面临着瓜分豆剖的严重民族危机，维新人士为了救亡图存，对鸦片战争以后几十年中国对待中西文化的历程进行了反思，总结了经验教训。他们批评"中体西用"论的失误，并超越了"中体西用"论的局限，在中西文化的选择上跨出了一大步。维新人士对于中国传统文化不是笼统、单纯地维护，而是对其封建性的东西加以批判。他们揭露封建纲常名教的惨祸烈毒，批判宋学、汉学的无实无用，批判八股科举的锢蔽智慧，等等。对于西方文化，维新人士主要吸收了进化论、民权、自由、平等的思想，以及君主立宪的政治制度。他们以此为指导思想，来争取国家的独立、民主、富强。但是，维新人士在文化选择上也表现出明显的缺陷。他们尊崇今文经学，以统治阶级用来进行封建统治的孔子为旗帜，鼓吹定孔教为国教，并保守君权。

戊戌维新运动很快失败，民权、平等思想却传播开来。进入20世纪初，资产阶级革命党人继续推动历史向前发展。孙中山曾经说过，他所创立的三民主义就是"救国主义"，是为了"振兴中华"。围绕着这个主题，革命党人从西方文化中寻找思想武器，并对封建思想文化进行批判。他们也从西方文化中吸收了进化论和民权、自由、平等思想，不过在政治制度方面不同于维新人士，吸取的是共和国方案，摒弃了君主立宪制。革命党人对封建主义文化的批判比维新人士有新的突破和进展，其中有些人已经把批判的矛头指向被封建统治阶级尊奉为"大成至圣先师"的孔子。他们冲破了自西汉以后两千多年独尊儒学的局面，认为"孔子之学仅列周季学派之一"，提倡诸子百家的学说。这就从根本上动摇了孔子和儒学的统治地位。当然革命党人在对待中西文化问题上也存在不足和偏差，他们还不能科学地认识和对待中西文化，有的有"醉心欧化"的倾向，有的则在提倡"国粹"的同时把封建糟粕也加以宣扬，崇拜"旧学"，鄙薄"新学"。

辛亥革命推翻了清王朝，结束了君主制度，建立了中华民国。但是，袁世凯在帝国主义和封建势力支持下窃取政权，实行独裁统治，搞帝制复辟。在思想文化方面的反映，则是出现了一股反对民权、自由、平等和鼓吹尊孔复古的逆流。为了反击尊孔复古逆流，为了"要诚心巩固共和国体"，1915年以《新青年》杂志的创刊为标志，掀起了一场新文化运动。新文化运动的倡导者在中西文化的选择上，目标是明确的。他们从西方文化吸收了"民主"和"科学"，举起这两面大旗，向腐朽的封建文化展开猛烈的冲击。他们所要解决的问题不仅是文化，而且要救国，要"再造中华"。但是，他们把思想文化看成解决政治问题、救国的根本办法，则是夸大了思想文化的作用。单靠思想文化的斗争，不能取得反帝反封建斗争的胜利，改变中国半殖民地半封建的社会地位。在对待中西文化问题上，新文化运动倡导者中有的人有片面性和绝对化偏向。

从鸦片战争到五四运动的八十年间，求进步的中国人不断探索吸收西方文化，以为这样做可以救中国。"但是行不通，理想总是不能实现。多次奋斗，包括辛亥革命那样全国规模的运动，都失败了。国家的情况一天比一天坏，环境迫使人们活不下去。怀疑产生了，增长了，发展了。"[1]中国人民就是在怀疑发展中继续不屈不挠地思考、探索和选择，中国文化终于出现了新转机。

1917年俄国爆发了十月革命，创立了世界上第一个社会主义国家。中国人民终于在彷徨中从俄国十月革命学到一样新的东西，这就是马克思列宁主义。马克思主义是科学的革命的新文化。正因为有了马克思主义，有了马克思主义普遍真理和中国革命的具体实践相结合而产生的毛泽东思想，中国的文化运动才有了正确的方向，中国才发生了从旧民主主义革命到新民主主义革命的转变，才取得了新民主主义革命的胜利，结束了109年的半殖民地半封建社会，建立了中华人民共和国。

从上述109年中国人民对待中西文化的历程中可以看出，对于西方文化的吸收，是从自己的国情出发，在本国的文化土壤上来加以吸收的，是"化西"而不是"西化"。具体地说，即从反对帝国主义和封建主义，争取国家的独立、民主、富强这个近代中国的主题出发。以辛亥革命为例，孙中山的三民主义就是从中国国情出发，融合了中西文化的。即使是对于普遍真理的马克思主义，也必须与中国革命的实践完全地恰当地统一起来，和民族的特点相结合，才有用处。外来文化不管多么好，只有和本国的民族特点相结合，才能在这块土壤上生根开花。毛泽东思想就是将马克思主义和中国的民族特点相结合，融会了中国文化的优秀遗产，才指引中国革命取得胜利。

在本土文化的基础上去吸收外来文化，这是一般的原则，也是实践的结果。不独中国如此，其他国家也如此。17、18世纪欧洲启蒙运动时，莱布尼茨、伏尔泰等思想家都程度不等地从中国文化，尤其是儒学思想中，

---

[1]《论人民民主专政》，《毛泽东选集》第4卷，第1470页。

吸收了养分，成为他们提倡理性主义、人文主义的思想渊源之一。他们吸收中国的儒学文化，是从反对教会的神权统治，从尊重人、尊重理性出发的，吸收了其中的"人本"思想而加以融会。他们所理解的儒学，与中国儒学本身并不完全相同。日本是深受中国儒学影响的国家，但是它对儒学的吸取，也是在其本土文化的基础上来选择的。在中国的儒学中，纲常伦理以孝为基础，所谓"求忠臣于孝子之门"、"移孝作忠"。而在日本的儒学中，强调的是忠而不是孝。这些事实说明，不论哪个国家吸收外来文化，都是从本国的实际情况出发，以本土文化为基础的。如果不从本国的实际出发，盲目照搬外来文化，不仅不会起到积极作用，反而会产生消极影响。历史上不乏这样的事例。法国政治思想家托克维尔在他于19世纪30年代到美国调查后撰成的名著《论美国的民主》一书中，曾经说到墨西哥照搬美国宪法的失败。他说：墨西哥人希望实行联邦制，于是把邻居美国的联邦宪法作为蓝本，并几乎全部照抄过来（指1824年墨西哥宪法）。因而各州的主权和联邦的主权总是发生冲突，他们的双重政府的车轮便时停时转。这使墨西哥陷于从无政府状态到军人专制，再从军人专制回到无政府状态的循环之中[1]。墨西哥照搬美国的联邦宪法，不仅没有使墨西哥富强，反而长期陷于混乱状态。这是耐人寻味的。

三

近代中西文化接触、交流的过程，也是中西两种文化矛盾、斗争和融会的过程。西方文化和中国传统文化之间的差异很大，人们面临着一个如何加以对待的问题。从表现出来的思想认识和主张来看，颇为歧异，甚至是完全对立的。从1840年鸦片战争到1949年新中国成立的109年间，不同观点之间的论争，时起时伏．有时还很激烈。大体上说，鸦片战争至中日

---

① [法] 托克维尔著、董果良译：《论美国的民主》上卷，商务印书馆1988年，第186页。

甲午战争的半个世纪，争论的主要问题是要不要学习西方，能不能学习西方。林则徐、魏源主张"师夷长技"，以及其后提出的"中体西用"，都认为应该学习西方文化中的科技，来弥补固有儒学文化的不足。在官僚、士大夫中，更多的人抱着"天朝上国"和"夷夏之辨"的观念，反对学习西方。他们认为不能向西方学，也用不着向西方学，只要依靠礼义忠信一类的儒学文化就够了。当然，这种顽固保守封建文化，反对学习西方文化任何东西的思想，不符合社会实际和时代潮流。现实并不是按照他们的意愿发展的，他们的意愿只能落空。

1895年中日甲午战争后到1919年五四运动的二十余年，争论的主要问题已经不是要不要学习西方，而是向西方学习什么的问题。从维新人士、革命党人到新文化运动的倡导者，尽管他们对政治制度的主张有所不同，但都反对封建的纲常名教，提倡民权、自由、平等，或如新文化运动倡导者明确概括的"民主"和"科学"两个口号。他们反对封建制度，主张君主立宪或民主共和。民权、自由、平等成为争论的中心点，成为反对者抨击的主要内容。他们念念不忘维护封建纲常名教，视民权、自由、平等为洪水猛兽，甚至在辛亥革命后还掀起尊孔复古的逆流。虽然维新运动很快失败，中华共和国的方案成为泡影，新文化运动也没有能够改变中国半殖民地半封建的社会地位，但是，由于从维新运动开始的新文化运动到五四前夕发展到了高潮，对封建文化进行了一次又一次的冲击，为马克思主义在中国传播创造了条件。

从1919年五四运动后，尤其是1921年中国共产党成立后，到1949年新中国成立前，文化争论的主要问题是要不要接受马克思主义这一科学的革命的新文化，或者说中国走什么道路的问题。马克思主义传入中国后，同时存在的还有西方的种种主义。马克思主义在同其他主义的斗争中为中国人民所接受，并成为中国革命的指导思想。这里需要指出，马克思主义在中国的传播，还受到两种文化思想的阻挠和反对。一种思潮是文化保守主义，诸如"东方文化优越"论、"中国文化本位"论等。这些主张归结起来，无非是不加分析地鼓吹孔子和儒家学说，宣扬封建纲常名教。这股思潮朝野呼应，不断向进步的革命的文化进行反攻。另一股思潮是"全盘西化"的主张，鼓吹西方文化优于中国文化，"中国文化无论在哪一方面，都比不上西方文化"，因此，中国的一切东西都要模仿欧美资本主义国家，好的坏的都要。这种文化思潮，一方面是对西方资本主义文化无条件的崇拜，另一方面是对民族文化完全否定的虚无主义态度。这两种文化思潮之间也有论争，但它们的共同点都是反对马克思主义，反对中国共产党领导的新民主主义革命，反对中国走社会主义道路。

事实上这两种文化思潮在五四以前就存在，也可以说是随着西方文化的输入而先后出现的。辛亥革命时期，有些革命党人就对这两种偏向提出批评，认为不论对于传统文化或西方文化，都不应该一概继承、吸收，或一概排斥，而应该"拾其精华，弃其糟粕"。

正确对待中西文化的这一优良传统，后来被毛泽东加以继承和发展。20世纪40年代初，他撰写《新民主主义论》，论述了对待中西文化应采取的正确态度，批评了"全盘西化"论和复古主义的错误倾向，并提出了建立民族的、科学的、大众的新文化。这些精辟的论述，在今天仍有现实意义。

近代中西文化问题论争和近代文化的发展历程，可以给我们提供启示：文化的建设，先进的、正确的思想文化的确立，是在同落后的、陈腐的、错误的思想文化斗争中发展起来的。没有破除错误的、陈腐的思想文化，进步的、正确的思想文化就很难建立起来。这是历史的经验教训。

（原载《史学集刊》1994年第4期）

近代中西文化交流的历史反思

　　中国和西方国家的文化交流，为时颇早。规模大的一次，是明末清初欧洲耶稣会士来华传教。其时欧洲有些国家已进入资本主义社会，传教士在传教的同时也输入某些近代科学技术。西方资本主义文化在中国的广泛传播，应该说是在1840年鸦片战争以后。为了避免误解，这里需要说明两点：一是中西文化交流是双向的，有来有往，本文的论述只限于西方文化输入中国所发生的影响；二是就时间而言，起于鸦片战争以后，至中华人民共和国建立以前。在110年的半殖民地半封建社会里，西方的文化和中国固有的文化既发生冲突，又在冲突中互相融会。人们也随着中西文化的冲突和融会的进程而不断地思考、总结和探索，并发展了自己的认识。尽管近代中西文化交流已是过去的历史，但值得我们加以认真地反思，从中吸取经验教训。况且，近代中西文化交流的结果，不论正面或反面，都深刻地包容在现实生活之中，并不纯粹是历史的陈迹。最近几年出现的"文化热"，所讨论的种种问题，既是现实的反映，也是历史的延续，从这个意义上说，也有必要回头去反思历史。

一

　　民族、国家、地区之间的文化交流，在历史上和现实社会中，都是普遍的现象。从一定意义上说，文化就是在不断交流中向前发展。一个民族、国家、地区的文化，如果不吸收外来文化，不同其他民族、国家、地区交流，是难以发展的。

鸦片战争以后，西方资本主义文化输入中国，和中国文化发生了交流，改变了鸦片战争前自我封闭的状态。但是，近代中国输入西方文化，进行文化交流，却有其特殊情况，这是不应当忽视的。近代中西文化交流，不是在和平环境和平等关系中进行，而是伴随着西方列强的大炮、商品和传教士而输入，是在中国沦为半殖民地的情况下输入的。这种文化输入或交流，实质上是西方列强对半殖民地、殖民地所实行的一种同化政策，就象英国在印度的"英吉利化"，法国在越南的"高卢化"。列强用西方文化来同化半殖民地、殖民地，以便于它们在这些国家和地区进行殖民统治，并使这些国家和地区成为它们赖以生存和发展的一部分。就是说，西方资产阶级要按照自己的面貌去改造世界，使东方从属于西方。列强对中国输入文化，并不是为了中国的独立、民主、富强，相反，是配合军事、政治、经济的侵略政策。"传教，办医院，办学校，办报纸和吸引留学生等，就是这个侵略政策的实施。其目的，在于造就服从它们的知识干部和愚弄广大的中国人民。"[①]

帝国主义对中国输入西方文化，进行文化侵略，显然帝国主义是主体，是主动的，而中国是被迫接受，是被动的。但这只是一方面。另一方面是，帝国主义的侵略引起中国人民的反抗。从1840年鸦片战争到1949年中华人民共和国成立前夜，110年间，中国人民不屈不挠、再接再厉地进行了反对帝国主义及其走狗的英勇斗争，使得帝国主义不能灭亡中国。

在中国人民反抗帝国主义侵略的同时，知识层的有识之士面对着中国沦为半殖民地的剧烈变局，也在进行反思，在探索中国的出路。近代中国的社会现实，给中国人提出的课题，是如何改变半殖民地半封建的社会地位，争取独立、民主、富强。救亡图存，振兴中华，成为时代的最强音。

①《中国革命和中国共产党》，《毛泽东选集》第2卷，第630页。

正是围绕这一关系着民族国家生死存亡的主题，近代中国文化蕴含着忧患、悲愤、激越、壮烈的格调，充满了爱国主义的精神。

在反侵略运动中，在争取中华民族的独立、民主、富强的斗争中，中国人民和许多官兵浴血奋战，英勇牺牲，表现了英雄气概。但是，由于清政府的腐败，社会生产力的落后，抵御不住西方列强的侵略，打了败仗。从思想文化方面说，作为清政府指导思想的儒学文化，在西方资本主义文化面前，显得无能为力，败下阵来。所谓"以礼义为干橹，以忠信为甲胄"，不过是虚骄自大的迂腐的呓语。只凭礼义忠信，不可能抵御西方列强的侵略，不可能挽救中国的危亡。于是中国人通过接触西方文化，发现西方文化有其长处，中国文化有不如西方文化之处，被迫从侵略者那里去学习西方文化，以抵御列强的侵略。从这一方面说，中国输入西方文化，不全是被动的，而具有主体性和主动性。

综上所述，可以看出，近代中国输入西方文化，具有二重性格。一方面是西方列强为了侵略中国的需要，对中国输入西方文化，以便按照自己的面貌来改造中国，使中国殖民化，成为它们的从属部分。另一方面是中国人为了抵御西方列强的侵略，拯救祖国免于被灭亡，走上独立、民主、富强的道路，经历千辛万苦，向西方国家寻找真理，学习西方文化。这种输入西方文化的二重性格特点，跟西方资本主义国家独立、主动地吸收外来文化不一样，它是半殖民地国家的特殊情况的表现。既然是二重性，就存在着又有联系又有矛盾和斗争。不论是被动输入或主动输入，都是西方文化，就有相联系的一面。但是，二者的出发点不一样，道不同不相为谋，前者是要使中国殖民化，必然要对后者施加影响和制约，将其纳入自己的轨道；而后者则是要救亡图存、振兴中华，无疑要反对西方殖民化"文明"的影响，摆脱其制约，维护自己的独立性和主动性。这样，在西方文化输入的过程中，不可避免地存在着影响和反影响、制约和反制约的矛盾和斗争。

二

西方文化的输入，尽管是在半殖民地的特殊社会条件下，是在列强的殖民化政策的支配下进行的，但先进的中国人却是力求主动地予以选择。还在明末清初来华耶稣会传教士传入西方文化时，中国人对西方文化的吸收，就不是不加分析地盲从，而是采取一种冷静分析筛选的态度，择善而从。鸦片战争后，从林则徐、魏源起，近代先进的中国人对待西方文化，都一直继承发扬了这个优良传统。

在近代中国，对西方文化的吸收，是经历着一个不断探索的过程，认识、选择、再认识、再选择的过程。林则徐、魏源是近代中国人最先睁眼看世界的代表者，人们熟知的"师夷长技以制夷"的口号就是鲜明的体现。这个口号所反映的，首先是看到并承认西方有长处，其次是主张学习西方的"长技"，归结是为了抵御西方侵略者。他们由于为主观认识和客观条件所限，选择的是"坚船利炮"一类的军事"长技"。过了约20年，冯桂芬、洪仁玕都提出了学习西方的方案。而对中国思想文化和社会产生影响的，是冯桂芬的《校邠庐抗议》。冯桂芬接续林则徐，明确标明"以中国之伦常名教为原本，辅以诸国富强之术"的宗旨，主张"采西学"、"制洋器"。后来，有人又概括为"中学为体，西学为用"。从19世纪60年代至90年代的三十多年间，这一直成为中国人对待中西文化的指导思想。而就清政府方面而言，其间虽稍有反复，但直至其覆灭，基本上是以此为指导的。在本土文化的基础上去吸收外来文化，这是一般的原则。问题是这个"中体西用"的指导思想，不是使固有的文化适应"近代"的变革，使之具有"近代"的功能，并正确吸收西方近代文化有益的东西，而是在于维护封建思想文化和封建统治秩序，在于仅仅局限在吸收西方的科技。这种文化选择，充分表现了它的保守性和狭隘性，不能不导致归于失败的命运。

1895年中日甲午战争后，面临着瓜分豆剖严重的民族危机，维新人士为了救亡图存，对鸦片战争以后几十年中国人对待中西文化的历程进行了反思，总结了经验教训。他们批评"中体西用"论的失误，并超越了"中体西用"论的局限，在中西文化的选择上跨出了一大步。维新人士对于中国固有的文化，不是笼统地单纯地维护，而是对其封建性的东西加以批判。他们批判封建纲常名教的惨祸烈毒，批判宋学、汉学的无实无用，批判八股科举的锢蔽智慧，等等。对于西方文化，维新人士主要吸收了进化论和民权、自由、平等的思想，以及君主立宪的政治制度。他们以此为指导思想，去反对封建主义的思想文化，争取民族国家的独立、民主、富强。但是，维新人士在文化选择上也表现出明显的缺陷。他们不顾顽强的封建势力的攻击和阻挠，以很大的勇气来宣传民权平等思想，然而却尊崇今文经学，以被统治阶级用来进行封建统治的孔子为旗帜，鼓吹定孔教为国教，并保守君权。

戊戌维新运动很快失败，民权平等思想却传播开来。进入20世纪初，资产阶级革命党人继续推动历史向前发展。孙中山曾经说过，他所创立的三民主义就是"救国主义"。辛亥革命就是革帝国主义走狗清政府的命，是为了"振兴中华"。围绕着这个主题，革命党人从西方文化中寻找思想武器，并对封建主义思想文化进行批判。他们也从西方文化中吸收了进化论和民权、自由、平等思想，不过在政治制度方面不同于维新人士，采取的是共和国方案，摒弃了君主立宪。对于中国固有的文化，革命党人和维新人士都没有采取简单、盲目的否定态度，而是从文化传统中继承发扬了如自强不息、以天下为己任、爱国主义等优良遗产，批判纲常名教、迷信、恶俗陋习等封建性糟粕。但是，革命党人对封建主义文化的批判比维新人士有新的突破和进展。他们当中有些人已经把批判的矛头指向被封建统治阶级尊奉为"大成至圣先师"的孔子，提出"孔丘革命"。他们冲破了自西汉以后两千多年独尊儒学的局面，认为"孔子之学仅列周季学派之一"，提倡诸子百家的学说。这就从根本上动摇了孔子和儒学的统治地位，起了思想解放的作用。20世纪初，在革命党人中，出现了不同的社会政治思潮，如民主主义思潮、无政府主义思潮、国粹主义思潮等。当然革命党人在对待中西文化问题上也存在不足和偏差，他们还不可能科学地认识和对待中西文化，有的有"醉心欧化"的倾向，有的则在提倡"国粹"时把封建性的糟粕也加以宣扬，有的把中西文化截然分为精神文化、物质文化，崇拜"旧学"，鄙薄"新学"。

1912年，以孙中山为领袖的资产阶级革命派推翻了清王朝，结束了君主制度，建立了中华民国。但是，以南京临时政府和临时参议院为标志的资产阶级共和国只存在三个月，因袁世凯的窃取政权而告失败。中国依然是半殖民地半封建社会，帝国主义仍旧操纵着中国的经济、政治、军事和文化，封建经济在社会经济生活中占显著的优势。袁世凯在帝国主义和封建势力的支持下实行独裁统治，搞帝制复辟。在思想文化上的反映，是出现了一股反对民权、自由、平等和鼓吹尊孔复古的逆流。为了反击封建尊孔复古逆流，为了"要诚心巩固共和国体"，1915年以《新青年》杂志的创刊为标志，兴起了一场新文化运动。新文化运动的倡导者在中西文化的选择上，目标是明确的。他们从西方文化吸收了"科学"和"民主"，举起这两面大旗，向腐朽的封建文化展开了猛烈的冲击，宣称："要拥护那德先生，便不得不反对孔教、礼法、贞节、旧伦理（忠、孝、节）、旧政治（特权人治）。要拥护那赛先生，便不得不反对旧艺术（中国戏）、旧宗教。要拥护德先生又要拥护赛先生，便不得不反对国粹和旧文学。"[①]先进的知识分子表现了宏伟的气魄，他们对封建文化所展开的最猛烈的轰击，以及产生的广泛影响，都是前所未有的。新文化运动的倡导者所要解决的问题不仅是文化，而是要救国，要"再造中华"。但是，他们把思想文化看成为解决政治问题、救国的根本办法，则是夸大了思想文化的作用。单靠思想文化的斗争，不能取得反帝反封建斗争的胜利，改变中国半殖民地半封建的社会地位。在对待中西文化问题上，新文化运动倡导者中有的人有片面性和绝对化的偏向。

从鸦片战争到五四运动前的八十年间，求进步的中国人不断探索吸收西方文化，认为这些很可以救中国。"帝国主义的侵略打破了中国人学

---

① 陈独秀：《本志罪案之答辩书》，《新青年》1918年第6卷第1期。

西方的迷梦。很奇怪，为什么先生老是侵略学生呢？中国人向西方学得不少，但是行不通，理想总是不能实现。多次奋斗，包括辛亥革命那样全国规模的运动，都失败了。国家的情况一天一天坏，环境迫使人们活不下去。怀疑产生了，增长了，发展了。"①中国人民就是在怀疑发展中继续不屈不挠地思考、探索和选择，中国的文化终于出现了新的转机。

1917年俄国爆发了十月革命，创立了世界上第一个社会主义国家。中国人民终于在彷徨中从俄国十月革命学到一样新的东西，这就是马克思列宁主义。马克思列宁主义是科学的革命的新文化，它在中国是通过李大钊等这样一批在初期新文化运动中起骨干作用的前驱者传播开来的。五四以后的新文化运动，虽然还包含着资产阶级民主主义文化，但它已不居于领导地位，只是充当一个盟员，居于领导地位的是无产阶级新文化，即马克思列宁主义。

马克思列宁主义在中国传播，并不是一帆风顺，而是经历了严重的斗争和艰辛的历程。马克思列宁主义传入中国后，同时存在的还有其他种种主义，诸如资产阶级民主主义、实用主义、改良主义、无政府主义、新村主义、泛劳动主义、基尔特社会主义、国家社会主义，等等。主义纷繁，学说杂陈。马克思列宁主义开初只是其中的一家。但是，在中国革命的实践中，在思想理论的斗争中，其他种种主义都如昙花一现，很快便销声匿迹，只有马克思列宁主义为中国人民所接受，并且成为中国革命的指导思想。在中国革命过程中，马克思列宁主义的普遍真理和中国革命的具体实践相结合，产生了毛泽东思想。毛泽东思想是马克思列宁主义在中国的运用和发展，是在同右倾机会主义和"左"倾机会主义的斗争中产生和发展的。正因为有了马克思列宁主义、毛泽东思想这一革命理论的指导，中国的文化运动才有了正确的方向，中国才发生了从旧民主主义革命到新民主主义革命的转变，才取得了新民主主义革命的胜利，结束了110年的半殖民地半封建社会制度，1949年10月1日建立了中华人民共和国。中国人民

---

① 《论人民民主专政》，《毛泽东选集》第4卷，第1470页。

在中国共产党的领导下继续前进，进入了社会主义革命和建设的新时期。

三

在中西文化交流的过程中，人们不断思考、探索如何对待中西文化的问题。从表现出来的思想认识和主张看来，颇为歧异，甚至是完全对立。1840年鸦片战争到1949年新中国建立的一百多年间，不同观点和主张的论争，时伏时起，有时还很激烈。大体上说，鸦片战争至1894年中日甲午战争的半个世纪，争论的主要问题是要不要学习西方，能不能学习西方。林则徐、魏源主张"师夷长技"，以及其后提出的"中体西用"，都是认为应该学习西方文化中的科技，来弥补固有的儒学文化的不足，并且加以实行；不过他们学西方的军事、科技，目的是为了维护封建统治制度。在官僚、士大夫中，更多的人抱着"天朝上国"和"夷夏之辨"的观念，维护封建统治秩序和纲常名教的封建文化，反对学习西方，他们认为"师夷"是"失体孰甚"，不能向西方学，也用不着向西方学，只要依靠礼义忠信一类的儒学文化就够了。当然，这种顽固保守封建文化、反对学习西方文化任何东西的思想，不符合社会实际和时代潮流。现实并不是按照他们的意愿发展，他们的意愿只能是落空。

1895年中日甲午战争后到1919年五四运动的二十余年，争论的主要问题已经不是要不要学西方的问题，而是向西方学什么的问题。从维新人士、革命党人到新文化运动的倡导者，尽管他们对政治制度的主张有所不同，但都反对封建的纲常名教，提倡民权、自由、平等，或如新文化运动倡导者明确概括的"民主"和"科学"两个口号。他们反对封建制度，主张君主立宪或资产阶级共和国。民权、民主、平等成为争论的中心点，成为反对者抨击的主要内容。一般来说，反对者自觉或不自觉地把文化分为物质文化和精神文化两部分，他们认为西方物质文化优于中国，而中国精神文化优于西方，赞成学习西方的物质文化，反对吸收西方的精神文化。

他们念念不忘维护封建纲常名教，视民权、自由、平等为洪水猛兽，甚至在辛亥革命后还掀起尊孔复古的逆流。虽然维新运动很快失败，中华共和国的方案成为泡影，新文化运动也没有能够改变中国半殖民地半封建的社会地位，但是由于从维新运动开展的新的文化运动，到五四前夕发展到了高潮，对封建文化进行一次又一次的抨击，为马克思列宁主义在中国传播创造了条件。

从1919年五四运动后，尤其是中国共产党成立后，到1949年新中国诞生前，文化争论的主要问题是要不要接受马克思列宁主义这一科学的革命的新文化，或者说是中国向何处去、走什么道路的问题。如前所述，马克思列宁主义传入中国后，同时存在的还有西方的种种主义。马克思列宁主义是在同种种主义的斗争中为中国人民所接受，并成为中国革命的指导思想。这里需要指出，马克思列宁主义在中国的传播，还受到两种文化思潮的阻挠和反对。一种思潮是保守传统文化的主张，诸如"东方文化优越"论、"中国文化本位"论等。这些主张归结起来，无非是不加分析地鼓吹孔子和儒家学说，宣扬封建纲常名教。这股思潮朝野呼应，不断向进步的革命的文化进行反攻。另一股思潮是"全盘西化"的主张，鼓吹西方文化优于中国文化，"中国文化无论在哪一方面，都比不上西洋文化"，因此，中国的一切东西都要模仿欧美资本主义国家，好的坏的都要。这种文化思潮，一方面是对西方资本主义文化无条件的崇拜，一方面是对民族文化完全否定的虚无主义态度。这两种文化思潮之间也有论争，但它们的共同点都是反对马克思列宁主义，反对中国共产党领导的新民主主义革命，反对走社会主义道路。

事实上，这两种文化思潮不单是在新民主主义革命时期才存在，在旧民主主义革命时期就已经出现。可以说，是随着西方文化的输入而先后出现的。鸦片战争后，保守传统文化、反对吸收西方文化任何东西的思想广泛存在。中日甲午战争后，19世纪末20世纪初，除去主张保守传统文化者外，一些人则对固有文化持虚无主义态度，盲目否定，一味"醉心欧化"。对于这两种偏向，有些资产阶级革命党人曾提出了批评，指出："二家之见，所谓楚则失矣，齐亦未为得也。"他们认为，不论对于传统文化或西方文化，都不应该是一概继承、接受或一概排斥，而要进行具体分析："夫我国之学可遵守而保持者固多，然不合于世界大势之所趋者亦不少，故对于外来之学不可不罗致之。他国之学固优于我国，然一国有一国之风俗习惯，夏裘而冬葛，北辙而南辕，不亦为识者所齿冷乎！然则对于我国固有之学，不可一概菲薄，当思有以发明而光辉之。对于外国输入之学，不可一概拒绝，当思开户以欢迎之。"总的原则是："拾其精英，弃其糟粕。"①孙中山更是态度鲜明地反对两种极端：一是极端排外，一是极端崇拜外国。他说："中国从前是守旧，在守旧的时候总是反对外国，极端信仰中国要比外国好；后来失败，便不守旧，要去维新，反过来极端的崇拜外国，信仰外国是比中国好。因为信仰外国，所以把中国的旧东西都不要，事事都是仿效外国；只要听到外国有的东西，我们便要去学，便要拿来实行。"②

对于中国传统文化也好，外来文化也好，既不能笼统地一概排斥拒绝，也不能盲目地一概继承接受，而是要经过筛选，"拾其精华，弃其糟粕"。对待中西文化的这一优良传统，后来毛泽东同志加以继承和发展。本世纪40年代初，毛泽东同志撰《新民主主义论》，论述了对待中西文化应采取的正确态度，批评了"全盘西化"和复古主义的错误主张。他认为，"中国应该大量吸收外国的进步文化，作为自己文化食粮的原料"，"但是一切外国的东西，如同我们对于食物一样，必须经过自己的口腔咀嚼和胃肠运动，送进唾液胃液肠液，把它分解为精华和糟粕两部分，然后排泄其糟粕，吸收其精华，才能对我们的身体有益，决不能生吞活剥地毫无批判地吸收。所谓'全盘西化'的主张，乃是一种错误的观点"。对于中国古代文化，也应当"剔除其封建性的糟粕，吸收其民主性的精华，是发展民族新文化提高民族自信心的必要条件；但是决不能无批判地兼收并蓄"③。这样就正确解决了对待中国传统文化和西方文化的问题，对文化运

①师董：《学术沿革之概论》，《醒狮》1905年第1期。
②《三民主义》，《孙中山全集》第9卷，中华书局1986年，第316—317页。
③《新民主主义论》，《毛泽东选集》第2卷，第706页。

动的正常发展具有重要意义。

对待中西文化产生不同的观点和态度，是中西文化交流过程中矛盾冲突和交融的反映。随着中西文化交流的发展，随着人们的不断探索、反思和论争，一些人摆脱那种非此即彼的绝对化片面化的偏向，提倡中西文化的会通融合。较早提出这个主张的是康有为，他在戊戌变法时就认为，应当"泯中西之界限，化新旧之门户"①。严复则指出："必将阔视远想，统新故而视其通，苞中外而计其全，而后得之。"②辛亥革命时期，鲁迅在《文化偏至论》一文中认为，新文化应是"外之既不后于世界之思潮，内之仍弗失固有之血脉，取今复古，别立新宗"③。孙中山在他的革命活动中，也强调指出："发扬吾固有之文化，且吸收世界之文化而光大之，以期与诸民族并驱于世界。"④五四新文化运动时，李大钊在东西文化问题的论争中主张，"东西文明互有长短，不宜妄为轩轾于其间"，二者"必须时时调和，时时融合，以创造新生命而演进于无疆"⑤。中西文化的融会贯通，实际上是对中外古今的文化进行筛选、整合、融会，以创造出新文化。

对传统文化的继承和外来文化的吸收，有一个立足点、出发点和指导思想的问题。不论继承传统文化还是吸收外来文化，都要以现实为立足点，从现实社会的需要出发，有益于社会的进步和发展。对于外来文化，只有在本国的文化土壤上来加以吸收。不管人们对自己的文化传统喜欢或不喜欢，都不可能凭个人的感情和意愿来做出简单的宣判。换句话说，吸收外来文化或继承传统文化，都不能离开"国情"。孙中山从少年时代起就接受西方教育，他领导中国的革命是要使中国能够"跟上世界的潮流"。但是，他清醒地意识到，学习外国必须保持民族的独立地位，从中国的国情出发。他指出："中国几千年以来社会上的民情风土习惯，和欧洲的大不相同。中国的社会既然是和欧美的不同，所以管理社会的政治自然也是和

①康有为：《奏请经济岁举归并正科并各省岁科试迅即改策试论折》，汤志钧编：《康有为政论集》上册，第295页。
②严复：《与〈外交报〉主人书》，王栻主编：《严复集》第3册，中华书局1986年，第560页。
③鲁迅：《文化偏至论》，《河南》1908年第7期。
④《中国革命史》，《孙中山全集》第7卷，中华书局1985年，第60页。
⑤李大钊：《东西文明根本之异点》，《言治季刊》1918年7月。

欧美不同，不能完全仿效欧美，照样去做，象仿效欧美的机器一样……我们能够照自己的社会情形，迎合世界潮流去做，社会才可以改良，国家才可以进步。"①对于吸收外来文化，如果不从自己的国情出发，结果只能是南辕北辙。这不独中国是如此，其他国家也是如此。法国政治思想家托克维尔在他于19世纪30年代到美国调查后撰成的名著《论美国的民主》一书中，曾谈到墨西哥照搬美国宪法的失败。他说："美国的联邦宪法，好象能工巧匠创造的一件只能使发明人成名发财，而落到他人之手就变成一无用处的美丽艺术品。"墨西哥人"把他们的邻居英裔美国人的联邦宪法作为蓝本，并几乎全部照抄过来"，结果不仅没有使墨西哥富强，而且造成了政局的混乱②。

近代中国，在中西文化会通融合的过程中，在对待中西文化的问题上，一直是从反对帝国主义和封建主义、争取国家的独立、民主、富强这个社会现实出发的。以辛亥革命为例，孙中山为领袖的革命党人为了推翻帝国主义的走狗清政府，改变中国的社会现状，提出了民族、民权、民生的三民主义的指导思想。革命党人从传统文化中继承了自强不息的奋斗精神，反对外来侵略的爱国主义精神，"舍生取义"的献身精神，"民贵君轻"、"民胞物与"和"原君"的民主性精华，明末清初顾、黄、王的民族思想，以及"天下为公"和大同社会的理想等。他们也从西方文化中吸收了进化论和民权、自由、平等的思想，吸收了共和国的方案，以及美国独立战争和法国大革命的道路。事实上，三民主义本身就是中西文化的会通融合。即使是对于普遍真理的马克思主义，也必须和中国革命的实践完全地恰当地统一起来，和民族的特点相结合，才有用处。外来文化不管多么好，只有和本国的民族特点相结合，才能在这块土壤上生根开花。毛泽东思想就是马克思列宁主义和中国的民族特点相结合，融会了中国文化传统的优良遗产，才指引中国革命取得了胜利。

对于传统文化的继承和外来文化的吸收，对于中西文化的会通融合，

①《三民主义》，《孙中山全集》第9卷，第320页。
②［法］托克维尔著、董果良译：《论美国的民主》上卷，第186页。

是一个长期的不断的反复认识的过程，不可能是一次性完成，也不可能寄希望于一两次大规模的文化运动的批判、清理就能奏效。近代中西文化交流的历史就证明这一点。每次较大的文化交融，都有发展和提高，也都包含着糟粕的成份。尽管如此，但总的趋向是不断前进的。文化不是僵死的、静止的，而是活动的、发展的，象长江、黄河一样东流不止。在它奔流不息的过程中，不断地冲走一些泥沙，又不断地带来一些泥沙的积淀。

近代中西文化交流的历史，有许多经验教训值得我们认真反思，给予总结。这对我们建设社会主义新文化，是很有借鉴意义的。

（原载《北京师范大学学报〔社会科学版〕》1989年第6期）

略谈中国传统教育现代化的演进

　　文化具有传承性，它世世代代传衍下来，形成了自己的特点，体现出民族性。但是，文化又总是随着时代的发展变化而发展变化，不可能停止不前。文化的因时而变，表现出具有时代性。文化之所以具有时代性，是因为它根源于现实社会生活，是现实社会的需要和反映，又服务于现实社会。"物质生活的生产方式制约着整个社会生活、政治生活和精神生活的过程。不是人们的意识决定人们的存在，相反，是人们的社会存在决定人们的意识。"[①]不论对于本国传统文化，或者外来文化，人们都是从现实社会的需要来加以继承、吸收的。

　　中华传统文化源远流长，博大精深，对世界文化的发展曾经作过伟大的贡献。但它毕竟是在古代形成的，在近代已不能适应或不能完全适应时代变化的需要，不能适应新的阶级及其政治要求的需要。近代社会发生了大的变动，所谓"三千年一大变局"，文化必然相应地发生变化。教育作为文化的一个组成部分，无疑也发生了变化。

　　就清政府创办的近代新式学校而言，最先出现的是1862年的京师同文馆。它是为培养外国语人才而创立的。当时，外国使馆陆续在北京设立，清政府成立了总理衙门办理对外事务，急需培养翻译人员和办理对外事务人员，同文馆就是因此而创办的。其后，上海、广州等地也先后创办此类

---

①《马克思恩格斯选集》第2卷，第82页。

学堂。

清政府在洋务运动中兴办了一批军事工业和民用工业，训练新式陆军，建立新式海军。这些洋务事业的兴办，需要相应的各种人才。于是，从19世纪60年代至90年代中期又陆续创办了一批新式学堂。在三十多年间，包括同文馆一类的外语学堂在内，洋务派共创办新式学堂24所。在这些学堂中，培养各种外语人才的有7所；培养工程、兵器制造、轮船驾驶等人才的有11所；培养电报、通讯人才的有3所；培养陆军、矿务、军医人才的各有1所。在此期间，清政府还派遣留学生到美、英、德、法等国学习军事和自然科学技术。

在戊戌变法时期，光绪皇帝根据维新派的建议，下诏变法。在教育方面，相应提出了改革科举制度，废除八股文，兴办学校，北京设立京师大学堂，各地大小书院改为兼习中学和西学的学堂。由于维新变法很快失败，这些举措不能得到推行，只留下一所京师大学堂，但它毕竟对原有的教育制度是一次大的冲击。

进入20世纪初，清政府在义和团和八国联军入侵、签订《辛丑条约》之后，为了维持其统治，不得不宣布实行"新政"。其中包括废科举，兴学堂，建立新的教育制度，并成立了行政管理机构学部。

从以上简单描述的清政府改革教育制度、兴办新式学堂的历程，可以看出：

首先，清政府对教育制度的改革，是从现实需要出发的，是因为兴办洋务事务这种社会变革而引发的。当时，原有的国子监、府州县学、书院等，已不能适应变化了的社会现实的需要。它们所要求的主要是讲读儒家的四书五经，是为科举制度服务的。也可以说是"应试教育"，"十年寒窗勤苦读，一举成名天下知"，学而优则仕。这样的教育制度，不可能培养出外语人才，也不可能培养出近代的自然科学技术人才和军事人才。这就不能不另辟蹊径，在"中学为体，西学为用"思想的指导下，办起了一批新式学堂。由此可见，新式学堂的出现，不是取决于某些人的愿望和主张，不能归之于西方文化的冲击，或者单纯的西方文化的影响，而是决定于现实变革的需要。对于办新式学堂，洋务派赞成，顽固守旧者则激烈反对。1866年恭亲王奕䜣等提出在同文馆内添设天文算学馆，招收科甲正途人员入馆学习，即遭到大学士倭仁等人的反对，说什么"立国之道尚礼义不尚权谋，根本之图在人心不在技艺"，要"以忠信为甲胄，礼义为干橹"。这无异痴人说梦，忠信、礼义毕竟不能成为甲胄、干橹，抵御不了西方侵略者的坚船利炮，解决不了近代自然科学技术。历史没有按照倭仁等人的意愿发展，而是按照社会现实变革的需要发展。戊戌维新变法时，进而提出在全国普遍设立新式学堂。虽然因变法很快失败而未能实现，但在20世纪清政府推行新政时，则全面建立了新的学制。

其次，清末废科举、办学堂，在教育近代化的道路上迈进，是历史的进步。关于这个问题，笔者曾在一篇文章中阐述了以下三点：一、原来的私塾、书院是从属于科举制度的，废科举、兴学堂，使教育摆脱了从属于科举制度的附庸地位，有利于教育的独立发展，有利于教育的普及和社会化；二、改变了私塾、书院培养学生应科举功名、读书做官的办学目的，学堂主要是进行职业、知识教育；三、改变了私塾、书院生徒只读儒家经书，知识结构单调、狭窄的状况，学堂教育不单纯是读经，还开设了外语、数学、物理、化学、体育、音乐等不少新课程，扩大了知识面，增加了许多新知识。

再次，教育的根本任务是培养什么人的问题。因此，不同的阶级、集团都从自己的要求出发，去制定教育宗旨，选择教育的内容。且不说外国教会在华办的学校的目的，即如清政府在废科举、兴学堂后，于1906年学部明定的教育宗旨，首揭"忠君"、"尊孔"，读经在学校中居首要地位。显然，新学堂虽开设了不少新课程，扩大了知识面，但其目的还在于为维护清政府的统治而培养人才。当时，资产阶级革命党人为推翻腐朽的清政府也设立了新学堂，如爱国学社、爱国女社、大通学堂等。这些学堂与清方所办的学堂不同，它们反对忠君、尊孔、读经，除学习自然科学、社会科学等有关课程外，着重进行反清革命思想教育。1912年南京临时政府成立后，由蔡元培任总长的教育部即发布教育改革令，指出普通教育的基本精神是要符合共和国宗旨，废止以忠君、尊孔、读经为中心的封建教育制度。这些情况表明，不论是清朝封建统治者，还是资产阶级革命派及其建立的政权，都有明确的教育宗旨，以为培养各自所需要的人才服务。

这里有一个问题需要提出，有些人指责甚至否定辛亥革命、五四新文化运动，说它们是"过激主义"，中断了传统文化。这种说法不符合事实，是不对的。辛亥革命也好，五四新文化运动也好，都不同程度地宣传自由、平等、民主、科学等新思想，批判封建的伦理纲常。它推动了中国社会的进步、发展，是主流，应该给予充分肯定。这也是历史已经证实了的。这些批判虽然存在着片面性，但它不仅没有中断传统文化，就连被猛烈批判的封建糟粕，在中国社会里也仍然存在着。就教育而言，传统的教育制度被废除了，代之以新式的学校，新的学制，要说"中断"，或许能成立。不过，这也需要具体分析。一则文化在发展的历史过程中，随着社会、时代的发展变化，既有新的成分出现，又有先前的积淀，同时也抛弃固有的某些东西，这是经常出现的现象，传统的教育制度的废除不足为奇；一则传统教育制度的废除和新的教育制度的建立，是顺乎中国社会发展的需要的，因此而涌现出一大批新的知识分子，为中国的独立和近代化而努力奋斗，为推进中国社会的进步作出贡献。

当然，清末到民国年间的学校，从学制到课程设置等，都是从西方学来的。在小学、中学到大学各级各类学校中，对体现中国的民族文化特色不够注意，甚至是轻视。应该注意如何更好地融会中西，让优秀的传统文化，包括传统的美德、教育思想和方法、以及文学艺术等进入学校，进入课堂。

（原载《北京师范大学学报〔社会科学版〕》1995年第5期）

中国近代文化史研究四十年*

一

建国以后"文化革命"以前，中国近代文化史领域中一些专门学科的研究有了开展。在这些专门学科的研究中，以马克思主义的唯物史观为指导，改变了建国以前占主导地位的、以资产阶级唯心史观研究文化的面貌，从而为文化史研究的实质性进步提供了前提。然而，50年代中期，由于"左"的思想影响，在相当长的一段时间里，并没有把近代文化史作为一个重要的历史课题，从理论和实际结合上、从总体上进行应有的研究和探讨。"文化革命"前中国近代文化史的研究，主要是对文化各部门的具体研究。如近代文学、史学、教育、艺术、语言文字、出版、自然科学和文化交流等方面，都有不同程度的探讨。相对来说，文学和艺术的探索要较深入些。50年代，舒芜等人就呼吁要加强近代文学史的研究[①]。这一时期，如游国恩等主编的《中国文学史》对近代文学作了系统的阐述，阿英的《晚清小说史》、谭彼岸的《晚清白话文运动》等则是关于专门领域的著作。至于报刊上发表的探讨诗歌、小说的论文，也时有所见。此外，阿英编纂的专题文学集、文学丛钞，为开展近代文学史的研究作了有益的工作。关于近代艺术史的研究，涉及美术、音乐、戏剧和建筑

---

* 与李侃合撰。

① 舒芜：《开展自鸦片战争到"五四"时期文学史的研究》，《光明日报》1956年1月15日。

学等方面。美术史研究较多，有论述近代画家画派的，也有论述画种如版画、年画等的，还有研究画报和摄影的[①]。近代音乐史研究的收获，是编辑了一部《中国近代音乐书目》（中国音乐研究所编）。近代戏剧的研究，除了京剧等戏曲剧种外，话剧是新兴的剧种，田汉、张庚、赵铭彝等都曾撰文论述。建筑史的研究这时已有专书出现，1962年工业出版社出版了《中国近代建筑简史》（《中国建筑史》的第2册）。此外，罗尔纲等人对太平天国的壁画、歌谣等文艺方面的研究，也取得成绩。

除文学艺术外，教育方面，有罗炳之的《中国近代教育家》和舒新城编的《中国近代教育史资料》；经学方面，有范文澜的《鸦片战争后山穷水尽的经学》[②]；出版方面，有张静庐编的《中国近代出版史料》；自然科学方面，如袁翰青关于近代化学史的系列论文多有创获[③]。至于中外文化关系的研究，主要侧重于帝国主义的文化侵略方面，对西方文化输入和影响的广泛研究不够。这些论文，主要有胡绳的《西方资产阶级社会学输入的意义》[④]、杨超、张岂之的《论十九世纪六十至九十年代的"西学"》[⑤]，金冲及、胡绳武的《西方资产阶级文明在中国的破产》等[⑥]。

从以上大略介绍的建国后、"文化革命"前中国近代文化史研究的情况，可以看出是取得了成绩的，其中不少领域是属于开拓性的研究，有的虽深度不够，或存在缺点，但都很可贵。资料的搜集、整理和出版，为研究工作的开展打下了基础。但是，这时期的研究也有不足之处，主要是领域不广，视野不够开阔，有些论断简单化或不够准确，成果较少，进展比较缓慢，更重要是从整体和理论上研究探讨不够。

---

① 秦仲文：《近代中国画家与画派》，《美术史研究》1959年第4期；王伯敏的《中国版画史》和阿英的《中国绘画发展史略》都以近代部分为其研究的重要内容；张铁弦：《略谈晚清时期的石印画报》，《文物》1959年第3期。
② 范文澜：《鸦片战争后山穷水尽的经学》，《历史教学》1951年第1期。
③ 袁翰青：《中国化学史论文集》，上海三联书店1956年。
④ 胡绳：《西方资产阶级社会学输入的意义》，《哲学研究》1958年第6期。
⑤ 杨超、张岂之：《论十九世纪六十至九十年代的"西学"》，《新建设》1962年第9期。
⑥ 金冲及、胡绳武：《西方资产阶级文明在中国的破产》，《学术月刊》1961年第4期。

二

"文化革命"以后，中国近代文化史的研究不仅得到恢复，而且迅速
发展起来。研究队伍和研究范围都扩大了，学术界的重视程度也逐渐增
强。在打倒"四人帮"后的五六年间，中国近代文化史研究的拓展，主要
表现为以往为人们所忽视或薄弱的一些领域，如哲学、史学、宗教、社会
风习、体育、新闻报刊、图书馆事业及文化思潮，都有不同程度的探讨，
有的渐趋深入。80年代初，哲学界就呼吁要加强中国近代哲学史的研究。
这期间比较有影响的专著是侯外庐主编的《中国近代哲学史》。近代教育
的研究有较多的开拓，除学制、教育思潮外，师范教育、女子教育、留学
教育、美育等各个具体方面，都有所探讨，其中陈景磐的《中国近代教育
史》一书是较有代表性的成果。此外，近代报刊史和体育史的研究也有了
突破性的成果。方汉奇的《中国近代报刊史》和成都体育学院体育史研究
室编的《中国近代体育史简编》，分别是这方面的第一本著作。在社会风
习、史学、宗教、文化思潮等方面也受到研究者的注意。代表性的论文分
别有俞旦初的《简论十九世纪后期的中国史学》、蔡尚思的《论清代佛学
思想的特点》、陈旭麓的《论中体西用》等[①]。

打倒"四人帮"后的几年，中国近代文化史研究表现出明显上升的趋
势。这是社会思想解放的自然反应，也是中国近代史研究本身学术要求的
自我调整。正是经过这几年较为扎实的研究实践和探索，人们越发感到中
国近代文化史整体研究的必要性，于是一个中国近代文化史研究的热潮便
接踵而至。

1983年至1984年，是中国近代文化史研究开始进入更为自觉的阶段。
1983年5月，在长沙召开的全国历史学科"六五"规划会议上，首次把中
国近代文化史的研究列入议事日程，并提出了初步规划和设想；同时，还
议定编辑出版《中华近代文化史丛书》。同年夏，北京市历史学会召开座

---

① 俞旦初：《简论十九世纪后期的中国史学》，《近代史研究》1981年第2期；蔡尚思：《论清代佛学思想的特点》，
《学术月刊》1981年第3期；陈旭麓：《论中体西用》，《历史研究》1982年第3期。

谈会，讨论了加强中国近代文化史研究的问题。1984年冬，《中华近代文化史丛书》编委会和河南省有关单位联合发起，在郑州召开了首次全国性的中国近代文化史学术讨论会。在这次讨论会上，学者们正视了这方面研究落后的现状，并分析了落后原因，认为除了社会政治方面"左"的影响外，文化史作为一门综合性学科，自身有相当的难度。会议倡议为适应改革开放、精神文明建设和中国近代文化史自身发展的需要，必须加紧开展中国近代文化史的研究。1987年，华中地区召开"中国走向近代化历程"学术讨论会，《中华近代文化史丛书》编委会和湖南省有关单位联合发起，在湖南长沙召开了第二次中国近代文化学术讨论会。这一系列关于中国近代文化史学术讨论会的召开，表明这一问题越来越引起人们的关心和重视。

1983年以来，中国近代文化史研究取得了显著成绩。据统计，截至1989年，国内公开发表的有关论文就有六百多篇，专著、论丛、论文集达二十多种①。当然这不一定准确，由于中国近代文化史综合交叉的特点，准确的统计是困难的。丛书主要有两种：一是《中华近代文化史丛书》。这是一套论述中国近代文化各个方面的学术丛书，现已出版了钟叔河的《走向世界——近代中国知识分子考察西方的历程》、章开沅的《开拓者的足迹——张謇传》、汤志钧的《近代经学与政治》三种；一是章开沅主编的《中外近代化比较研究丛书》，现已出版章开沅的《离异与回归——传统文化与近代化关系试析》等多种。专著和论文集有曾乐山的《中西文化和哲学争论史》、冯天瑜的《东方的黎明——中国文化走向近代的历程》、李侃的《近代传统与思想文化》、龚书铎的《中国近代文化探索》和他主编的《近代中国与近代文化》（该书收集了建国后至1986年前报刊发表的国内学者撰的有关中国近代文化的代表性论文）。此外，史全生主编的《中华民国文化史》包括了1912年以后的部分，论述中也追述了不可少的近代文化的内容。

①王燕军：《近年来中国近代文化史研究述评》，《华南师范大学学报（社会科学版）》1990年第2期。

此外，这一时期，一些学校和研究单位还专门成立中国近代文化史研究室，开设了中国近代文化史课程，招收这一研究方向的硕士和博士研究生，培养了教师和研究队伍。

综观1983年以来的中国近代文化史研究，有以下特点：

首先，从研究的范围看，空前广泛，几乎涉及到中国近代文化各个方面，而且在各个具体领域的研究中，其深度和广度也有不同程度上的拓展，为文化史的综合整体研究奠定了较好的基础。据不完全统计，这一时期的各个文化领域的专史著作和重要论文集就有四五十种之多。其中包括过去较少或几乎没有研究的领域，如道德伦理思想方面有张锡勤等的《中国近现代伦理思想史》，法律思想方面有张晋藩的《中国近代法律思想史》，政治思想方面有桑咸之等的《中国近代政治思想史》、熊月之的《中国近代民主思想史》，文艺思想方面有叶易的《中国近代文艺思潮史》，音乐方面有汪毓和的《中国近现代音乐史》，教育思想与方法方面有茅蔚然的《中国近现代各派教育思想与教学方法简史》，史学方面有吴泽主编的《中国近代史学史》，新闻思想方面有胡大春的《中国近代新闻思想史》，宗教思想方面有郭朋等的《中国近代佛学思想史稿》，近代思潮方面有吴剑杰的《中国近代思潮及其演进》，自然科学方面有杜石然等的《中国科技史》下册、郭文韬主编的《中国近代农业科技史》、王志昀主编的《中国近代生物学六十年》、陈展云的《中国近代天文事迹》。此外中国近代体育史也有两部专门著作出版。有些领域虽然还没有专著出版，但也发表了不少较有分量的论文，较突出的是对社会心理、思维方式、习俗和文化思想的研讨。其中对社会心理的研究，有关于特定历史时期的社会心理的，也有关于特定阶层的心理结构和心态特征的。这种研究有时与社会风尚、习俗和思维方式等的研究相互为用，是近年来中国近代文化史研究深入发展的一个表现。

其次，注意加强对近代中国文化进行综合的、整体的研究。这是这一时期中国近代文化史研究最具特点的。主要表现在以下几个方面：

1.对近代文化的分期、性质和特点，发展过程及规律、结构的演变，重要价值观念的变化，历史地位、研究方法等问题，都做了有益的探讨。

2.研究近代文化思潮，诸如"中体西用"论、"西学中源"说、"中西会通融合"论、欧化主义、国粹主义、无政府主义和"东方文化派"等，都程度不同地有所论述。值得提到的是，对各种文化思潮及其代表人物的评论，不是简单否定或肯定，而是力求实事求是地给予具体的历史分析，做出公允、全面的评价。

3.对中西文化及其关系的研究，如专门探讨传统文化在近代的变化、命运、影响和特点，着重研究西方资产阶级文化的输入、传播和影响，以及中西文化的矛盾、融合和新文化的发生发展。

4.探讨各个历史时期的文化和区域性文化，前者如鸦片战争、洋务运动、戊戌变法、辛亥革命和五四运动等时期都分别有所论述；后者则以湖湘文化、海派文化、岭南文化的研究较为活跃。

5.对重要人物的文化思想研究，则以魏源、徐继畬、王韬、薛福成、郑观应、康有为、梁启超、严复、谭嗣同、章太炎、孙中山、吴虞、陈独秀、李大钊、杜亚泉等人的研究较多，尤侧重于中西文化观。同时，由个案研究进而及于阶层或群体，传统士大夫、古代新型知识分子、近代商人等都是研究对象。

上述概略的归纳可以看出，这一时期的中国近代文化史研究，重心在中西文化的关系。无论是探讨传统文化的命运、变迁，还是研究西方文化的传播和近代新文化的发展，抑或是人物、派别的文化思想，以及各种文化思潮，都离不开对中西文化矛盾和融合的历史内容的论述。中西文化关系是中国近代文化史的中心线索，是其不同于古代中国文化的特殊性所在，人们热衷于此是很自然的。另外，置身于改革开放的现实社会，人们又强烈地感受中西文化接触交流的现实。现实也驱使人们去重新认识近代中西文化的关系问题，包括时伏时起的中西文化问题的论争。这种历史与现实的交融，在一定意义上表现了近代文化史的生机和活力。

最后，还需要简略提出中国近代文化史研究的方法问题。这一时期，中国近代文化史的研究注意运用马克思主义的观点、方法来分析各种文化现象。此外，还吸收了西方文化人类学、社会学、心理学等学科的方法。这对于开阔视野、拓宽研究的角度有积极作用，但也存在值得商讨的问题。

三

以上我们概述了中国近代文化史研究的历程、特点和主要成绩，下面就这些年研究中有不同认识的几个主要问题作点介绍。

中国近代文化起于何时？在研究者中有不同的意见。有的同志认为中国近代文化史应起于明末清初，因为其时中国封建社会已衰弱，产生了资本主义萌芽，在文化中已出现了近代文化因素，而西方耶稣会传教士利玛窦等来华传教，也带来了资本主义文化。更多的同志认为，中国近代文化史应始于1840年鸦片战争后。鸦片战争以后，中国逐步沦为半殖民地半封建社会，中国社会内部产生了资本主义经济，出现了新的阶级关系，需要与之相适应的近代新文化。而西方资本主义文化在鸦片战争后大量输入，与中国传统文化既发生矛盾又互相会通融合。于是戊戌变法运动时期发展为资产阶级新文化运动，到五四前新文化运动成为高潮。但是，也有的同志主张中国近代文化史应从五四新文化运动算起，理由是此时才举起"民主"和"科学"两面大旗。

中国近代文化有什么特点，这是人们感兴趣的一个问题。从发表的有关论著看，研究者虽无明显分歧，但在具体表述上却也存在差异。有的学者认为，中国近代文化的特点可以用"中、外、古、今"来概括。中、外、古、今文化互相斗争和互相渗透、融合，构成了中国近代文化多样复杂的特点。有的学者则认为，中国近代文化之所以不同于古代文化而具有自己的特点，是由于单一的封建主义文化向多元的包括封建文化、帝国主义文化、资本主义文化的变化，而且还表现在文化部门本身的变化。近代中国文化是在中国沦为半殖民地半封建社会的情况下发生的，它从一开始就跟政治密切相关。因此，要求独立和民主成为近代文化所抒发的主要内容，爱国主义是近代文化的精神所在。

关于中国近代文化的发展历程，比较流行的看法大致是吸收了梁启超的三层次说，即洋务运动时期是器物文化的变化，戊戌变法至辛亥革命期间进而为制度文化的变革，五四新文化运动发展为思想文化的变革。有的学者不赞成这种说法，认为五四新文化运动虽然是着力于思想文化方面，但作为器物、制度、思想文化三个阶梯顺序排列，未免机械。事实上思想文化的变革始终贯串着近代文化的发展历程，如制度文化变革的戊戌变法至辛亥革命时期，思想文化的变革也是明显的，人们都称之为思想解放运动或启蒙运动，既然如此，把它仅定为制度文化的变革就不够全面、准确了。况且制度的变革离不开思想的变革，没有思想变革不可能有制度变革。

应该怎样看待中国近代文化的历史地位和历史作用，是近几年来人们思考的又一个问题。长期较流行的看法是中国古代文化的成就辉煌灿烂，而近代文化贫乏落后。有的学者认为，应该发展地看问题，尽管古代文化有辉煌的成就，但近代文化毕竟向前发展了。当然举局部或个别的例子比，近代文化有不如古代文化之处，但从整体看，从发展趋向看，可以肯定近代文化是进步了。它有了资本主义文化，后来又有了马克思主义文化，比起古代文化，近代文化发生了质的变化。

40年来，尤其是近10年来，中国近代文化的研究取得了显著的成绩，但总的看来也还有不足和缺陷。一是马克思主义的理论水平有待提高，使中国近代文化史的研究更能符合唯物史观。在文化和文化史的研究中，就文化论文化，脱离政治、经济等来研究和分析问题的情况是存在的；更有甚者，则将文化作为历史发展的决定因素。一是以西方为衡量标准，对传统和传统文化过多贬抑或否定，甚至有完全否定的虚无主义倾向。一是学风不够踏实，有的问题并不复杂，但用一些新词装裹，弄得很玄，其实并无新东西。需要的是从认真搜集分析资料入手，实实在在地研究，才能真正创新。一是研究问题"一窝风"，例如中西文化冲突和融合、中西文化观等问题都曾经"热"过一阵子，但有些文章只是人云亦云，并无新意。不论存在什么问题，中国近代文化史的研究必定会在已有成就的基础上继续前进。

（原载《历史教学》1991年第12期）

当代中国近代史研究（1949—2009）·思想史 *

思想史在中国是一门既古老而又年轻的学科。在中国悠久的史学发展史上，思想史历来占有十分重要的地位，留下了丰富的思想史资料以及独特的理论方法。但思想史的概念却是在20世纪初伴随着西学东渐而来的外来词，20世纪30年代中期冠以思想史的著作开始出现（郭湛波《近三十年中国思想史》，大北书局1935年），思想史才摆脱传统学术史的局限而成为一门崭新的学科。也就在此时，一批进步学者开始尝试以马克思主义为理论指导，致力于此项研究工作，在当时的思想史学术园地里取得了可观的成果，对于民族解放和国家独立做出了贡献，也为以后思想史的学术研究开辟了道路。就中国近代思想史而言，需要提及的是侯外庐的《中国近世思想学说史》（重庆三友书店1944年）有关近代的部分，这是1949年前中国近代思想史研究的显著成果。

但诚如作者所言，写作此书时正处于特殊的战争环境，受种种客观条件限制，此书并不是一本系统完整的近代思想史著作。近代思想史研究的蓬勃发展是在新中国成立以后。中华人民共和国成立60年来，中国近代思想史的研究在曲折中取得了很大的成就。按照研究发展的情况，大体上可以分为两个阶段：从1949年到1976年为第一阶段，从1977年到现在为第二阶段。长期以来，不论研究和教学，中国近代史下限到五四运动前，此后

＊与董贵成、邱涛合撰。

为中国现代史。与之相应，中国近代思想史的下限也止于五四运动，五四运动后为中国现代思想史。本章所论重在五四运动之前，兼及五四运动后，特予说明。

一 初具规模的开创性研究

伴随新中国的诞生，上海时代书局于1949年11月出版了斐民著的《中国近代思想发展简史》。作者运用马克思主义观点，叙述了从鸦片战争到新民主主义革命时期思想发展的历程，扼要地介绍了从太平天国空想社会主义到新民主主义几种主要思想的来龙去脉及相互关系。这是新中国成立以来第一部比较系统地论述近代思想史的著作。1955年，石峻、任继愈、朱伯昆编的《中国近代思想史讲授提纲》由人民出版社出版。它的贡献主要在于为建立中国近代思想史的基本理论框架做了有益的尝试。作者以马克思主义、毛泽东思想为指导，比较全面系统地探讨了近代思想史的对象和内容、学习和研究思想史的目的、近代思想产生的社会历史条件和反帝反封建思想发展的路线等问题。该书的出版对近代思想史的研究起了推动作用，引起学术界的关注。学术界对近代思想史的基本问题展开了讨论。王忍之、徐宗勉指出该《提纲》存在三方面的缺憾：一是研究客体不全面。文章认为，《提纲》把旧民主主义革命时期反帝反封建思想的发生和发展的历史作为研究对象是正确的，而认为"近代中国社会产生的新经济、新阶级和新的政治力量，是中国近代思想发生和发展的物质基础"则是不全面的，因为它们只是中国近代新的先进的思想发生和发展的物质基础。近代中国除了有新的进步的思想，还有反映旧经济、旧政治的反动思想和为帝国主义服务的买办的奴化思想。《提纲》把中国近代思想发展的历史归结为革命思想路线和改良主义思想路线两条路线的斗争，没有研究和讨论进步的思想在跟帝国主义思想和封建主义思想进行斗争中发生和发展起来的整个过程，也是片面的；因为前者的斗争只是新的进步思想内部的斗争，后者的斗争则是中国近代思想史的主题。二是思想发展的脉络不完整。编者没有系统地说明各个时期思想的继承关系，形成思潮及思潮的发展和衰落过程，而是更多地逐一介绍思想家的思想，缺乏对整个思潮进行全面的分析与论述，这样便不能深刻全面地把握社会思想的全貌。三是没有充分揭示思想与其赖以产生的社会历史条件的内在联系。对当时的社会历史环境缺乏深入具体的说明，没有充分说明思想是如何产生、发展的[①]。

上述意见是很有见地的，不仅弥补了《提纲》中存在的某些不足，而且对于中国近代思想史研究也有促进作用。如新旧思想的斗争、思想家与思潮的关系、西方资产阶级思想在中国的传播等问题，一直是以后中国近代思想史研究中值得重视的问题，有些问题至今还没有得到很好的解决。

在这一阶段里，没有系统的近代思想史著作面世，而人物思想的研究却颇为活跃。除在报刊上发表了一批论文外，还出版了中国人民大学中国历史教研室编的《中国近代思想家研究论文选》（生活·读书·新知三联书店1957年）、北京大学哲学系编的《中国近代思想史论文集》（上海人民出版社1958年）和李泽厚的《康有为谭嗣同思想研究》（上海人民出版社1958年）。这些论文涉及的人物范围很广泛，不仅重要人物如林则徐、龚自珍、魏源、洪秀全、康有为、梁启超、孙中山、章太炎、陈独秀、李大钊等的思想有不少研究，次要人物如冯桂芬、宋恕等的思想也有所研究。其中有些论文对人物思想的论析有独到见解，颇有学术价值。广泛而有一定深度的人物思想研究，有助于后来人物思想研究的进一步深入，也为系统的中国近代思想史著述打下了良好的基础。

在人物思想研究中，对有些人物的思想评论也有不同意见。如关于龚自珍的政治、经济思想是否有资本主义倾向，魏源思想的阶级属性，冯桂芬是具有资产阶级民主思想的改良主义者还是地主阶级改革派，康有为《大同书》成书年代和评价，梁启超后期思想的评价，谭嗣同的哲学思

---

① 参见王忍之、徐宗勉：《评〈中国近代思想史讲授提纲〉》，《哲学研究》1956年第1期。

想是唯物主义还是唯心主义等问题。应该说，当时还颇有学术争鸣的气氛，在不少问题上都能展开讨论，各抒己见。但是从以上列举的争论问题来看，不难发现主要是关于人物思想的阶级属性问题，反映了思路相对狭隘，而对阶级观点和阶级分析的理解、把握也存在简单化的偏向。1965年，有些刊物对孙思白的《陈独秀前期思想的解剖》（《历史教学》1963年第10期）一文的批判，突出地表现了在"左"的路线影响下的教条主义、简单化的倾向。至于"文化大革命"中"四人帮"为了政治需要大搞评法批儒，在此影响下出现的文章将龚自珍、魏源、章太炎等思想家都纳入儒法斗争中，定之为法家，加以随意渲染。这是对学术的严重扭曲，极不严肃。

在专门的思想史领域，也有研究成果出版。赵靖、易梦虹主编的《中国近代经济思想史》（中华书局1964—1966年），是第一部论述近代经济思想的专著。而关于改良主义思想研究的成果有叶蠖生的《中国近代革命运动中反对改良主义的斗争》（中国人民大学出版社1956年）和胡滨的《中国近代改良主义思想》（中华书局1964年）两部专著。《中国近代改良主义思想》一书，系统考察了中国近代资产阶级改良主义思想兴起和没落的历史，把它分为四个阶段，从鸦片战争至19世纪60年代为酝酿时期，以龚自珍、林则徐、魏源等为代表的一部分比较开明的官僚地主阶级知识分子从封建主义正统思想中开始分化出来，他们的政治观点和学术观点虽还没有脱离封建主义的体系，但为后来的资产阶级改良主义者提供了丰富的思想资料。从19世纪60年代至1894年中日甲午战争，是改良主义思想的发生和初步发展时期。著名的改良主义思想家有冯桂芬、王韬、薛福成、马建忠、郑观应等人，政治上主张采用西方资产阶级的议会制度，经济上倡导发展民族工商业，但他们并没有形成一个完整的思想体系。从1894年中日甲午战争至1898年戊戌变法运动是高涨时期。以康、梁为首的改良主义者把改良主义思想推向了高潮，并发展为政治运动。从1898年戊戌变法至1911年辛亥革命运动是没落时期。戊戌变法失败后，康、梁等少数人仍然坚持改良主义路线并对民主革命思想进行攻击，在双方论战中，改良主义思想被击败，影响逐渐缩小。作者的论断并不都准确，但在分析不同时期或同一时期思想家时纵横对比，寻同求异，颇能切中肯綮，找出各自的特征。

系统论述鸦片战争时期社会思潮的是刘大年的《中国近代思想史的一页》（《新建设》1962年第12期）。该文通过对林则徐、黄爵滋、龚自珍、魏源、姚莹、包世臣、张穆等人的研究，指出他们敢于正视现实，揭露批判腐朽的封建制度，主张对列强的侵略进行抵抗，学习西方富国强兵之道。这种思想潮流，成为近代中国人民反帝反封建斗争的发端。作者在文章中还提出资产阶级改良主义思想对封建主义思想的论战、资产阶级革命派对改良派的论战、五四前一部分小资产阶级和资产阶级知识分子发起的新文化运动，是近代中国思想解放潮流的三次高潮，它们都是朝着鸦片战争时期社会思潮指出的方向进行的。

二　方兴未艾的系统性研究

思想史研究者自身的思想解放，是思想史研究的先决条件。1976年10月粉碎"四人帮"以后，特别是1978年12月中共十一届三中全会的召开，破除了极左路线的影响，在解放思想、实事求是的思想路线指引下，史学界开始冲破教条主义的束缚，努力用准确的马克思主义唯物史观来研究历史。近代思想史的研究也呈现出空前的繁荣景象，发表的有关论著可谓目不暇接，研究的深度和广度也是以前无法比拟的。

30年来，近代思想史研究与前一阶段明显不同的是一批系统的中国近代思想史著作的出版。在框架结构上，这些系统的中国近代思想史著作有其发展变化的过程，可以分为三个小段：（1）大致从1978年到20世纪80年代末，有关中国近代思想史的著作，着重于论述思想家的思想，也就是说，其系统主要由思想家构成，下限至1919年五四运动前；（2）从20世纪80年代末到90年代中期，由以人物思想为主，变为以思潮为主，下限也是至1919年五四运动前。（3）20世纪90年代后期以来，近代思想史著述的下限，由1919年五四运动前延伸至1949年中华人民共和国成立前夕。这种变化，从一个侧面反映了近代思想史研究的深化。现将各阶段的研究概况分述于下。

先看1978年至80年代末。1978年，侯外庐主编的《中国近代哲学史》由人民出版社出版。该书虽名为哲学史，实际重心在思想史（特别是政治思想史），它具有以下几方面的显著特点：第一，注重从哲学角度探求人物思想根源，从根基上把握思想的渊源，说明其思想变化的轨迹。例如，作者在论述魏源的社会政治思想时，从详细剖析魏源朴素唯物主义认识论和历史进化观入手，揭示了魏源主张政治改革和反侵略思想的根源及其局限性，从而使读者对其思想有一个深刻的理解。作者在论述人物的哲学思想时，常从认识论、历史观等多方面深入，避免简单的泛泛而谈。在论及思想家的思想时，作者往往追溯其渊源。如谈到龚自珍思想时，介绍了古代荀况、王充、王安石的唯物主义自然观，指出他们的继承关系。思想家的思想是立足于现实的，但必须从已有的思想材料中汲取养料，说明这种继承关系才能够深入揭示其思想特点。第二，注意揭示每个时期的思想与当时社会历史的有机的本质的联系，比较深刻地说明思想产生的原因，准确把握各个时期思想的特征并作深入细致的剖析。例如，作者认为鸦片战争前社会思潮的特征是经世致用思潮的兴起，鸦片战争后则是反侵略的爱国思潮。前者是一部分先进的地主阶级改革派面临封建社会末世严重的社会危机和民族危机要求救世除弊、改革现状的呼声，而后者则是鸦片战争后少数爱国知识分子总结失败教训思考未来前途的反映。第三，关注近代西方哲学社会思想的输入对中国思想界所产生的影响。书中除分散介绍有关内容外，特别对辛亥革命前后资产阶级唯心主义哲学的输入及其思想影响设立一章，比较详尽地介绍了它们的思想和在国内传播的情形，这些对于全面理解近代思想是必不可少的。作者还注意到把西方近代自然科学介绍到中国的早期科学家如李善兰、徐寿等，论述了这些具有唯物主义倾向的科学家对传统天命观的批判。第四，较全面系统地介绍了近代各时期的落后反动思想，并论述了它们和进步思想的斗争情况。由于这部书是在"文化大革命"后期特殊的政治气候下写作的，对人对事的某些评价现在看来有简单化、不客观之处。但是，它对中国近代思想史研究和系统著作的撰写产生的积极影响，则不应低估。

在《中国近代哲学史》之后出现的系统的近代思想史的著作，大多以政治思想史命名。从20世纪80年代初开始，一批著作陆续出版。比较早的有邵德门的《中国近代政治思想史》（法律出版社1983年），其后便是桑咸之、林翘翘的《中国近代政治思想史》（中国人民大学出版社1986年）和与之同名的宝成关的著作（吉林大学出版社1991年）等，有十余部之多。至于论述近代政治思想和有关人物的政治思想的论文，则数量更大。这些著作揭示了中国近代政治思想发展的历史过程和总的趋势，认为近代政治思想就是对中国传统的封建主义国家观及维护这种国家观的君权神授说和三纲五常伦理道德观念的批判和摒弃，同时也是资产阶级国家观形成发展，并经过实践最终失败的历史。它们的出版对于推进和完善近代思想史的研究起了积极的作用。近代中国政治思想的另一条主线便是反侵略的爱国主义思想。维护国家主权、抵抗外来侵略是关乎国家命运的基本问题，近代任何先进的思想家大都对此提出过主张，并努力进行了实践，但最终都没有能够实现其思想主张。

中国近代政治思想的特点，首先是纷繁复杂。在短短的百余年间走过了欧洲几百年的思想历程，社会政治思想从封建主义跃进到社会主义，各个阶级、各个政治派别纷纷提出自己的政治主张。当思想的主流正汹涌澎湃之时，潜伏的支流也已潺潺流动初现端倪。今日进步思想战线的旗手，明日已沦为落后思想的护兵。有继承传统的，有借鉴外来的，有糅合中西的，政治思想成为异彩缤纷、五光十色的万花筒。其次是肤浅粗糙。近代中国的政治思想基本上是针对迫切的救亡图存的政治问题而提出的。现实斗争的紧迫性没有给思想家们提供足够的条件来构筑他们的理论体系，往往是在解决现实问题的政治方案已经形成之后才去找哲学的支撑点来建立自己的思想体系，这样便不可能形成成熟的完整的思想体系。

多年来，政治思想史的研究范围在逐渐扩大，从主要重视资产阶级扩展到地主阶级改革派和农民阶级，甚至资料甚少的义和团政治思想也受到关注；从占主流的进步政治思想延伸到相当长时期里居于统治地位的落后反动的政治思想。评价也更客观、更实事求是，如对无政府主义，既指出它的消极作用，也肯定它在中国特定的历史条件下，在反对专制主义、批判封建文化、初步介绍马克思主义方面所做的贡献。在写法上，有以派别人物为主的，也有以思潮为主的，有从总体上宏观的论述，也有个案微观的透视。当然，中国近代政治思想史需要探讨的问题还很多，比如在研究对象和范围上就存在较大的分歧，这是要进一步努力解决的。

随着一批近代思想史著作的出版，学术界对研究中国近代思想史的认识进一步深化，提出了一些中肯的意见。金冲及在《中国近代思想史研究中的几个问题》[①]一文中全面阐述了自己的观点，提出应该在四个方面加以突破：（1）把近代各种社会思潮的发展演变和它们之间的相互关系作为重点来研究。（2）在时间上应该重点研究从甲午战争到五四运动的二十多年，因为这二十多年是思想浪潮汹涌澎湃的时期。（3）要深入探索中国近代哲学思想和政治思想的关系。他认为，"在长时期内，中国近代进步思想界中占支配地位的哲学思想，一直是唯心主义（特别是主观唯心主义），而不是唯物主义"，"第一个给近代中国提供了比较完备的唯物主义思想体系，并在思想界产生广泛影响的，是严复，特别是他所翻译并加了大量按语的《天演论》"。（4）要研究西方近代社会政治思想和哲学思想的各种重要流派，特别是对中国近代思想界产生重要影响的那些思想流派及其对中国的影响，还要着重研究日本近代思想界对中国的影响，因为当时的日本对中国思想界影响巨大。作者的这些见解正切中当时中国近代思想史研究中存在的问题。例如，过去我们总认为进步的思想家在哲学思想上一般倾向于唯物主义，而唯心主义者在政治思想上必定是落后的，因此在研究先进人物时总是搜寻其唯物主义的成分，而忽略了这其中的复杂性。这些确

[①] 金冲及：《中国近代思想史研究中的几个问题》，载丁守和、方行主编：《中国文化研究集刊》第1辑，复旦大学出版社1984年，第265—286页。

实是值得深入探讨的课题。

这期间，人们对近代思想史进行了多角度的探讨，研究工作深入细致。如汪林茂认为，在近代中国的进步思想潮流中，有四个新旧交替的转折点并各有其代表人物。龚自珍、魏源身处封建社会的大转折时代，发出了"更法"、"师夷长技以制夷"的呼声，首次冲击了封建统治者顽固死守的陈腐信条，成为近代思想解放潮流的先驱。冯桂芬上续龚、魏之绪，开始突破"三代圣人之法"，更明确地提出中国诸多不如"夷"的地方，进一步具体地表达了学习西方的主张，开启了改良主义的先河。维新派的激进分子唐才常突破改良思想的范畴，在变法运动失败后，开始了武装推翻清朝统治的战斗，但对改良思想却割舍不下。辛亥革命失败后，朱执信的思想开始突破旧三民主义的体系，逐渐接近马克思主义。他们都是特定时期承前启后、继往开来的进步思想的代表人物。这些论断是否都符合客观实际，自可讨沦，但毕竟提出了问题，有助于研究的进一步深入[①]。

1988年，张锡勤和李华兴的同名著作《中国近代思想史》（黑龙江人民出版社1988年、浙江人民出版社1988年）先后出版。两书都比较系统地展现了中国近代思想发展的全貌，既有相同之处，又各具特点：（1）清晰地展示了中国近代思想的脉络和发展趋势，是两书的共同特点。张锡勤认为"推翻帝国主义和封建主义的统治，拯救、改造中国，使中国走向独立富强，使人民摆脱苦难，这是近代中国人民的共同愿望，也是中国近代思想史的主题"。同时，他认为，近代中国思想史的主流是学习西方，输入西方的资本主义文明，并逐渐认识到资本主义无力补救中国，最终接受了马克思主义，走向了社会主义道路。李华兴认为，中国近代思想史的中心是反帝反封建的社会政治思想，中国近代思想界的一个重大课题是向西方学习。经过艰苦的摸索，最后才将信任票投给了马克思主义，这是人民的选择，历史的选择。（2）注重从文化的角度考察思想的变迁。张锡勤认为，近代中国接受西方文明的过程，同时也就是对自身传统文化再认识、

---

① 参见汪林茂：《中国近代思想史上的四个转折点》，《求是学刊》1985年第5期。

再评价，进行清理改造的过程。资产阶级思想家们深入地对比了中西文化的异同，试图改造中国传统的文化心理结构，发动了"道德革命"、"文学革命"、"史界革命"。作者对这些方面都做了较细致的评介。李华兴认为，中国人向西方学习经历了文化变迁的三个层次：器物层次—制度层次—思想文化层次。这是一个由表及里，由浅入深，不断深化的过程。近代的思想家和改革家们最终认识到，只有提高民族素质，进行深层次的思想文化变革，才能够推进中国的社会变革。虽然两位作者注意的侧重点不同，但都从文化的深层考察思想的变化。这是以前的几部专著没有顾及到的。（3）吸收了新的研究成果。如两书都对洋务运动作了一定的评介，不过二者的观点不尽相同，张著认为近代中国寻找前途出路经历了包括洋务思潮的六种思潮；而李著则认为近代中国有三种先进的社会思潮，其中并不包括洋务思潮。这些都是以前的近代思想史著作所没有的。

再看80年代末到90年代中期。如果说1978年到80年代末系统的近代思想史著作是以思想家或以思想家为主兼及社会思潮为框架，那么80年代末以后的著作的框架则几乎都是社会思潮。

还在50年代，王忍之等人在文章中即论述了思想家和思潮的关系问题。"文化大革命"后，侯外庐在其《中国近代哲学史》中开始用"社会思潮"来总括某一历史时期的思想，并对某些思潮的特征做了概述。80年代末，金冲及认为中国近代思想史，最重要的是研究各种社会思潮的发展演变和它们之间的相互关系。他认为，由于不同阶级、阶层的人群所处经济地位和社会关系不同，他们的利益也不同，因而在社会上就形成不同的思潮，有主流、支流、潜流和逆流，综合构成一幅极为复杂而丰富的历史图画。尽管社会思潮潮起潮落，但总的趋势是向前发展的。

较早以"思潮"作为书名、论述整个中国近代思想史的专著，是吴剑杰的《中国近代思潮及其演进》（武汉大学出版社1989年）。作者认为，以往有关中国近代思想史的专著和教材存在着不足，即"依时期、分派别重点地论述各个有代表性的思想家及其代表作，似难以揭示出近代政治思想潮流兴衰替嬗、发展演进的基本线索和规律性"。因此，该书"主要以近代历史上出现的几种进步性思潮，而不再以人物思想为线索"。作者正是以此为主线，论述了鸦片战争时期地主阶级改革派的社会批判、改革思想和爱国维新思想，太平天国农民革命思想，19世纪后半期的洋务思潮，戊戌时期的维新思潮，辛亥革命时期的民主革命思潮，以及资产阶级民主革命思想的低落和马克思主义的传入等。虽然也还存在着只写几种进步思潮是否就能全面反映近代中国思想发展演进的线索和规律性等问题，但这种尝试无疑是有益的。

稍后，吴雁南等主编的《清末社会思潮》（福建人民出版社1990年）一书问世。书中所述虽然只限于甲午战争后到辛亥革命前一个时段，不是全部中国近代的历史，但中国近代思想史上的重要思潮，多数都包括在内，所涉有爱国主义思潮、变法维新思想、革命民主主义思想、君主立宪思想、教育救国思想、实业救国思想、国粹主义思想、无政府主义思想和早期社会主义思潮等。书中对于思潮的归类，自有其特点，但也有可推敲之处。如爱国主义，它是中国近代思想史的脊梁，贯穿始终，体现于各种思潮之中，单列一类，与其他思潮并列，是否妥帖，似可斟酌。

90年代中期，以"社会思潮"命名的著作增多。如戚其章的《中国近代社会思潮史》（山东教育出版社1994年）、胡维革的《中国近代社会思潮研究》（东北师范大学出版社1994年）、黎仁凯的《近代中国社会思潮》（河北人民出版社1996年）、高瑞泉主编的《中国近代社会思潮》（华东师范大学出版社1996年）等。这类著作大多以思潮为线索分类撰述，而于思潮分类也大同小异。这里不可能一一介绍，只以其中在框架上有所不同的两种著作为例。

胡维革的《中国近代社会思潮研究》在结构上有其特色，它不仅限于对近代思潮的依次论述，而且把它们作为近代中国社会思潮的一个重要内容来处理。该书着重探讨了以下几个问题：（1）关于中国近代社会思潮的开端、主线、流程和终结。（2）关于西方文化、传统文化、社会意识、知识分子群体、思想巨人与中国近代社会思潮的关系。（3）关于几种重大社会思潮的起因、内容、演变及影响。这就避免了由依时期、分派别重点论述各个有代表性的思想家及其代表作，而依序论述各个思潮的不足。尽管论述的深度以及有些论断不一定都能得到研究者的认同，但毕竟较只是依序阐述各个思潮为丰满。

高瑞泉主编的《中国近代社会思潮》则是一部专论性著作，书中所收的12篇专论，其内容与上述的一些近代社会思潮史有明显的不同。该书所论的11种思潮是：人道主义思潮、进化论思潮、实证主义思潮、唯意志论思潮、自由主义思潮、文化激进主义思潮、汉宋学术与文化保守主义思潮、无政府主义思潮、民族主义思潮、佛教复兴思潮与中国的近代化、基督教传教与晚清"西学东渐"。比较而言，这些思潮中虽也有政治思潮，但更偏重的是哲学、文化思潮。这可能是因为作者所从事的专业不同，所关注和侧重的方面也难免会有所不同。在11种思潮中没有马克思主义和社会主义思潮，编者在后记中已作了说明，理由似可成立。不过正因为马克思主义在近代中国影响甚大，而在一部研究中国近代社会思潮的著作中却没有它的位置，未尝不是缺陷。还需要提出的是，该书关于中国近代的下限，不是到五四运动，而是到中华人民共和国成立，这也是与上述各种哲学史、政治思想史、思想史、社会思潮史不同的。

五四运动到中华人民共和国成立前的思想史，大多属政治思想史，如林茂生、王维礼、王桧林主编的《中国现代政治思想史》（黑龙江人民出版社1984年）和王金铻、李子文著的《中国现代政治思想史》（吉林大学出版社1991年）。前者1984年出版，是一部较系统地论述中国现代政治思想史的专著。该书认为，在新民主主义革命时期，各阶级、政党、团体及其代表人物政治思想的核心是建国问题，各种建国纲领和方针的提出及它们之间的斗争，构成了中国现代政治思想史的基本内容。该书从而以大地主大资产阶级、民族资产阶级和无产阶级三种建国理论与主张的相互关系与斗争为基本线索，系统论述了中国现代史上的主要政派及其政治思想。后者是90年代初出版的。该书改变了通史体例的中国现代政治思想史的写法，按照思想出现的先后，系统地论述了三民主义、新民主主义、自由主义和封建买办法西斯主义四种主要思想。作者的目的是力求将中国现代政治思想的主体分别完整系统地显示出来，并由此进行深层次的研究。这种写法，自有其长处。不过30年间的政治思想错综复杂，一部中国政治思想史只反映几种主要思想，点虽突出，面却较窄。

高军、王桧林、杨树标主编的《中国现代政治思想评要》（华夏出版社1990年）一书，不以"史"命名而有其特点。该书以纪事本末的编辑体例，论述了从五四运动到中华人民共和国成立的30年间具有影响的二十余种政治思想，其中包括中国新民主主义革命理论、中国无政府主义、胡适实用主义、中国空想社会主义、中国基尔特社会主义、孙中山三民主义、国家主义派的政治思想、戴季陶主义、西山会议派的政治思想、中国法西斯主义、国民党改组派的政治思想、第三党政治思想、人权派政治思想、乡村建设派政治思想、中国托派政治思想、汉奸"新民主义"、战国策派政治思想等等。作者对这种种政治思想不仅阐述其产生、发展的过程，而且作了分析和评价，多有新意。

最后看90年代后期至21世纪初年的研究。上述诸多关于中国近代思想史的系统著作，除高瑞泉主编的一种外，其下限都止于五四运动。而以"中国现代政治思想史"命名者，则自五四运动到中华人民共和国成立。然而情况也在发生变化，90年代后期以来新出版的关于中国近代思想史的著作，下限则是止于中华人民共和国成立。

吴雁南等主编的《中国近代社会思潮》（湖南教育出版社1998年），全书共4卷，二百多万字，时间跨度从鸦片战争到新中国成立前一个多世纪，是目前为止篇幅最长、规模最大的系统研究近代社会思潮的专著。其特点主要有：（1）比较系统全面地展示了中国近代社会思潮的多样性、完整性及其演变发展的轨迹，正确地把握了中国近代社会思潮的主流和方向，揭示出救亡图存、振兴中华、改造中国、走近代化道路是近代社会思潮的中心，爱国主义则是这些社会思潮的原动力，而科学社会主义在各种社会思潮中最终取得主导地位。同时也顾及中间和反动的思潮，并把它们同当时的社会环境和民众心理的嬗变联系起来考察。（2）从文化的角度来考察社会思潮。作者认为，近代社会思潮的发展演变，是同中西文化的冲突与融合交织在一起的，只有科学地认识中西文化，才能正确地解决中国文化发展的方向。书中以较多的篇幅来评述文化领域中的思潮与论争，这在其他系统的中国近代思想史著作中是不多见的，其中的神秘主义、非基督教等思想现象更少有人注意。

由彭明、程歗主编的《近代中国的思想历程（1840—1949）》（中国人民大学出版社1999年）有三个显著特色。首先，作者将思潮看作是由从低到高的认识序列互相联结而成的精神体系，把思想史研究的主轴从人物分析转向更为广阔的群体意识分析。其次，在百年思潮的演进过程问题上，提出了具有新意的划分阶段的见解，认为随着时代主导意识的变化和发展，中国近代思潮先后经历了四个阶段：（1）从鸦片战争到中日甲午战争，是多种改革思潮的萌动时期；（2）从甲午战争到辛亥革命，是对传统思想的否定时期；（3）从五四运动前到20世纪30年代中期，是思想界重新调整思考方向和发生深刻的分化组合的时期；（4）从20世纪30年代中期到新中国成立，是以毛泽东为代表的中国共产党的新民主主义思想体系开花结果的时期。上述阶段划分把握是否恰当，当然还可以研究，但此前还不曾有人做过这样明确的叙述，应该说是有进展的。最后，提出了"一部中国近代思潮史，本质上是中国人自我发现、自我觉醒和自我选择民族生存方式的认识史"，这是符合历史实际的，也是颇有新意的。

进入21世纪以来，中国近代思想史在时限上坚持将下限延伸到1949年中华人民共和国成立前夕，而如以前那样用"政治思想史"来涵盖整个近代思想史研究的情况已较为少见，近代思想史研究同时也经历了一个从系统性研究向分时段研究倾斜，继而又趋于恢复系统性研究的过程。

这一时期，系统性研究逐渐恢复，部分论著从各自一面反映了中国近代思想史研究的深化和特色。何兆武等的《中国思想发展史》（湖北人民出版社2007年）一书，梳理了从先秦到五四运动前夕的中国思想发展脉络，分门别类地论述各个时期每一种思想的继承和发展，体现了中国几千年来思想文化的丰富内涵。该书的特色是除介绍哲学思想和政治思想外，对经济思想、科学思想、史学思想、文学思想以及农民革命思想都作了系

统的阐述分析，这是思想史研究的有益尝试。葛兆光的《中国思想史》第
2卷（复旦大学出版社2000年）一书，讨论了7世纪至19世纪中国思想界的
最终确立和逐渐瓦解过程。涉及近代思想，该书认为16世纪的中国开始从
"天下中心"的朝贡想象逐渐进入"万国"时代，这种知识、思想与信仰
世界却渐渐出现了深刻的裂缝，尽管明清嬗代，曾经有一度在表面上弥合
了这种裂缝，暂时在公众和政治话语层面上重建了同一的思想，但是，这
种公与私的领域之间已经分裂的传统，终于在坚船利炮的压力和诱惑中开
始瓦解，特别是1895年中国被日本所败，在愤激的心情和屈辱的感觉下，
中国开始按照西方的样式追求富强，走上向西转的道路，由此激荡出现代
中国思想界的"救亡"与"启蒙"、"民族主义"与"世界主义"、"激进主
义"与"保守主义"等种种思想。

分时段研究的成果也不少，如张汝伦的《现代中国思想研究》（上海
人民出版社2001年），汪荣祖的《从传统中求变：晚清思想史研究》（百花
洲文艺出版社2002年），陈哲夫的《二十世纪中国思想史》（山东人民出版
社2002年），王兴业的《中国现代思想文化的发展轨迹》（中国文史出版社
2003年），郑大华的《晚清思想史》（湖南师范大学出版社2005年）、《民
国思想史论》（社会科学文献出版社2006年），等等。

随着研究的深入，学界对近代思想史研究中存在的问题和可能的发展
方向、思想史学科的含义等展开了讨论。过去的近代思想史研究著作，往
往只注意分析精英思想家的思想，基本上是近代思想家的思想观念发展史
的状况，引发学界打通思想史和社会史、关注思想与社会互动关系的呼
声。刘泽华、庞朴撰文认为，思想与社会的互动过程，不是一般的既研究
思想又研究社会，也不是思想研究与社会研究的机械相加，而是两者的互
动和混成现象。主要包括两方面：一是思想的社会化和社会的思想化过
程；二是思想（观念）的社会和社会的思想（观念），重要的是要呈现出
"思想的社会"、"社会的思想"以及"思想社会化和社会思想化的过程"①。

---

① 参见刘泽华：《开展思想与社会互动和整体研究》；庞朴：《思想与社会的互动》，《历史教学》2001年第8期。

另有学者提出，思想史的学科建设需要处理好三大问题、九大关系：一是学科属性的问题，包含思想史与哲学史、文化史、学术史三大关系；二是价值中立原则的问题，包含事实判断与价值判断、主流话语与非主流话语、思想史与社会演进史三大关系；三是时代精神问题，包含民族主义与世界主义、经验主义与理想主义、传统与现代三大关系①。

对于近代思想史研究的对象和内容，学界主要有两种观点。一种观点认为，思想史研究仍应以精英思想为主，因为思想史研究的主旨是探讨人类思想观念对于人类自身历史的作用和影响，从精英思想的研究出发，可能更容易求得问题的解决，而且历史上真正的"精英思想家"的思想其实包含着一般社会思想，而沉淀于社会习俗、礼仪等方面的一般社会思想，由于其分散性和具有杂质，难以典型地展现一个时代的思想观念与精神风貌。另一种观点主张思想史不仅要研究精英思想，还要扩大到一般社会思想；不仅要研究形而上的"道"，还要研究形而下的"器"；不仅要做"加法"，还可以做"减法"，要研究历史上一度很重要而后来消失的思想观念，必须重视民众思想及其与精英思想间的互动关系。关于思想史研究方法，学者们认为：第一，广泛借鉴其他学科以及西方思想史研究的方法。要从精研学界佳作中领悟其方法，而不是搬用别人的教条和公式。第二，立足于近代中国。研究的主要问题应是中国自身的思想问题，是中国思想在近代的内在结构演变和发展脉络，外部因素只是中国近代思想变动的条件之一，而且必须通过中国社会内部的因应发生作用。第三，应具有开阔的眼界。近代思想是在中国走向世界过程中展开的，应从总体上研究影响近代思想的各种文化条件，除内部的文化条件外，必须把握西方文化观念、文化样式在近代发展变化的基本脉络，必须把握同时在非西方国家尤其是殖民地国家发生的思想、思潮②。

---

① 参见许苏民：《"一位擎着火炬的侍女"——论中国近代思想史学科建设中的三大问题与九大关系》，《南京大学学报（哲学·人文科学·社会科学版）》2005年第2期。
② 参见邹小站：《中国近代思想史研究方法学术讨论会综述》，《历史研究》2003年第1期。

三　繁荣的专题研究

从1977年到21世纪初年的第二阶段里，中国近代思想史的研究，除去系统的著作大量出版，取得显著成绩外，对思想家的个案研究和专门思想领域的研究，也有很大的进展。

在思想家研究方面，较早较集中地体现于李泽厚的《中国近代思想史论》（人民出版社1979年）一书。该书着重论述了洪秀全、康有为、谭嗣同、严复、孙中山、章太炎、梁启超、王国维和鲁迅9人的思想，他们在中国近代思想史上都是具有时代代表性的人物。但作者并不只是停留于思想家的个案研究，而是把代表人物和思潮"结合和统一起来论述"，着重论述推动近代中国历史发展的太平天国、改良派、革命派三大思潮。作者认为"不强调从思潮着眼，无法了解个别思想家的地位和意义；不深入剖解主要代表人物，也难以窥见时代思潮所达到的具体深度"，是有见地的。书中所要论述的是从洪秀全到鲁迅，中国近代走向未来的进步浪潮，对与这浪潮相对抗的反动派的思想则没有涉及，只在后记里稍为谈了以曾国藩、张之洞、袁世凯为典型的思想。不能认为作者对此不重视，恰恰相反，作者明确指出中国近代反动派的思想"是同样值得深入研究的"，因为"这个陈旧不堪的意识形态在近代条件下，却极为顽强地通过变换各种方式阻挠着历史行程的前进"。李泽厚的另一著作为《中国现代思想史论》（东方出版社1987年）。该书主要论述了现代史上一些重要人物的思想，也涉及学术论战、文艺思想等问题。学术界对其中有些论断有较多争议。例如，关于"救亡压倒启蒙"的问题，就有不少学者提出批评。他们认为这种说法不符合近代中国的历史实际，如果从中国近代思想发展的来龙去脉来看，恰恰是救亡引进了启蒙。一次救亡运动的高潮，总是能有力地唤起或促进一次伟大启蒙运动的到来。戊戌维新运动、辛亥革命、五四运动、"一二·九"运动等无不如此。这是中国近代历史上一种带规律性的现象。

人物思想研究的论文数量很多，著作也不少。除人物传记涉及思想方面外，专门研究人物思想的也多有出版和发表，在一些重要思想家的研究上取得了重要进展。

关于孙中山三民主义的深入研究一直是重点和热点。蒋大椿的《孙中山民生史观析论》（《中国社会科学》2000年第2期）一文，通过对孙中山民生史观的系统考察，尤其将它与唯物史观进行认真比较后，认为马克思的历史观是唯物辩证的实践史观，民生史观的实质是多元动力的主体进化史观。民生史观基本含义有二：一为民生是历史的重心，表明孙中山对社会历史内容和基本结构的见解，突出了历史主体的人；二为人类求生存是社会进化的定律，表明孙中山对历史发展规律及其动力的认识：社会进化的原动力，一是民生，二是"人类求生存"，三是"民生主义"。

梁启超思想尤其是戊戌后思想发展的研究，取得重大进展。由于梁启超思想的发展与他流亡日本后的经历关系密切，因此，结合中日两方面的材料来探讨梁启超启蒙思想的渊源显然是正道。郑匡民的《梁启超启蒙思想的东学背景》（上海书店出版社2003年）一书，对梁启超思想与日本思想界的渊源关系作了深入探讨，指出梁启超对近代中国政治、思想、文化、学术均产生重大影响的启蒙思想、新民思想、民权思想、国家主义和国家有机体论等思想，均有日本思想家的影子在其中。梁启超传播西学，通过日本这一中间渠道，因而渗入了不少日本思想家的思想成分，该书厘清和析释这些成分，有助于对梁启超思想更深入和更精确的了解。关于梁启超的思想文化取向，郑师渠的《梁启超与新文化运动》（《近代史研究》2005年第2期）一文指出，梁启超在欧游前与新文化运动相一致，欧游归来则增加了反省现代性的思想支点，与新文化运动原主持者间的关系是求同存异。他坚持反对"科学万能论"，反对全盘否定中国传统文化，主张借助西方科学的精神与方法，重新估价和整理国故，以发展新文化。因此，梁启超由反省现代性归趋于整理国故，仍不失其独立的地位。

章太炎思想一直是学界研究的重点。张昭军的《儒学近代之境——章太炎儒学思想研究》（社会科学文献出版社2002年），将章太炎儒学思想置于中国儒学发展历史长河中动态地把握，置于儒学近代转化和中国传统文化近代嬗变的大背景下来讨论，分析了章太炎儒学思想的学术流变、思想本原、演进过程、与儒学近代化的关系及其儒学思想的政治性、时代性和社会性。指出章太炎儒学思想具有自身特点的同时，因近代儒学存在共性，需要把握并客观评价章太炎儒学思想在其思想体系中的位置。史革新的《章太炎社会思想述略》（《史学理论研究》2005年第3期）一文指出，章太炎的社会观固然深受西方社会学思想的影响，但又不为其所囿，而是在自己理解的基础上，融入了进化论、历史学、政治学以及传统儒学、诸子学、佛学等思想内容，形成对人类社会起源、组合、发展、变迁以及批判现实社会、追求理想社会等问题的一整套独特看法。

章士钊是辛亥革命时期较早关注和研究近代民主政治的知名政论家，因倡议"毁党造党"而轰动一时。陈宇翔的《章士钊的政党理念与"毁党造党"说》（《浙江社会科学》2000年第4期）一文，系统总结和分析章士钊的政党主张和理念后指出：注重政党的党纲和推崇英国式的政党内阁制是章士钊政党思想的最大特征，提出"毁党造党"论是他的政党思想发展的逻辑结果，由于近代中国缺少建立民主政治的必备条件，这必定成为无果之花。《甲寅》月刊时期，是章士钊一生思想影响最大的时期，也是他自由主义政治思想的巅峰时期。邹小站的《章士钊〈甲寅〉时期自由主义政治思想评析》（《近代史研究》2000年第1期）一文，剖析、勾画出这一时期章氏自由主义思想的轮廓：以功利主义的理论系统清理国家与个人的关系，批驳专制集权理论；捍卫民主政治的价值，提出调和立国论。他认为，章氏一方面关注国家的强大，另一方面又关注个人的自由权利；一方面认定中国应当走民主政治道路，另一方面又为中国的现实条件所困；既希望中国能够以和平有序的方式实现政治的转型，又在现实的逼迫下承认革命的正当性。因此，章士钊思想上的困惑，在中国自由主义者中具有相当典型的意义。

值得指出的是，"文化大革命"前的人物思想研究注重两点：一是唯物主义与唯心主义的斗争，认为进步的思想家必是唯物主义或倾向于唯物主义的，而唯心主义定是反动、落后者的思想特征；二是以阶级成分决定思想状况。"文化大革命"后纠正了这种片面性和简单化倾向。研究者认为唯心主义在近代进步思想界长期占主导地位，它也是进步思想家进行政治斗争的思想武器。在阶级社会里，由于各自阶级利益的不同，各阶级代表人物的思想主张是不相同的。但仅仅注意及此是不够的，因为同一阶级不同阶层、不同利益集团的思想倾向是不同的，甚至是相互对立的。探求思想家的思想，还必须从其个人的经历、思想渊源等多方面进行考察，既看到共性，也要认识其个性。对于研究人物思想，这些意见是值得注意的。

改革开放三十多年以来，中国近代思想史的研究范围空前广泛，各个专门思想领域研究的深度和广度不断拓展，几乎涵盖了近代思想的各个方面。如经济思想有赵靖、易梦虹重新修订的《中国近代经济思想史》（中华书局1980年）等多种著作，法律思想有张晋藩的《中国近代法律思想史》（中国社会科学出版社1984年）等，哲学思想有冯契的《中国近代哲学史》（上海人民出版社1989年），史学思想有胡逢祥、张文建的《中国近代史学思潮与流派》（华东师范大学出版社1991年），佛学思想有郭朋的《中国近代佛学思想史稿》（巴蜀书社1989年），军事思想有吴信忠、张云的《中国近代军事思想和军队建设》（军事科学出版社1990年），新闻思想有胡太春的《中国近代新闻思想史》（山西人民出版社1987年），文艺思想有叶易的《中国近代文艺思想论稿》（复旦大学出版社1985年）等。这里不可能一一阐述，仅就几种专题思想史的研究论著加以评介。

熊月之的《中国近代民主思想史》（上海人民出版社1986年）是近代民主思想研究有代表性的成果。（1）该书所反映的中国近代民主思想内容丰富，比较全面，不仅论述民主政体的思想，还包括一切与专制主义相对立的思想，如自由思想、平等思想、分权思想、法治思想、反对封建纲常的思想、反对作为封建精神支柱的孔子的思想，以及其他各种反对封建专制主义的思想的发生、发展，各自的特点、影响。（2）辨析了古代"民主"（民之主）与近代"民主"（人民的权力）含义的本质区别，以及近代中国"民主"与"民权"的内涵演变。指出中国古代的民主思想重点在反对专制主义，但与近代民主思想有相通之处，是接受西方近代民主思想的历史依据。中国民主思想的直接来源是西方资产阶级民主思想，西方近代民主思想不但否定专制制度，更为近代民主国家和人民权利描绘了蓝图。（3）全面考察了近代资产阶级民主思想的演进历程，认为它经历了酝酿（鸦片战争前夜）、产生（19世纪70年代后）、发展（甲午战争后）、成熟（20世纪最初10年）和转变（民国成立后到五四运动）五大阶段，其间又经过了民主共和与君主立宪四个交替否定的过程，反映了中国人民对民主由浅入深、由表及里的思想认识路径。在此基础上揭示出了中国近代民主思想发展的内在规律及其特点。作者认为，近代中国最早是从御侮强国的目的出发而采用西方议会制度的，它较民族资本主义的进程超前出现。这样便使近代民主思想带有明显的实用主义特点，影响了对西方近代民主思想的完整理解和系统吸收，对于看似与救国没有直接联系的自由平等思想则相对冷落。正因为如此，新文化运动时更高地举起了民主的大旗，而只有中国共产党才能在中国建立真正的社会主义民主，并将使民主制度进一步趋于完善。尽管书中的某些论断未必能为研究者所认同，但不可否认，这是一部在认真研究基础上撰写的有独到之处的学术专著。

而耿云志等的《西方民主在近代中国》（中国青年出版社2003年）一书，则是21世纪初年研究近代中国民主思想的代表作。（1）该书从思想和制度、认识和实践两大视角切入，考察自从中国的先进分子睁眼看世界开始，为改变中国落后的君主专制制度，力求在中国建立某种西方式的民主制度（包括立宪君主制和共和制）所作的种种努力和尝试。（2）该书对自鸦片战争以来中国人民主认识的发展历程，对西方民主思想和民主政体引入中国，在中国的发展、演变和尝试的历史进程作了系统考察。（3）该书根据对中国近代民主政治认识与实践两方面的考察，认为近代中国民主化进程的最大特点是，近代中国对民主政治的认识与实践并不同步，存在一个奇特的悖论。

近代民族主义思想的研究专著有唐文权的《觉醒与迷误：中国近代民族主义思潮研究》（上海人民出版社1993年）、陶绪的《晚清民族主义思潮》（人民出版社1995年）和罗福惠主编的《中国民族主义思想论稿》（华中师范大学出版社1996年）等。中华民族是具有悠久历史和灿烂文化的民族，很早便形成了深厚的民族主义传统。在历史上，传统的民族主义思想在促进国内以汉族为主体各民族的融合和团结，积极开展对外交流和扩大国际影响等方面都产生过重要的影响。其中的爱国主义思想、反抗外来侵略的思想等是数千年来的民族优良传统。对于中国传统民族主义思想的形成、特点以及它存在的缺陷，各书都作了一定的探讨，对传统民族主义的特点和缺点有比较一致的看法。在近代中国，传统民族主义思想受到前所未有的挑战，发生了重要变化。陶绪在书中考察了传统民族观念中华夏文化中心的地理观念、华夏文化优越观念、羁縻怀柔观念、"夷夏之辨"观念及其在晚清的变化，比较系统地阐述了传统民族观念中有的内容因不适应社会和时代的要求而被淘汰，有的内容在新的历史条件下发生了很大变化。这种新的近代民族意识为19世纪末20世纪初民族主义思潮的形成准备了条件。晚清民族主义思潮的重要来源是西方近代民族主义思想，直接原因是中国民族危机的加剧和资本主义发展的需要。资产阶级民族主义思想是晚清民族主义思潮的主流，改良派以满汉合一为特征和革命派以排满革命为特征的不同民族观及其争论对民族民主革命产生了重大的影响。当然，民族主义思想在其他阶级、阶层也有表现，罗福惠在书中论述了太平天国运动、反洋教斗争和义和团运动中中国乡村民众民族意识的觉醒，以及对近代民族斗争的巨大影响。虽然他们限于阶级地位和认识水平不可能找到民族解放的正确道路，但却是中华民族争取民族独立的重要力量。唐文权则提出，中国近代民族主义思想不仅是政治的，而且还有经济的和文化的民族主义思想。这就拓展了民族主义思想研究的范围。

21世纪之初，又有罗志田《乱世潜流：民族主义与民国政治》（上海古籍出版社2001年）一书面世。他以近代民族主义发展为切入点，分析了民国初年的思想与政治互相呼应、渗透、相互作用的状况，指出近代民族主义的反抗与建设两面实际是相辅相成而不可分割的，在抵御外侮的反帝运动中各政治力量对民族主义有加以政治运动的策略，同时，民国初年中国权势结构中外国在华存在有着实际和隐约的控制力量，意味着中国民族主义对外的一面与实际政治运作的关联密切。21世纪以来，近代民族主义研究的论文数量较多。耿云志的《中国近代思想史上的民族主义》一文指出：民族和民族主义的客观性和历史合理性不能否定。近代民族主要包括以下几个因素：长期共同活动的地域，历史上形成的共同文化，长期紧密联系的经济生活、政治生活、文化生活所造成的国家认同。近代民族主义的发展大体经历了三个层次：一是鸦片战争前后，中国人尚未摆脱"华夷之辨"的古代民族观念；二是在西方列强侵略的刺激下，近代中国的民族主义迅速发展起来；三是到20世纪20年代初，中国民族主义增加了为争取民族平等的世界新秩序而奋争的新内容。一定要注意民族主义的表现形式，肯定健全的民族主义、理性的民族主义，反对民族虚无主义、民族沙文主义；既反对崇洋媚外，又反对盲目排外。李文海的《对"民族主义"要作具体的历史的分析》一文认为，民族主义是以民族权益和民族感情为核心内容的一种政治观念、政治目标和政治追求，是一个历史的范畴，不同的历史时期、不同的历史人物及不同的政治派别，民族主义的内容、作用会有很大的差异，对民族主义要作具体的历史的分析。在近代中国，民族主义主要起着积极的作用，同时也不能忽视其消极的作用和影响①。

近代中国的无政府主义思潮，是改革开放后较受研究者关注的一个课题，因而发表的成果也较多。在那些系统的中国近代政治思想史、社会思潮史中，差不多都辟有专章论述这一思潮。此外，还出版了4部专门研究无政府主义思潮的著作：徐善广、柳剑平的《中国无政府主义史》（湖北人民出版社1989年），路哲的《中国无政府主义史稿》（福建人民出版社1990年），蒋俊、李兴芝的《中国近代的无政府主义思潮》（山东人民出版社1991年），汤庭芬的《中国无政府主义研究》（法律出版社1991年）。它们在对中国近代无政府主义思潮发展线索的认识上虽稍有差别，但基本上是一致的，即认为19世纪末20世纪初为传入时期，1907年至五四运动前后为形成、发展时期，1923年到1941年为破灭时期。其中蒋俊、李兴芝的著

---

① 以上两文均载《史学月刊》2006年第6期。

作就是按照无政府主义思想从传入到尾声的发展变化线索顺序撰述的，脉络清晰，比较系统。作者认为，中国无政府主义，主要是一个以小资产阶级社会主义与民主主义相结合为特点的思想派别，它不仅提出了防止资本主义的口号，而且还发表了一定的反封建和要求民主的言论，在不同历史时期有着不同的作用，不能简单地否定。这种以历史事实为依据，坚持实事求是原则的态度，是可取的。而汤庭芬的著作则横向分析解剖中国的无政府主义，具有明显的专题性研究性质，如关于中国无政府主义的兴起与破灭、思想内容、形成的历史条件、思想来源，以及与资产阶级革命派、与马克思主义的关系等问题都逐一做了较为深入的探讨，提出了自己的见解。这几部著作都是在20世纪80年代末以后出版的，此前已有一批研究中国无政府主义的有学术价值的论文发表，如胡绳武、金冲及的《二十世纪初年的中国无政府主义思潮》（湖南人民出版社1983年），杨天石、王学庄的《同盟会的分裂与光复会的重建》（《近代史研究》1979年第1期），张磊、余炎光的《论刘师复》[①]等。这些研究，有助于后来专门研究的深入和专著的出版。

近代伦理思想史成为一门独立的学科是20世纪80年代以后的事，它是从哲学史中分离出来的。较早的近代伦理思想史专著是张锡勤等撰的《中国近现代伦理思想史》（黑龙江人民出版社1984年）、徐顺教等主编的《中国近代伦理思想研究》（华东师范大学出版社1993年）和张岂之、陈国庆的《近代伦理思想的变迁》（中华书局1993年）。前二书着重于人物伦理思想研究，所论包括新民主主义革命时期资产阶级和无产阶级人物的伦理思想。后一书的下限至五四运动，在体例上有所突破，兼顾对社会伦理思潮和著名思想家的论述。作者对近代伦理思想发展的脉络做了清晰的阐述，明确提出中国近代伦理思想产生于洋务运动，在戊戌维新、辛亥革命、五四新文化运动的历史进程中发展，并认为，"近代中国始终没有建立起兼采中西伦理道德精华的、具有中国特色的伦理思想体系。而且由于民族

---

① 张磊、余炎光：《论刘师复》，中国社会科学院近代史研究所编：《近代中国人物》（一），中国社会科学出版社1983年，第478—498页。

生死存亡始终为最急迫的问题，这就决定了伦理思想的建设不能成为主题"。书中还就一些理论性较强、难度较大的问题提出了自己的见解。例如，在中国旧的、封建主义伦理道德中，哪些是具有封建性的糟粕，哪些是具有生命力的珍品，我们应当如何有选择地加以继承；中国近代许多著名思想家的伦理思想，都有一个从对传统伦理道德的离异或悖逆到回归或倒退的发展变化过程，为什么会出现这种情形；事实证明，中国传统伦理道德不能全部用来振兴民族精神，完全照搬西方的伦理道德也不能适应中国近代国情，那么，中国近代以来的伦理道德思想体系应当如何建构，它应当是怎样的理论形态，中国传统伦理道德与西方近代伦理学说中的精品怎样结合，等等。这些问题的确都值得探讨，它的提出对于近代伦理思想以至近代思想史的深入研究都是有助、有益的。

近代学术思想史研究的兴起稍晚于近代伦理思想史，但成绩却颇为可观，近代理学思想研究是其中较为突出的领域。如龚书铎等的《清代理学史》（广东教育出版社2007年），对有清一代理学思想的发展演变作了系统梳理。（1）将清代理学发展演变的历史分为三个阶段：第一阶段历顺治、康熙、雍正三朝；第二阶段为乾隆、嘉庆及于道光中叶；第三阶段从道光中叶开始，历经咸丰、同治、光绪朝，至宣统三年止。（2）总结清代理学的特点是：无主峰可指，无大脉络可寻；学理无创新，重在道德规范；宋学与汉学既互相贬抑又兼采并蓄；宗理学者对西学的抵拒与接纳。（3）该书对有清一代理学兴衰变化的脉络，主要思想家的理学思想，以及理学内部宗程朱与宗陆王者的辩驳、调和、消长，清代理学较之宋明理学的特点等，皆做了切实有据的考辨、梳理和分析。此外，史革新的《晚清理学研究》（商务印书馆2007年）、张晨怡的《清咸丰年间湖湘理学群体研究》（中央民族大学2007年）、张昭军的《晚清民初的理学与经学》（商务印书馆2008年）等，均有深入研究。

关于近代学术思想转型的研究，有一些值得注意的现象。王汎森的《从经学到史学的过渡——廖平与蒙文通的例子》（《历史研究》2005年第2期）一文，以廖平与蒙文通师生之间的学术承传为例，考察近代学术研究从经学向史学转变的进路。认为，蒙文通的"古史多元论"、"大势变迁论"都牵涉到近代从经学向史学过渡的复杂学术背景，加之受廖平的"经学系统不是一个完整的有机体"观念的影响，于是在近代"经"与"史"地位发生激烈转变的学术背景下，开始用历史的思维处理廖平以经学思维提出的问题。刘巍的《〈教学通义〉与康有为的早期经学路向及其转向》（《历史研究》2005年第4期）一文，以《教学通义》为切入点，考察康有为经学思想的演变及其原因。认为《教学通义》所反映出来的，实际上是一种基于经世理念的古今兼用的趋向，上书活动的失败，使康有为经学思想发生转变，调整了得君行道的上行路线，开辟了以匹夫自任"合民权"以保国、保种、保教的新的理论与策略，与这种思想相表里的是对孔子的重新诠释与今文经学立场的确立。桑兵的《从眼光向下回到历史现场——社会学人类学对近代中国的影响》（《中国社会科学》2005年第1期）一文，考察了清末和民国时期西方社会学、人类学对中国史学产生的巨大影响，以及晚清民国史学的转向问题。指出，清季知识人提出民史的概念，并认识到用西方新起的考古学与社会学来弥补远古历史不足之重要，经过民国学人的探索，史学的"眼光向下"和社会学、人类学的重心下移合流，使民史的重建渐具雏形。但也产生了一些令史家困惑的倾向，其中重要的一点，便是史学以史料为依据，而考古学与人类学基本没有自己的文献记录，都强调实地作业，要解决此一困惑，就要"回到历史现场"。关于中国近代学术变迁的趋向问题，麻天祥在《变徵协奏曲——中国近代学术统论》（《湖南师范大学社会科学学报》2000年第2期）一文认为，在中西两种文化的冲突中，百余年来中国近代学术变迁的基本特征是：变与合。其内容包括三个方面：如何评价传统，怎样引介西方，建设什么样的未来文化。对传统的重新评价，是中国近代学术变迁的依据和核心内容；有选择地引介外来学说是变的条件；对中国文化未来的建设则是变的结果。其主要途径是：以复古为形式，以创新为内容，以中西文化比较为方法，中西互补，古今合和，建设求真而又致用的近代学术，形成了近代学术的新格局。

晚清时期，一个引人注目的学术现象，就是中国传统学术门类发生了分化，出现了现代性质的学术分科，并初步建立了现代意义上的学术门类。左玉河的《从四部之学到七科之学——学术分科与近代中国知识系统之创建》（上海书店出版社2004年）一书，从考察晚清学术分科观念及分科方案入手，揭示了传统学术向现代学术转变的历史轨迹：从"四部之学"向"七科之学"转变，是中国传统学术向现代学术形态转变的重要标志之一；传统学术的现代化与西方学术的中国化，是中国传统学术向现代转型的关键。

近代自由主义和保守主义研究一直是近代思想史研究的一个热点。关于"问题与主义"之争，有论者认为，胡适等新文化人有意区分"问题与主义"的起因，主要是针对当时主导北京政权的安福系。因为当时的安福系也将社会主义与无政府主义等"主义"作为其研究对象。在胡适看来，既然"主义"方面大家不太分得出彼此，那么研究具体问题或不失为一种选择。有些后来以为冲突的观念，对当时当地的当事人而言，未必就那样对立，反有相通之处。至于中国问题是局部解决还是整体解决的问题，则涉及更为宽广的面相，支持者和反对者的社会构成和具体思路都相当复杂，难以用简单的二分法加以涵盖，当时中国的"马克思主义者"和"自由主义者"群体尚在形成之中，各自皆难得出系统一致的看法①。《独立评论》是影响很大的自由主义刊物。章清的《"学术社会"的建构与知识分子的"权势网络"》（《历史研究》2002年第4期）一文，从传统的"士"向近代"知识分子"转型的角度，考察认为20世纪30年代《独立评论》所聚集的一群学人，其学术活动及介入公共事务所形成的"权势网络"，表明读书人力图通过重建知识的庄严，重新确立读书人在现代社会的位置；但在此过程中，知识分子衍生的"精英意识"，筑起了一张公开的与潜在的"权势网络"，他们打通了上层的渠道，却失去了"人民性"，导致读书人新的角色与身份具有很强的"依附性"。

---

① 参见罗志田：《因相近而区分："问题与主义"之争再认识之一》，《近代史研究》2005年第2期；《整体改造与点滴改造："问题与主义"之争再认识之二》，《历史研究》2005年第5期。

李细珠《晚清保守主义思想的原型——倭仁研究》（社会科学文献出版社2000年）一书指出，"近代中国保守思想"是中国传统文化对西学东渐挑战的抗拒性回应，与近代中国"向西方学习"的进步思潮相比，是一种具体表现为更多地维护传统文化而反对引进西方文化的文化心态或思想取向。该书以倭仁为中心，以近代中西思想文化关系为背景，从中国本土思想传统中，探寻近代中国思想的渊源和流变。此外，研究保守主义的论著还有李世涛的《知识分子立场——激进与保守之间的动荡》（时代文艺出版社2000年）、喻大华的《晚清文化保守主义思潮研究》（人民出版社2001年）等等。

作为新中国近代思想史研究的重点之一的马克思主义和新民主主义理论研究，这时也有了新的探索。学者们开始注意将马克思主义与其他社会思潮结合起来考察。如张太原的《自由主义与马克思主义：〈独立评论〉对中国共产党的态度》（《历史研究》2002年第4期）一文认为，《独立评论》对中国共产党的评论，使原本同属于"新思潮阵营"的自由主义者和马克思主义者，经过一个既争论又合作的时期后，双方走向截然不同的道路。到20世纪30年代由于受社会主义及学习苏俄潮流的影响，自由主义者对中国共产党的思想态度发生了很大变化。该刊对中国共产党的态度有明显的二重性：在特定的语境中，对中国共产党有"同情和赞许"的一面；同时从民族主义和自由主义立场出发，对中国共产党又有着"批判和反对"的一面。在逐渐形成两大政治势力对立的中国，随着各自势力的消长，前者可能使该刊周围的一些自由知识分子向"左转"，同中国共产党进行某些合作；后者可能使他们向"右走"，投入国民党政府。郑大华、谭庆辉的《20世纪30年代初中国知识界的社会主义思潮》（《近代史研究》2008年第3期）一文，考察了20世纪30年代初中国知识界的社会主义思潮，认为其兴起的直接诱因是1929—1933年资本主义世界的经济政治危机、资本主义国家加强对华经济掠夺，导致资本主义吸引力日益削弱；社会主义国家苏联第一个五年计划取得辉煌成绩，社会主义的魅力迅速彰显；以及日本侵略导致民族危机陡然增加。这一思潮在苏联完成"一五计划"和欧美经济危机最严重的1932—1933年间达到高潮，其后逐渐趋于低落，并最终被掩盖于抗日战争的浪潮之下，包括热谈苏联和社会主义、探讨苏联"一五计划"成功的原因以及追求社会主义三个既有联系而内涵各有不同的层次。与五四时期的社会主义思潮相比，30年代初的社会主义思潮带有浓厚的计划经济气息和缺少理论建树两个显著特点。

对于新民主主义理论，以往的研究偏重于对新民主主义革命时期新民主主义理论的分析和评判，而较少关注1949年以后新民主主义理论的发展与放弃问题，尤其没有将该理论如何创制、发展及放弃的机缘给予系统的评判。王智等的《新民主主义理论的创制与放弃》（《党的文献》2000年第1期）一文，考察了新民主主义理论孕育、形式、发展和放弃的完整过程，认为该理论的过早放弃，使得发展商品经济、吸取资本主义积极成果的奠基工作仓促收场。还有学者将新民主主义理论与现代化思潮联系起来考察。张勇在《新民主主义理论与三四十年代关于中国现代化的争论》（《中共党史研究》2000年第2期）一文中认为，新民主主义理论是中国由被动现代化转为主动现代化时期的指导理论。要科学地描述新民主主义理论的发展轨迹，必须将其放在当时的社会历史条件下，与其他现代化思潮一起加以分析和考察。在吸收和批判其他现代化思潮的基础上，新民主主义理论变得更加丰富和完善。当然，由于受到同样的社会历史条件的限制，新民主主义理论又不能不具有当时中国现代化思潮的一般特征。

关于其他社会思想的研究。对于战国策派思潮，此前学界多持否定态度，视其为"反动的鼓吹法西斯主义的思潮"，江沛的《战国策派思潮研究》（天津人民出版社2001年）一书对这种定位提出质疑。该书对这一思潮进行了全面、系统的整理，力求完整地厘清该思潮的思想主张及其价值。该书对战国策派的基本定性、对文化形态史观的评价、对其传统政治批判与现实政治关系、关于"民族意识"的倡导、围绕《野玫瑰》展开的批判等问题，都提出了不同的见解，认为该思潮突出了近代以来知识群体的社会功能，"文化形态史观"是主张在吸收西方文化的前提下，充分保持中国文化的独立性和民族性，绝非因循守旧。

过去未引起人们注意的计划经济思潮、反现代化思潮、重农思潮也进入了学者们的研究视野。黄岭峻的《30—40年代中国思想界的"计划经济"思潮》（《近代史研究》2000年第2期）一文，对20世纪30年代初期以后在中国思想界出现的颇有影响的"计划经济"思潮产生的背景、过程、主要内容及其影响作了比较详细的考察，认为该思潮的倡导者既有国民党上层人物，也有自由派知识分子，他们均试图以政府干涉的办法，避免出现严重的经济危机和尖锐的社会矛盾，把"计划经济"视为人类社会的必由之路。这一思潮导致其后政治上"大政府小社会"的格局，也引起人们对于计划经济与其赖以实现的政治条件的思考：计划经济必须与民主政治结合，才能真正推进社会生产的发展。

西方发达国家的现代化带来了巨大的物质文明，同时也造成资源浪费、环境污染、生态破坏以及经济震荡、道德沦丧、精神枯萎等弊病，东方国家由此在20世纪上半叶出现了反现代化的思潮。梁漱溟和甘地是中印两国的突出代表。陈辉宗的《梁漱溟与甘地现代化思想之比较》（《新东方》2000年第7期）一文，比较了梁漱溟与甘地现代化思想的异同，认为在排斥现代工业文明，批判西方文化，提倡本国文化，主张乡村重建方面，他们的基本观点是一致的，但也存在一定的区别，梁不像甘那样排斥工业化，在乡村重建的经济方面，梁主张"中道"，既不排斥工业化，但又反对过度工业化，提倡分散、中小规模的工业化。

近代以降，现代化潮流推动着中国社会经济形态的转型，推动着国人思想观念的变革。赵泉民的《论晚清重农思潮》（《社会科学研究》2000年第6期）一文认为，自1860年后，随着新型工业的创建、对外贸易的发展、商品经济的勃兴、市场的拓展，有识之士在倡导"重商"的同时，逐渐认识到农业对工商业的支助作用，因而形成了新形势下的"农本意识"，并企图通过创办农务学堂、刊农报、设农会、讲农政、派遣留学生、广译西方农书等方式来推动农业的转型。他指出，这种重农思潮与兴农实践对于改造传统农业，促进中国社会的技术化、细密化、专门化发展起到了一定的作用。

四 几点思考

新中国成立60年来，尤其是改革开放30年来，中国近代思想史研究取得的成绩，是20世纪前50年所无法比拟的。也可以说，中国近代思想史是在新中国成立后才真正建立起来，并不断地发展的。根据对60年来中国近代思想史的简略回顾，在此提出如下几点思考。

第一，60年来，中国近代思想史的研究，从系统性著作发展的情况来看，经历了由按时期依序论述思想家及其代表作到主要按思潮分类论述，由思想史或政治思想史到社会思潮史的变化。这是一个明显的变化，有了突破，但是，也还不能说中国近代思想史的体例结构就已经完善了。因为以思潮为序与按思想家排列存在着类似的局限，民间思想很少或没有得到足够的反映。而且还给我们提出了一个问题：思想史、政治思想史、社会思潮史之间是什么关系，它们是相同还是不同？

顾名思义，思想史的内容广泛，应包括政治、经济、文化等各方面的思想，政治思想只是其中的一个方面，而社会思潮或社会思想不应等同于政治思想，它只是思想史中的一个方面。不过就现已出版的著作而言，三者并没有多大区别，主要都是写政治思想。中国近代社会是半殖民地半封建社会，面临着被瓜分、亡国的危机，民族独立和人民解放是时代的主题，政治思想突出是不奇怪的。但是突出不是唯一，它不能涵盖全部思想史。中国近代思想史的研究范围是什么，意见也不一致。例如，有的研究者认为，中国近代思想史是研究这个时期各种思想观念（尤其是社会政治思想）新陈代谢的历史过程及其规律性。看来这还需要加以探讨。

第二，20世纪90年代以来出版的关于中国近代思想史的著作，几乎都以"社会思潮"命名，但什么是社会思潮，研究者的说法也不一样。例如，有的研究者认为，所谓社会思潮，就是某一时期内，在某一阶层、阶级或整个民族中反映当时社会政治、经济情况而又有较大影响的思想潮流；而有的研究者则认为，中国近代社会思潮是指发生在中国社会的带有资本主义倾向和性质的思潮。这两种说法，存在着明显的不同。这里还牵涉及到与社会学的关系问题。例如关于中国社会思想史研究的范围，有的学者是这样界定的："中国社会思想史是研究中国人在社会生产和生活实践中所形成的关于社会生活、社会问题、社会模式的观点、构想或理论发生、发展、继承和相互碰撞与融和的内在历史过程及其特点与规律的社会学分支学科。"①这个定义，跟前两种关于社会思潮的界定也不一样。就中国近代社会思潮的研究来说，它的范围是什么也是值得探讨的。

第三，新中国成立60年来尤其是改革开放30年以来，近代思想史研究取得了一些令人瞩目的成绩，但也有着明显不足：如研究者的素质仍有待提高。历史和历史人物是客观存在的，而研究者却都有其主观观念，要做到实事求是、准确地评析人物的思想并不容易。由于依据的主要文献是历史人物留下的文集，加上研究过程中容易产生偏爱，好的思想加以拔高，不好的思想则为之开脱、辩解，这种状况应力求避免。而思想史研究又需要多方面的学术训练，尤其需要较高的理论思维能力，不仅忠实地对待所有的思想资料，而且还能对一些重大理论问题进行有深度和说服力的分析论述。再如，一些研究者还常常片面追求新见解、新理念和新方法，而不愿做深入扎实的研究，往往以呼应海外某些时髦理论以自重，只是套用海外的所谓新方法和新理念进行简单的模仿，将历史学变成了解释学，思想史成了个人阐述自己思想的窗口，并不能真正对近代思想发展的历程有所增益，导致思想史研究领域难以见到真正质量高、影响大的成果。

第四，结合学界对中国近代思想史研究发展趋势的思考，似应注意以下几点：一是进一步加强跨学科研究和比较研究，尤其是思想史与文化史、社会史、政治史结合；将一定时期的思想人物放入当时的社会文化大背景下进行分析，将思想人物与同时代的其他思想家（包括国外思想家）做横向的比较研究。二是社会思潮史研究和人物思想研究仍将十分活跃，并且会越来越具体，越来越深入；对思想人物的个案研究，仍会吸引更多研究者的注意。三是近代政治思想史研究在短时间内难有大的突破，而文

①《专家学者研讨中国社会思想史》，《光明日报》1999年3月26日。

化思想史的研究会趋于深入，晚清和民国学术思想史的研究已成为人们关注的热点，这一趋向将会更加明显；将有更多的学术人物进入研究者的研究视野。四是近代中国思想史上的重大思想观念，如民主观念、科学观念、进化观念、自治观念等都将继续展开讨论，并有可能取得新的进展。

（原载曾业英主编：《当代中国近代史研究（1949—
2009）》，中国社会科学出版社2014年）

《清代理学史》绪论

理学起于北宋周敦颐、程颢、程颐、张载，至南宋朱熹而集大成。它是儒学历汉、唐经学后发展的新阶段。南宋理宗后期，理学正式确定为官方统治思想，延及元、明、清，近七百年，对中国社会文化影响深远。宋明理学，海内外研究者甚多，无论论著，即中国哲学史、思想史也多有阐发，而侯师外庐、邱汉生、张岂之主编的《宋明理学史》为专门之系统著作。清代理学虽有论著阐发，但尚乏系统。钱穆所著《清儒学案》，惜书稿沉于长江，未能行世。有鉴于此，本书冀能弥其不足于万一。以下就有关清代理学的几个问题作点说明。

一　理学、道学、宋学

学界一般认为，清代学术主体为考据学（又称汉学、朴学），理学已是衰落。就清代学术总体趋向来看，也可如是说。但具体而论，理学在清代的地位和影响仍不可忽视。康熙年间，程朱理学被清政府定为官方统治思想，曾一度居于学术主导地位。清中叶，乾嘉考据学兴盛，理学的学术地位边缘化。但程朱理学所张扬的纲常伦纪，不仅为士人所效法，而且影响于城乡普通百姓。

理学，也称道学。道学之称，早于理学。《二程集》中多处言及道学，程颐在《祭李端伯文》中直接声称他和其兄程颢"倡明道学"①。元人修《宋史》，别创《道学传》，列于《儒林》之前，以尊周敦颐、程颢、程颐、张载、邵雍、朱熹六子，而置陆九渊于《儒林》。据此，则道学专指程朱理学，不含陆九渊心学。

关于理学的名称，顾炎武在《与施愚山书》中说："理学之传，自是君家弓冶。然愚独以为理学之名自宋人始有之。古之所谓理学，经学也，非数十年不能通也。"②他没有具体说明理学之名始于宋代何人。据学者的研究，认为理学之名最早出现在南宋人的文集中，如陆九渊《与李省幹》信中即说："惟本朝理学，远过汉、唐，始复有师道。"③陆九渊所说的理学，当指宋儒讲性理之学的理学，应包括程朱理学和他的心学。

理学之名，明代流行。如冯从吾在所著《关学编》自序中说："吾关中自古称理学之邦，文、武、周公不可尚已。有宋横渠先生，崛起郿邑，倡明斯学，皋比勇撤，圣道中天。""余不肖，私淑有日，顷山中无事，取诸君子行实，僭为纂次，题曰《关学编》，聊以识吾关中理学之大略云。"④是编以张载为"关学之始"，上承孔子，下启朱熹，叙"关中道统之脉络"。在所立诸传中，既有学宗濂、洛、关、闽的，也有陆王心学的传人。可见冯从吾所谓关中理学，实合程朱理学和陆王心学。

孙奇逢于清康熙五年（1666）撰成《理学宗传》。他在《寄张蓬轩》信中说：

> 某幼而读书，谨守程、朱之训，然于陆、王亦甚喜之。三十年来，辑有《宗传》一编，识大识小，莫不有孔子之道，小德之川流也。及领指示，觉人繁派淆，殊非传宗之旨，故止存周（敦颐）、张（载）、二程（颢、颐）、邵（雍）、朱（熹）、陆（九渊）、薛（瑄）、

① 程颐：《祭李端伯文》，《二程集》上册，中华书局2004年，第643页。
② 顾炎武：《与施愚山书》，《顾亭林诗文集》，中华书局1983年，第58页。
③ 陆九渊：《与李省幹》，《陆九渊集》，中华书局1980年，第14页。参见姜广辉：《理学与中国文化》，上海人民出版社1994年，第20页。
④ 冯从吾：《关学编》，中华书局1987年。

王（守仁）、罗（洪先）、顾（宪成）十一子，标曰《传宗录》。①

《理学宗传》所存十一子，不仅有程朱理学一系，也有陆王心学一脉。对于二者的态度，孙奇逢在《与魏莲陆》的信中说："然仆所辑《宗传》，谓专尊朱，而不敢遗陆、王；谓专尊陆、王，而不敢遗紫阳。盖陆、王乃紫阳之益友忠臣，有相成而无相悖。"②显然，孙奇逢于二者皆尊而不敢有遗，在于调和兼尊，而其实是为陆王心学争在理学道统中的地位。他在《理学宗传叙》中将道统分为上古、中古、近古三期，每期又分为元、亨、利、贞四段，提出：

> 上古，则羲皇其元，尧、舜其亨，禹、汤其利，文、武、周公其贞乎！中古之统，元其仲尼，亨其颜、曾，利其子思，贞其孟子乎！近古之统，元其周子，亨其程、张，利其朱子，孰为今日之贞乎？……盖仲尼殁至是且二千年，由濂、洛而来且五百有余岁矣，则姚江岂非紫阳之贞乎？余谓元公接孔子生知之统，而孟子自负为见知。静言思之，接周子之统者，非姚江其谁欤？③

孙奇逢在这里将阳明心学视为继朱熹之后"近古之统"的第四阶段，且是直接周敦颐之统。明末清初，人们反思王学末流的弊端，于是或由王返朱，或调和朱、王，或回归经学原典。孙奇逢的《理学宗传》正是这种思潮的反映，调和了朱、王，强调其"有相成而无相悖"。

清代，理学又称为宋学。《四库全书总目·经部总叙》说：自汉至清，"要其归宿，则不过汉学、宋学两家，互为胜负。夫汉学具有根柢，讲学者以浅陋轻之，不足服汉儒也。宋学具有精微，读书者以空疏薄之，亦不足服宋儒也。消门户之见，而各取所长，则私心祛而公理出，公理出而经

① 孙奇逢：《寄张蓬轩》，《夏峰先生集》，《孙奇逢集》中册，中州古籍出版社2003年，第721页。
② 孙奇逢：《与魏莲陆》，《夏峰先生集》，《孙奇逢集》中册，第727页。
③ 孙奇逢：《理学宗传叙》，《孙奇逢集》上册，第621页。

义明矣"①。这里所谓宋学，即指包括程朱理学和陆王心学的理学，与专事训诂考证的汉学相对立。

乾隆、嘉庆年间，汉学兴盛，宋学衰颓，治汉学与治宋学者互相攻讦。嘉庆、道光间，汉学家江藩先后撰《国朝汉学师承记》、《国朝经师经义目录》、《国朝宋学渊源记》，扬汉抑宋。他在《宋学渊源记》中既强调宋学渊源于汉学："苟非汉儒传经，则圣经贤传久坠于地，宋儒何能高谈性命耶"；又揭为宋学者"同室操戈"之短，"为朱子之学者攻陆子，为陆子之学者攻朱子。至明姚江之学兴，尊陆卑朱，天下士翕然从风"。有意思的是，作为尊汉的江藩竟为朱、陆捏合，"窃谓朱子主敬，《大易》'敬以直也'；陆子主静，《大学》'定而后能静也'；姚江良知，《孟子》'良知良能也'。其末节虽异，其本则同，要皆圣人之徒也"②。在《宋学渊源记》中，既为宗程朱理学者立传，也为宗陆王心学或调和程朱、陆王者立传。

然而宋学又有广义，非专指理学。明人唐枢《宋学商求》的宋学，即泛指宋代的学术。当代学者邓广铭在《略谈宋学》一文中提出，理学不等于宋学，应当加以区别③。漆侠认同其师邓广铭的见解，认为"宋学和理学之间的关系是，宋学可以包蕴理学，而理学则仅仅是宋学的一个支派"。他具体地指出，宋学应包括北宋的胡瑗、孙复、石介、欧阳修、范仲淹及其后的荆公学派、温公学派、苏蜀学派和洛关理学派，南宋的朱熹理学、陆九渊心学及与之对立的吕祖谦、陈亮、薛季宣、陈傅良和叶适的浙东事功派等④。朱伯崑在《关于宋学研究》一文中，提出了宋学有学术史、经学史、哲学史等几层含义。经学史上的宋学，"是宋学的本义"。而"宋学作为一种学术形态，标志着中华学术发展的新阶段。它是以儒学为核心形成和发展起来的思想文化体系，不同于道家文化和佛教文化的传统。一部宋学史，即是宋代儒家开创的儒学史"⑤。

①《经部总叙》，《钦定四库全书总目》（整理本）上册，中华书局1997年，第1页。
②江藩：《国朝宋学渊源记》，《国朝汉学师承记》附，中华书局1983年，第153页。
③邓广铭：《略谈宋学》，《邓广铭治史丛稿》，北京大学出版社1997年，第163页。
④漆侠：《宋学的发展和演变》，河北人民出版社2002年，第5、7页。
⑤朱伯崑：《关于宋学研究》，《中国文化研究》1996年秋之卷。

以上所述，说明理学、宋学均有不同含义。本书所说的理学，包含了程朱理学和陆王心学；所说的宋学，是清代汉学家作为与汉学相对应的宋学，非广义之谓。

二　清代理学的分期

研究清代理学史，不可避免地要涉及分期的问题。

清初儒学由王返朱或调和朱、王，由宋学返汉学。至乾隆、嘉庆间，汉学独盛，居学术主流。于是论及清代学术之发展变化者，多以汉学为脉络。江藩在《国朝汉学师承记》中认为自顺治朝至嘉庆朝经学的衍变，顺、康二朝是"兼采汉、宋"，雍、乾、嘉三朝则"尊崇汉学，不废古训"。江藩意不在为经学的衍变分期，但判分显然。

晚清，皮锡瑞著《经学历史》，认为：

> 国朝经学凡三变。国初，汉学方萌芽，皆以宋学为根柢，不分门户，各取所长，是为汉宋兼采之学。乾隆以后，许、郑之学大明，治宋学者已鲜。说经皆主实证，不空谈义理，是为专门汉学。嘉、道以后，又由许、郑之学导源而上……汉十四博士今文说，自魏、晋沦亡千余年，至今日而复明。实能述伏、董之遗文，寻武、宣之绝轨。是为西汉今文之学。[1]

皮锡瑞所谓"国朝经学凡三变"，是将清代经学的变化分为三个阶段。第一个阶段为清初，皮氏未明言起讫，但在书中他处所举清初治经诸儒，多为顺、康时人，皆属"汉宋兼采"。第二阶段为乾隆以后，但书中他处又说，"雍、乾以后，古书渐出，经义大明，惠、戴诸儒，为汉学大宗，

---

[1] 皮锡瑞：《经学历史》，中华书局1959年，第341页。

已尽弃宋诠，独标汉帜矣"①。一起于乾隆，一起于雍正，似不一致。然此阶段为"专门汉学"、"独标汉帜"，即所谓"乾嘉汉学"时期，起于乾隆或雍正，并无大碍。只是对于皮氏所说的"乾隆以后"，不应认为只限于乾隆一朝，而是包括其后的嘉庆朝等，与第三阶段嘉庆、道光以后的"西汉今文之学"交叉。如果细加推敲，以"西汉今文之学"起于嘉庆并不准确。清代今文经学的复兴始于庄存与，庄氏卒于乾隆五十三年（1788），早于嘉庆。皮锡瑞意在阐述清代经学衍变的历程，以及每阶段的特点，只就大段而言，不是专为划分时期。

清末，刘师培在《近代汉学变迁论》一文中将清代汉学的变迁分为四期。他所说的四期，是以怀疑派、征实派、丛缀派和虚诬派划分，并无明确的时间断限。不过从文中的表述，大致可以看出：怀疑派约时在顺治、康熙及于雍正；征实派为乾隆、嘉庆年间；丛缀派、虚诬派则均为嘉庆、道光年间。如按时间分期，实为三期。刘师培宗古文经学，是文意在批评宗今文经学的虚诬派，认为"虚诬学派，则犹国力既虚，强自支厉，欲假富强之虚声，以炎黎庶。然根本既倾，则危亡之祸兆。此道、咸以还，汉学所由不振也。悲夫！"②

1921年，梁启超在所著《清代学术概论》中将清学盛衰分为启蒙期、全盛期、蜕分期和衰落期四期。启蒙期的代表人物为顾炎武、胡渭、阎若璩，以及颜元、李塨、黄宗羲、万斯同等人，其时间起于顺治而及于雍正；全盛期的代表人物为惠栋、戴震、段玉裁、王念孙、王引之，延及乾嘉年间治汉学诸儒；蜕分期的代表人物为康有为、梁启超，即起于乾隆庄存与所复兴的今文经学派；衰落期与蜕分期同时，代表人物为俞樾、孙诒让、章太炎。由此看来，梁启超关于清学的衍变在时间上实为三期。其后，梁启超在《中国近三百年学术史》中写了"清代学术变迁与政治的影响"，分上中下三篇论述，上篇顺康年间，中篇乾嘉年间，下篇道咸以后，与《清代学术概论》的分期大致相同。

---

① 皮锡瑞：《经学历史》，第313页。
② 刘师培：《近代汉学变迁论》，《左盦外集》卷九，《刘师培全集》第3册，中共中央党校出版社1997年，第346页。

以上诸家之说，多为阐述清学的衍变，但对于清代理学的分期，也具有参考价值。

对清代理学明确分期的，见于1942年钱穆发表的《〈清儒学案〉序》。他在文中将清代理学分为四个阶段。第一阶段为"晚明诸遗老"时期：

> 当明之末叶，王学发展已臻顶点，东林继起，骎骎有由王返朱之势。晚明诸老，无南无朔，莫不有闻于东林之传响而起者。故其为学，或向朱，或向王，或调和折衷于斯二者，要皆先之以兼听而并观，博学而明辨，故其运思广而取精宏，固已胜夫南宋以来之仅知有朱，与晚明以来之仅知有王矣。抑且孤臣孽子，操心危而虑患深，其所躬修之践履，有异夫宋、明平世之践履；其所想望之治平，亦非宋、明平世之治平。故其所讲所学，有辨之益精，可以为理学旧公案作最后之论定者；有探之益深，可以自超于理学旧习套而别辟一崭新之蹊径者。不治晚明诸遗老之书，将无以知宋明理学之归趋。

第二阶段为"顺、康、雍"时期：

> 遗民不世袭，中国士大夫既不能长守晚明诸遗老之志节，而建州诸酋乃亦倡导正学以牢笼当世之人心。于是理学道统，遂与朝廷之刀锯鼎镬更施迭使，以为压束社会之利器。于斯时而自负为正学道统者，在野如陆陇其，居乡里为一善人，当官职为一循吏，如是而止；在朝如李光地，则论学不免为乡愿，论人不免为回邪，此亦一述朱，彼亦一述朱。往者杨园、语水诸人谨守程、朱榘镬者，宁有此乎？充其极，尚不足追步许衡、吴澄，而谓程、朱复生，将许之为护法之门徒，其谁信之？其转而崇陆、王者，感激乎意气，磨荡乎俗伪，亦异于昔之为陆、王矣。

第三阶段为"乾、嘉"时期：

理学道统之说，既不足餍真儒而服豪杰，于是聪明才智旁进横轶，群凑于经籍考订之途。而宋、明以来相传八百年理学道统，其精光浩气，仍自不可淹，一时学人终亦不忍舍置而不道。故当乾嘉考据极盛之际，而理学旧公案之讨究亦复起。徽、歙之间，以朱子故里，又承明末东林传绪，学者守先待后，尚宋尊朱之风，数世不辍。通经而笃古，博学而知服，其素所蕴蓄则然也。及戴东原起而此风始变。东原排击宋儒，刻深有过于颜、李，章实斋讥之，谓其饮水忘源，洵为确论。然实斋思想议论，亦从东原转手而来，虫生于木，还食其木，此亦事态之常，无足多怪。理学本包孕经学为再生，今徽、歙间学者，久寝馈于经籍之训诂考据间，还以视夫宋、明而有所献替，亦岂遽得自逃于宋、明哉！故以乾嘉上拟晚明诸遗老，则明遗之所得在时势之激荡；乾嘉之所得在经籍之沉浸。斯二者皆足以补宋、明之未逮，弥缝其缺失而增益其光耀者也。

第四阶段为"道、咸、同、光"时期：

此际也，建州治权已腐败不可收拾，而西力东渐，海氛日恶，学者怵于内忧外患，经籍考据不足安定其心神，而经世致用之志复切，乃相率竞及于理学家言，几几乎若将为有清一代理学之复兴，而考其所得，则较之明遗与乾嘉皆见逊色。[①]

这段引文虽较长，但多有发人思考之处，足资参酌。

与钱穆的分期有所不同，本书于清代理学分为三卷，也可视为三个阶段：一为顺治、康熙、雍正三朝；二为乾隆、嘉庆及于道光中叶；三为道光中叶，历经咸丰、同治、光绪，至宣统三年（1911）。

第一阶段，以人物而言，含顾炎武、黄宗羲、王夫之、孙奇逢、陆

①钱穆：《〈清儒学案〉序》，《中国学术思想史论丛》（八），安徽教育出版社2004年，第357—359页。

世仪、陆陇其、李光地等人。此时，或由王返朱，或汉宋兼采，或由宋返汉。康熙朝虽以程朱理学为官方统治思想，而汉学一脉则在萌发。上述诸家论述清代经学的衍变，各有所宗，或汉学，或今文经学，或理学，因而其论断难免有所倾向。如江藩以顺康时为"汉宋兼采"，貌似平列，实为以汉包宋，扬汉抑宋。其实此时期不仅汉宋兼采，还有由王返朱，或调和朱、王，而康熙帝尊崇程朱理学，以其为官方哲学，并有一批"理学名臣"，江藩均避而不谈。而钱穆重宋明理学，以理学为清儒脉络，而不赞成因乾嘉汉学兴盛而理学衰落之说，认为"理学本包孕经学为再生"："清代经学，亦依然延续宋、元以来，而不过切磋琢磨之益精益纯而已。理学本包孕经学为再生，则清代乾嘉经学考据之盛，亦理学进程中应有之一节目，岂得据是而谓清代乃理学之衰世哉？"又说："故以乾嘉上拟晚明诸遗老，则明遗之所得，在时势之激荡；乾嘉之所得，在经籍之沉浸。斯二者皆足以上补宋、明之未逮，弥缝其缺失，而增益其光耀者也。"[1]本书力求全面反映程朱理学、陆王心学，以及宋学、汉学的关系等。

第二阶段，乾嘉汉学盛行，理学衰颓，虽无如康熙朝之理学名臣名儒，但也有可述者。至若维护宋学的桐城派之标举义理、考据、辞章，而"惠（栋）、江（永）、戴（震）、段（玉裁）为汉学帜志，皆不敢将宋儒抹杀"[2]。皮锡瑞此说，除戴震批评程朱理学理欲观外，其余诸人确不薄宋儒。嘉庆、道光之际，江藩撰《国朝汉学师承记》、《国朝宋学渊源记》扬汉抑宋，而方东树作《汉学商兑》以攻汉学，于是由门户之见的互相诋讥进而为针锋相对的公开争论。宗汉宗宋者互相指责对方存门户之见，究其缘起，实由清初尊程朱理学者。如康熙时"理学名臣"熊赐履所撰《学统》，即为"卫道"、"明统"，以孔、孟、程、朱为道统正宗。

第三阶段，理学不论程朱、陆王，都有不同程度的"复苏"。程朱、陆王，宋学、汉学，虽仍有互相责难，但归于调和兼采。而西学传播，新

① 钱穆：《〈清儒学案〉序》，《中国学术思想史论丛》（八），第357、359页。
② 皮锡瑞：《经学历史》，第313页。

学萌生，理学既对之抵拒，也不免受其影响。然理学已挽回不了其颓势，随着清政府统治的结束，理学的官方哲学地位也失落。

需要说明的是，学术史的划分阶段，是相对的，不能过于坐实。阶段的划分，不过是为显示其兴衰的衍变历程，不可能机械地绝对断限。本书各卷之间，难免存在着互相交叉。如方东树，按时间断限，入第三阶段，但因其《汉学商兑》攻驳《国朝汉学师承记》，为便于完整阐述此"汉宋之争"，在第二阶段也涉及。

三 清代理学的特点

清代理学沿承宋、元、明，但有着自己的特点。

其一，无主峰可指，无大脉络可寻。钱穆在《〈清儒学案〉序》中曾说："至论清儒，其情势又与宋、明不同：宋、明学术易寻其脉络筋节，而清学之脉络筋节则难寻。清学脉络筋节之易寻者在汉学考据，而不在宋学义理。"又说："清儒理学既无主峰可指，如明儒之有姚江；亦无大脉络大条理可寻，如宋儒之有程、朱与朱、陆。"[①]论断精到。诚如钱氏所言，清代于顺治、康熙时虽有一批理学名儒名臣，但多守成而少创获，实无可与明代发展陆九渊心学之王守仁相比肩，更不能与宋代理学开派者、集大成者的程颢、程颐、朱熹、陆九渊相比拟。"无主峰可指"，"无大脉络大条理可寻"，洵为有清一代理学的一个特点。

其二，学理无创新，重在道德规范。清代理学，总的来说，陆王心学一系趋于衰颓，程朱理学一脉则多在于卫护与阐释程、朱之说，于学理无甚创造性的发展。而作为清政府的官方统治思想，更为突出的是纲常伦理的道德规范，强调躬行实践。康熙帝称"自幼好读性理之书"，将朱熹从原配享孔庙东庑先贤之列升于大成殿十哲之次，颁行《朱子全书》、《四书

---

① 钱穆：《〈清儒学案〉序》，《中国学术思想史论丛》（八），第361、362页。

注释》，定朱熹《四书章句集注》为科举考试的必考内容。但他对理学有自己的解释，康熙二十二年十月二十四日（1683年12月11日）与讲官张玉书、汤斌等人谈论理学时说："朕见言行不相符者甚多，终日讲理学，而所行之事全与其言悖谬，岂可谓之理学？若口虽不讲，而行事皆与道理符合，此即真理学也。"张玉书回应说："皇上此言真至言也。理学只在身体力行，岂尚辞说。"①三十三年（1694），又以"理学真伪论"为题考试翰林院官员。五十四年十一月十七日（1715年12月12日），康熙帝在听取部院各衙门官员面奏后训诫说：

> 尔等皆读书人，又有一事当知所戒，如理学之书，为立身根本，不可不学，不可不行。朕尝潜玩性理诸书，若以理学自任，则必至于执滞己见，所累者多。反之于心，能实无愧于屋漏乎？……昔熊赐履在时，自谓得道统之传，其没未久，即有人从而议其后矣。今又有自谓得道统之传者，彼此纷争，与市井之人何异？凡人读书，宜身体力行，空言无益也。②

可以看出，康熙帝对于理学并不关注哲理层面，认为"空言无益"；如果"所行之事与其言悖谬"，就是伪理学，只有"行事皆与道理符合"，才是真理学。他所重视的是按照理学的道理去"身体力行"，"道学者必在身体力行，见诸实事，非徒托之空言"③。所谓真理学、身体力行，说到底就是对皇帝的忠诚。康熙帝指责已故的理学名臣汤斌所说的话就很明白，他说："使果系道学之人，惟当以忠诚为本，岂有在人主之前作一等语，退后又别作一等语者乎？"④雍正年间，云南巡抚杨名时是个讲理学的清官，他曾做过一些减轻农民负担的事，却遭到雍正帝的痛骂，斥责他"只图沽

---

① 《康熙起居注》第2册，中华书局1984年，第1089—1090页。
② 《康熙起居注》第3册，第2222页。
③ 《康熙起居注》第2册，第1194页。
④ 《圣祖仁皇帝实录》卷163，《清实录》第15册，中华书局1985年，第785页。

一己之名，而不知纲常之大义"，是逆子、逆臣，天理难容，罪不能恕①。乾隆帝所关注于程朱理学者，也在于其"实有裨于化民成俗、修己治人之要"，他说："有宋周、程、张、朱子于天人性命、大本大原之所在，与夫用功节目之详，得孔、孟之心传，而于理欲、公私、义利之界，辨之至明。循之则为君子，悖之则为小人。为国家者，由之则治，失之则乱。实有裨于化民成俗、修己治人之要，所谓入圣之阶梯，求道之途辙也。"②作为封建帝王尊崇的程朱理学，无非是其统治术中所需要的工具，他们并不喜欢那些抽象谈论性理的空言，而是看中其有利于维护封建统治秩序的纲常伦理，让臣民们忠诚于君主，为之身体力行，以达到道统和治统的统一。而"理学名臣"们自然领悟皇上的意图，表示理学不尚"辞说"，"只在身体力行"。清代理学在哲理层面无所创新，只重在纲常伦理规条的应用，不可避免地会趋于偏枯。

其三，宋学与汉学既互相贬抑又兼采并蓄。宋学与汉学的关系问题，出现于清代，明代无之。明代的问题在理学内部，即陆王心学与程朱理学"同室操戈"。二者之间的互相排击延续到清代，晚清罗泽南尚撰《姚江学辨》，以尊朱黜王。

谈到清代汉学、宋学的关系，很容易想到"汉宋之争"。的确宗宋学者与宗汉学者之间存在着门户之见，甚至互相诋讥。如姚鼐，视"程、朱犹吾父师"，为卫护程、朱，不仅攻驳非议程、朱之说者，且加以人身攻击："其人生平不能为程、朱之行，而其意乃欲与程、朱争名，安得不为天之所恶。故毛大可、李刚主、程绵庄、戴东原，率皆身灭嗣绝。"③但也不能因此情绪化之言辞而认为姚鼐完全排拒汉学。他攻驳程廷祚（字绵庄），却为其文集作序，序中虽仍不满其非议程、朱，但称赞他为"今世之一学者"，"观绵庄之立言，可谓好学深思，博闻强识者矣"。认为"绵庄书中所论《周礼》为东周人书，及解'六宗'，辨《古文尚书》之伪，皆与鄙

---

① 中国第一历史档案馆编：《雍正朝汉文朱批奏折汇编》第11册，江苏古籍出版社1990年，第860—861页。
② 《高宗纯皇帝实录》卷128，《清实录》第10册，第876页。
③ 姚鼐：《再复简斋书》，《惜抱轩文集》卷6，《惜抱轩诗文集》，上海古籍出版社1992年，第102页。

说不谋而合"①。如所熟知，姚鼐主张合义理、考据、辞章三者为一事，不过其间有"大小"、"精粗"之别。他在《复蒋松如书》中说："夫汉人之为言，非无有善于宋而当从者也。然苟大小之不分，精粗之弗别，是则今之为学者之陋。……博闻强识，以助宋君子之所遗则可也，以将跨越宋君子则不可也。"②可见姚鼐虽认为汉学"有善于宋而当从者"，但只能是从属于宋学，不能跨越宋学。这种宋学为主汉学为辅的主张，反映了一般宗宋学者的思想。姚鼐的合义理、考据、辞章为一事，于宋学学脉传承来说，也有变化。宋程颐视文章、训诂为当时学者的弊端，他说："今之学者有三弊：一溺于文章，二牵于训诂，三惑于异端。苟无此三者，则将何归？必趋于道矣。""欲趋道，舍儒者之学不可。"③实际上是把学一于道，即义理。而姚鼐则合三者为一事，有异于其先辈。

对于汉学家来说，其思路恰相反。汉学家如戴震者也主张"合义理、考核、文章为一事"④，于此而论，与姚鼐所言相同。但汉学家强调的是考核，即训诂名物制度。戴震反对"歧故训、理义二之"，认为二者为一事，其进路在由明故训以明理义，指出："故训明则古经明，古经明则贤人圣人之理义明，而我心之所同然者，乃因之而明。贤人圣人之理义非他，存乎典章制度者是也。"⑤训诂明则义理明，为宗汉学者遵奉的信条，却是宗宋学者所不能接受的。汉学家认为：

> 爰及赵宋，周、程、张、朱所读之书，先儒之义疏也。读义疏之书，始能阐性命之理，苟非汉儒传经，则圣经贤传久坠于地，宋儒何

---

① 姚鼐：《程绵庄文集序》，《惜抱轩文集后集》卷1，《惜抱轩诗文集》，第268页。按程廷祚《青溪集》卷首所载姚鼐的序，与《惜抱轩诗文集》所收《程绵庄文集序》，内容甚有差异。姚氏《青溪集》序多称赞程廷祚，无不满其非议程、朱之辞，谓："其心胸阔大，气魄雄毅，直欲自立于汉、唐、宋、明之后，以上接孟子之传。读之使人奋然而兴，信孟子所谓豪杰之士，绝去后来甚远。然其学虽与伊川、元晦有异，而究当于圣人之意旨，合乎天下之公心，非若舁�িrendered交争，好立纲宗者也。"二序所署时间均为嘉庆十五年，或收入《惜抱轩诗文集》之序作了改易？
② 姚鼐：《复蒋松如书》，《惜抱轩文集》卷6，《惜抱轩诗文集》，第96页。
③ 程颐：《伊川先生语四》，《河南程氏遗书》卷18，《二程集》上册，第187页。
④ 段玉裁：《戴东原先生年谱》，张岱年主编：《戴震全书》（六），黄山书社1995年，第709页。
⑤ 戴震：《题惠定宇先生授经图》，张岱年主编：《戴震全书》（六），第505、709页。

能高谈性命耶！后人攻击康成，不遗余力，岂非数典而忘其祖欤！①

而宗宋学者则不以为然，认为孟子之后孔子之道晦而不明，端赖宋儒才得以传孔、孟不传之学。康熙年间熊赐履撰《学统》，以孔子、颜子、曾子、子思、孟子、周敦颐、程颢、程颐、朱熹九人为正统，而周敦颐"上续邹、鲁之传，下开洛、闽之绪"，程颐"卒得孔、孟不传之学"，朱熹则"集诸儒之大成"②。谁是得圣人之真传，系宋学、汉学二家分歧之所在。而其焦点则如皮锡瑞所说，"戴震作《原善》、《孟子字义疏证》，虽与朱子说经抵牾，亦只争一'理'字"③。从宗宋学的方东树所撰的《汉学商兑》来看，尽管他在书中点名指责许多汉学家，而其最不满者则是戴震的"厉禁言'理'"。方东树甚至斥责其"较之杨、墨、佛、老而更陋，拟之洪水猛兽而更凶"④。此外，宗宋、宗汉二者之互攻，也含有意气之争。如纪昀在《四库全书总目·经部诗类总叙》中所说："然攻汉学者，意不尽在于经义，务胜汉儒而已；伸汉学者，意亦不尽在于经义，愤宋儒之诋汉儒而已。各挟一不相下之心，而又济以不平之气，激而过当，亦其势然欤！"⑤翁方纲也认为，当时治汉学者、治宋学者所存在弊端的"受弊之由，曰果于自是，曰耻于阙疑。是二者皆意气之为也，非学也"⑥。

宗宋学者与宗汉学者之间的互相攻讦，见于他们的文章、书信中。嘉、道之际，江藩先后撰《国朝汉学师承记》、《国朝宋学渊源记》，扬汉抑宋；其后，方东树起而回应，撰《汉学商兑》力加攻驳，扬宋抑汉，则都著为专书。这大概成为人们所说的"汉宋之争"的标志。其实两人也没有进一步争论，《汉学商兑》刊行时，江藩已病故，他未能看到该书，也不可能给予反驳。

---

① 江藩：《国朝宋学渊源记》，《国朝汉学师承记》附，第153页。
② 熊赐履：《周濂溪先生》，《学统》卷6；《程伊川先生》，《学统》卷8；《朱晦庵先生》，《学统》卷9，康熙年间刻本。
③ 皮锡瑞：《经学历史》，第313页。
④ 方东树：《汉学商兑》，见江藩：《汉学师承记（外二种）》，生活·读书·新知三联书店1998年，第401页。
⑤《经部诗类总叙》，《钦定四库全书总目》（整理本）上册，第186页。纪昀此说，亦见其《阅微草堂笔记》，文字稍有不同。
⑥ 翁方纲：《巽斋记》，《复初斋文集》卷6，光绪三年重校本。

乾隆、嘉庆、道光年间，宗宋学者与宗汉学者确存门户之见，互相诋讥。不过对于他们的立门户，争道统，也不宜过于夸大，把它绝对化，应全面看待清代宋学、汉学的关系。无论江藩的《国朝汉学师承记》、《国朝宋学渊源记》还是方东树的《汉学商兑》，都带着强烈的门户之见，各扬其所扬，各抑其所抑。他们在论述宗汉者或宗宋者的治学时，都只及一点，不计其余，突出对己有利的，回避、掩盖对己不利的。例如，江藩在《国朝汉学师承记》刘台拱传中称："君学问淹通，尤邃于经，解经专主训诂，一本汉学，不杂以宋儒之说。"①然而也是汉学家的王念孙，对刘台拱治学的评论却与江藩不同，他说："端临（刘台拱字）邃于古学，其于汉、宋诸儒之说，不专一家，而惟是之求。"②江藩囿于门户之见，排拒宋学，不如王念孙的实事求是。江藩的偏见，明显体现在《国朝汉学师承记》将黄宗羲、顾炎武"附于册后"，不入正传，理由是："两家之学皆深入宋儒之室，但以汉儒为不可废耳。多骑墙之见，依违之言，岂真知灼见者哉！"③方东树在《汉学商兑》中也是着力于攻驳汉学家的"厉禁言'理'"、"由训诂以求义理"等，于其肯定宋学的言论或汉宋兼采者均避而不谈。二家所说，都不是全面反映当时汉学、宋学的关系。

乾嘉之时，汉学盛而宋学衰，虽有门户之见，但并不绝对互相排斥。尽管宋学的学术地位在下降，然而程朱理学毕竟是官方统治思想，科举考试必以朱熹的《四书章句集注》为据，儒者从小就濡染于是。而程朱理学所强调的纲常伦理，是儒者所遵行的。钱大昕对朱熹就很敬仰，在《朱文公三世像赞》中称："孔、孟已远，吾将安归？卓哉紫阳，百世之师。……立德不朽，斯文在兹。"④他之尊重宋儒，在于德行。段玉裁晚年曾追悔专注于训诂考据，"寻其枝叶，略其根本，老大无成"。他所说的"根本"，即程朱理学关乎身心伦理者：

---

① 江藩：《国朝汉学师承记》，第116页。
② 王念孙：《刘端临遗书序》，《王石臞先生遗文》卷2，高邮王氏遗书本。
③ 江藩：《国朝汉学师承记》，第133页。
④ 钱大昕：《朱文公三世像赞》，《潜研堂集》，上海古籍出版社1989年，第274页。

今之言学者，身心伦理之不务，谓宋之理学不足言，谓汉之气节不足尚，制为异说，簧鼓后生，此又吾辈所当大为之防者。①

即使深持门户之见的江藩，在制行上也称宋学，且指责于汉学"有一知半解者，无不痛诋宋学。然本朝为汉学者始于元和惠氏，红豆山房半农人手书楹帖云：'六经尊服、郑，百行法程、朱'，不以为非，且以为法，为汉学者背其师承何哉！"②治经宗汉，制行宗宋，这是当时许多汉学家奉行的宗旨。及于晚清，如宗古文经学的张之洞，仍是"读书宗汉学，制行宗宋学。汉学岂无所失，然宗之则空疏蔑古之弊除矣。宋学非无所病，然宗之则可以寡过矣"③。

清代汉学、宋学的关系，治汉学者除去"百行法程、朱"外，在学术上也有对汉学、宋学持平、兼采的。

乾嘉汉学盛行之时，被称为"汉学家大本营"的四库全书馆，其馆臣如戴震、纪昀等，对于汉学之短并不回护，对于宋学也不一味排斥。戴震认为："圣人之道在《六经》，汉儒得其制数，失其义理；宋儒得其义理，失其制数。"④纪昀则说：

夫汉儒以训诂专门，宋儒以义理相尚。……至《尚书》、《三礼》、《三传》、《毛诗》、《尔雅》诸注疏，皆根据古义，断非宋儒所能。《论语》、《孟子》，宋儒积一生精力，字斟句酌，亦断非汉儒所及。盖汉儒重师传，渊源有自。宋儒尚心悟，研索易深。汉儒或执旧文，过于信传。宋儒或凭臆断，勇于改经。计其得失，亦复相当。⑤

戴、纪二人对汉学、宋学长短、得失的评论，是实事求是的。在《四

---

①段玉裁：《博陵尹师所赐〈朱子小学〉恭跋》，《经韵楼集》卷8，光绪十年秋树根斋刻本。
②江藩：《国朝宋学渊源记》，《国朝汉学师承记》附，第154页。
③张之洞：《创建尊经书院记》，《张文襄公全集》卷213，中国书店1990年影印本。
④戴震：《与方希原书》，张岱年主编：《戴震全书》（六），第375页。
⑤纪昀：《阅微草堂笔记》，上海古籍出版社2001年，第9页。

库全书总目》中，对很有影响的汉学家惠栋治经泥古之短也不回护，在评其《左传补注》时说："盖其长在博，其短亦在于嗜博。其长在古，其短亦在于泥古也。"①《四库全书总目》对于宋儒之书，如朱熹《四书章句集注》也予以称许：

> 《中庸》虽不从郑注，而实较郑注为精密。盖考证之学，宋儒不及汉儒；义理之学，汉儒亦不及宋儒。言岂一端，要各有当。……观其去取，具有鉴裁，尤不必定执古义相争也。……大抵朱子平生精力殚于《四书》，其判析疑似，辨别毫厘，实远在《易本义》、《诗集传》上。读其书者，要当于大义微言求其根本。明以来攻朱子者务摭其名物制度之疏，尊朱子者又并此节而回护之。是均门户之见，乌识朱子著书之意乎！②

乾嘉之时的汉学家中，主汉宋兼采者不乏其人。如程晋芳治经"综核百家，出入贯串于汉、宋诸儒之说"③。阮元也是"持汉学、宋学之平"，认为"两汉名教得儒经之功，宋、明讲学得师道之益，皆于周、孔之道得其分合，未可偏讥而互诮也"④。龚自珍称阮元是"汇汉、宋之全"⑤。刘宝楠治经受从叔刘台拱的影响，治汉学，也推崇朱子。其子刘恭冕在《〈论语正义〉后叙》中称刘宝楠"不为专己之学，亦不欲分汉、宋门户之见，凡以发挥圣道，证明典礼，期于实事求是而已"⑥。胡承珙以治汉学名，但主张"治经无训诂、义理之分，惟求其是者而已；为学亦无汉、宋之分，惟取其是之多者而已。汉儒之是之多者，郑君康成其最也；宋儒之是之多者，新安朱子其最也"⑦。

①《经部二十九·春秋类四》，《钦定四库全书总目》（整理本）上册，第380页。
②《钦定四库全书总目》（整理本）上册，第461—462页。
③ 翁方纲：《载园程先生墓志铭》，《复初斋文集》卷14。
④ 阮元：《拟国史儒林传序》，《揅经室集》上册，中华书局1993年，第37页。
⑤ 龚自珍：《阮尚书年谱第一序》，王佩诤校：《龚自珍全集》，上海古籍出版社1999年，第227页。
⑥ 刘宝楠：《论语正义》下册，中华书局1990年，第798页。
⑦ 胡承珙：《四书管窥序》，《求是堂文集》卷4，道光十七年刻本。

其时，主张汉宋调和、兼采的不独汉学家，宗宋学者也有之。前面提到的姚鼐，即倡合义理、考据、辞章为一事。翁方纲批评当时学者"稍窥汉人涯际，辄薄宋儒为迂腐，甚者且专以攻击程、朱为事"①，强调"以考订为务，而考订必以义理为主"②。许宗彦对汉学、宋学偏失皆有批评，阮元在为其撰写的传中说："集（指《鉴止水斋文集》）多说经文，其学说能持汉、宋儒者之平。"③即如方东树虽不满于治汉学诸家"欲以扫灭义理"，但也肯定其音韵训诂的成就："考汉学诸人，于天文、术算、训诂、小学、考证、舆地、名物、制度，诚有足补前贤，裨后学者。"④认为"训诂、名物、制度实为学者所不可阙之学"，其《汉学商兑》也不离汉学考据方法。其他如姚鼐四大弟子之一的刘开，在其《学论》一文中，提出了"尊师程、朱"，"兼取汉儒，而不欲偏废"⑤。接近桐城派的夏炘，曾肆力于汉学，后转崇宋学，攻驳治汉学诸家，但也认为"许、郑之学，皆确然不可易之学"⑥。

宗汉学、宗宋学者于汉宋调和、兼采，各有所偏。宗宋者以宋学为根本，以宋贯汉，汉为宋辅，汉学是从属的。宗汉者则以汉学为根柢，义理由训诂而衍生。

由上所述，可以看出，宗汉学与宗宋学者之间既互相贬抑，又调和、兼采。汉学家对汉学、宋学的特点和得失的论断不失公允，对于时人治汉学的弊端也多有批评。至于宗宋学者如姚鼐，对治汉学者的批评也很尖刻，不是无人敢撄汉学之锋。方东树的《汉学商兑》在道光六年（1826）曾将书稿呈时任两广总督的阮元，阮元助其刊行。方氏在书中点名攻驳阮元的次数最多，阮元应是了解，并没有以权势加以压制，反而助成其事，亦见其雅量；况且此时汉学也已是由盛趋衰，学术氛围也在变化，其趋势是汉宋调和、兼采，《汉学商兑》的出现说不上是石破天惊之举。

其四，宗理学者对西学的抵拒与接纳。明末清初，随着欧洲耶稣会

① 翁方纲：《送卢抱经南归序》，《复初斋文集》卷12。
② 翁方纲：《附录：与程鱼门平钱、戴二君议论旧草》，《复初斋文集》卷7。
③ 阮元：《浙儒许君积卿传》，《揅经室集》上册，第402页。
④ 方东树：《汉学商兑》，见江藩：《汉学师承记（外二种）》，第403页。
⑤ 刘开：《学论》，《刘孟涂文集》卷2，道光六年姚氏檗山草堂刻本。
⑥ 夏炘：《夏仲子集》目录后叙，咸丰五年刻本。

士来华传教，西学也在中国传播。西方自然科学技术在皇帝、士大夫中产生了一定影响，如康熙帝、李光地、陆陇其、陆世仪等对西方的技艺颇赞赏。但在士大夫中，也不乏排拒西教、西学者。其著者如康熙初年杨光先的排西教和西历，从一定意义上说，反映了理学与西学的冲突。杨光先以"读书卫道"自居，排斥天主教和依"西洋新法"修订的《时宪历》。他以程朱理学的思想立论，来反驳天主教关于天、上帝的说法，认为"天主教之论议行为纯乎功用，实程子（颐）之所谓鬼神，何得擅言主宰？朱子云'乾元是天之性，如人之精神'，岂可谓人自是人，精神自是精神耶？观此，则天不可言自是天，帝不可言自是帝也。万物所尊者惟天，人所尊者惟帝。人举头见天，故以上帝称天焉；非天之上又有一帝也"。若照天主教之所言，则将是"乾坤具泪，五伦尽废"。他的结论是："西洋之学，左道之学也。其所著之书，所行之事，靡不悖理叛道。"①

道光二十年（1840），爆发了鸦片战争。此后，中国从封建社会成为半殖民地半封建社会。随着资本帝国主义的入侵，西方文化在中国大量传播，并与包括理学在内的中国固有文化发生碰撞。面对西方文化的冲击，一些宗程朱理学者强调要"严夷夏之大防"，有的甚至提出"用夏变夷"，将中国之"圣道"推行于西方，以免西方人"终古沦为异类"；而其焦点即在于纲常伦理。

程朱理学是一种道德实践哲学，但也讲"内圣外王"。在西方文化的冲击下，面对着内忧外患，宗程朱理学者也在分化，这就是有所谓理学经世和理学修身的分野。前者主"中学为体，西学为用"，后者则连"西学为用"也予以抵拒。不过，二者在维护纲常伦理上是一致的。曾国藩虽主经世而办洋务，但认为：外国之所长，不过技巧制造、船坚炮利而已，而纲常伦纪则不足法。至于"理学名臣"倭仁等人，则更是以维护纲常伦理为己任，甚至认为以此就可以治国。同治六年（1867），他在反对同文馆增设天文算学班招收科举正途出身人员入馆学习时，倡言："立国之道，尚

---

① 杨光先：《不得已（附二种）》，黄山书社2000年，第24—25、38页。

礼义不尚权谋；根本之图，在人心不在技艺。"[①]"欲求制胜，必求之忠信之人；欲求自强，必谋之礼义之士。"[②]以为靠理学所倡导的忠信礼义就可以"立国"、"自强"，实属迂阔之论。及至戊戌维新运动，宗程朱理学的文悌虽不反对西学为用，但强调"必须修明孔、孟、程、朱、《四书》、《五经》、《小学》、《性理》诸书，植为根柢，使人熟知孝弟忠信、礼义廉耻、纲常伦纪、名教气节以明体，然后再习学外国文字、语言、技艺以致用"[③]。

宗程朱理学者不论赞成吸纳西学与否，在以纲常伦理为本上是一致的。即如"读书宗汉学，制行宗宋学"的张之洞，在纲常伦纪上与宗程朱理学者也无不同。在戊戌维新期间，他特地撰《劝学篇》一书，维护纲常伦理，反对民权学说。张之洞在《明纲》中说：三纲是"五伦之要，百行之原，相传数千年，更无异议。圣人所以为圣人，中国所以为中国，实在于此。故知君臣之纲，则民权之说不可行也；知父子之纲，则父子同罪、免丧废祀之说不可行也；知夫妇之纲，则男女平权之说不可行也"。在《正权》中又说："使民权之说一倡，愚民必喜，乱民必作，纪纲不行，大乱四起。"[④]张之洞的言论，在当时很有代表性，其分歧在于是行民权、自由、平等还是维护程朱理学的纲常伦理。

宗程朱理学者维护的封建纲常伦理，遭到维新人士和革命党人的批评。如谭嗣同以西方的民权、自由、平等思想"冲决伦常之网罗"，对君为臣纲的批判尤为尖锐。维新人士指斥"三纲五伦之惨祸烈毒"，"官可以无罪而杀民，兄可以无罪而杀弟，长可以无罪而杀幼，勇威怯，众暴寡，贵凌贱，富欺贫，莫不从三纲之说而推。是化中国为蛮貊者，三纲之说也"。认为这是由于汉之儒者"既以灾祥之说胁其君，又以三纲之说制其民。宋儒庸劣，复张其焰而扬其波，竟以道统所存即在于是，遂令历古圣贤相传之心法晦盲否塞，反复沉痼者二千余年"[⑤]。革命党人对程朱理学

---

① 《筹办夷务始末·同治朝》卷47，第24页。

② 《筹办夷务始末·同治朝》卷48，第11页。

③ 《文仲恭侍御严劾康有为折》，苏舆辑：《翼教丛编》卷2，上海书店出版社2002年，第30页。

④ 张之洞：《劝学篇》，上海书店出版社2002年，第12、20页。

⑤ 何启、胡礼垣：《〈劝学篇〉书后》，《新政真诠》五编，辽宁人民出版社1994年，第354—355页。

倡导的纲常伦理也多有批评，提出"三纲革命"、"孔丘革命"，这里不多赘述。

陆王心学在晚清的情况与程朱理学有所不同，它没有经历过一段时间的"复兴"，但却受到维新人士和革命党人的青睐，他们当中不少人喜陆王心学而薄程朱理学。早期维新人士王韬称赞"阳明经济学问，为有明三百年中第一伟人"①。维新派的领袖康有为曾师从岭南名儒朱次琦，据梁启超《南海康先生传》说，朱次琦的理学"以程、朱为主，而间采陆、王"，康有为则"独好陆、王，以为直捷明诚，活泼有用，故其所以自修及教育后进者，皆以此为鹄焉"②。梁启超受其师的影响，也"服膺王学"，认为"子王子提出致良知为唯一之头脑，是千古学脉，超凡入圣不二法门"③。辛亥革命党人中也多有推崇王学者，如宋教仁虽认为阳明心学只得"圣人之道之半部分"，即只讲心而遗物，但"吾人可以圣人之道一贯之旨为前提，而先从心的方面下手焉，则阳明先生之说，正当吾膺之不暇者矣"④。刘师培也认同阳明心学，他在《中国民约精义》一书中认为王阳明的"良知"说和卢梭的"天赋人权"说相同，"天赋人权"是说人的"自由权秉于天"，而"良知亦秉于天"，所以可以说"良知即自由权"，"阳明著书虽未发明民权之理，然即良知之说推之，可得平等、自由之精理。今欲振中国之学风，其惟发明良知之说乎"⑤！他在《王学释疑》一文中说：

> 阳明以大贤亚圣之资出于学术坏乱之后，而德行功业彪炳三百年。当其盛也，其学固风靡天下，然数传以后，宗朱者力诋之，至拟之洪水猛兽，此固所谓蚍蜉撼大树者矣。⑥

---

① 王韬：《弢园文录外编》，第261页。
② 梁启超：《南海康先生传》，《饮冰室合集·文集之八》，第61页。
③ 梁启超：《德育鉴》，《饮冰室合集·专集之二十六》，第24页。
④ 宋教仁：《我之历史》，《宋教仁集》下册，中华书局1981年，第575页。
⑤ 刘师培：《中国民约精义》，《刘师培全集》第1册，第585页。
⑥ 刘师培：《王学释疑》，《刘师培全集》第3册，第333页。

蔡元培也称赞阳明心学，认为：

> 孔子所谓我欲仁斯仁至，孟子所谓人皆可以为尧、舜焉者，得阳明之说而其理益明。虽其依违古书之文字，针对末学之弊习，所揭言说，不必尽合于论理，然彼所注意者，本不在是。苟寻其本义，则其所以矫朱学末流之弊，促思想之自由，而励实践之勇气者，则其功固昭然不可掩也。

他对朱子学说虽也给以肯定，但多指出其弊端，认为朱学"尤便于有权势者之所利用，此其所以得凭借科举之势力而盛行于明以后也"[①]。蔡元培对朱、王学说的评价明显不同，实为扬王抑朱。他的《中国伦理学史》出版于1910年，是以新思想新体裁撰写的，它标志着理学从作为官方统治思想转为学者学术研究的对象。

四　本书的基本思路

清代理学上承宋、元、明，历经近三百年，而程朱理学成为官方统治思想，影响深远，因此，为后来研究者所注意。在中国学术史、思想史、哲学史等著作中，或多或少都有所阐述。侯外庐等主编的《宋明理学史》下卷第三编为"明末清初对理学的总结及理学的衰颓"，涉及自孙奇逢至李光地十几位的理学思想或反理学思想。钱穆的《中国学术思想史论丛》第8册，除《〈清儒学案〉序》外，尚有理学家的学案多篇。梁启超的《儒家哲学》第五章"二千五百年儒学变迁概略（下）"，对清初至中叶的理学变迁有概要的论述。至于对清代理学家个案研究为数不少，多有传记专书出版，或以论文发表。这些研究成果，对我们撰写清代理学史很有助益。

---

① 蔡元培：《中国伦理学史》，高叔平编：《蔡元培全集》第2卷，中华书局1984年，第100、93页。

对于撰写有清一代理学的历史，首当阐明其兴衰变化的脉络，主要理学家的理学思想，以及理学内部宗程、朱与宗陆、王者的辩驳、调和、消长，清代理学较之宋明理学有何特点等。就有清一代而言，陆王心学影响减弱，程朱理学则起伏较大，前期兴盛，中期式微，晚期有所复兴又走向衰落。本书各卷根据不同时期理学的实际状况，或有侧重，但在总体上则遵照这一思路。

清代理学所处的社会历史条件和学术环境不同于宋、元、明时期，因此，理学不仅有其内部的程、朱与陆、王之争，还有与汉学、今文经学、西学的关系，面对的问题更为繁复。研究清代理学的历史，需要对此予以阐明。汉宋关系是贯穿清代学术史的一条主线，本书三卷对此均有专门阐述。今文经学兴起于清代中叶，但社会影响主要在晚清时期，下卷设理学与今文经学关系一节。西学东渐在清代前期、晚期对理学产生了较大影响，上、下两卷设专章予以论述。

清代理学承继宋明理学，于学理上无甚创获。但程朱理学作为官方统治思想，它对社会所产生的影响深远，不能忽视。程朱理学不仅是科举考试的依据，也是学校教育之要。清代历朝皇帝不断颁发谕旨，明令书院、私塾昌明正学，"一以程朱为归"。程朱理学在文艺领域也深有影响，如居清代文坛主流的桐城文派，即以崇尚程朱理学为旨归。尤其值得注意的是，清朝统治者极力将程朱理学的思想推行于城乡居民。如同治帝于元年颁布的谕旨中，即饬令"各教官分日于该处城乡市镇，设立公所，宣讲《圣谕》，务使愚顿感化，经正民兴，正学昌明，人才蔚起"[1]。研讨清代理学的历史，仅限于理学自身，而不论及对社会生活、文化等各方面的影响，似有缺失。因而本书结合社会史、文化史的视角，力求注意探讨理学对社会思想的作用，对教育、文学等文化领域的影响，以拓展理学史研究的领域。

（原载龚书铎主编：《清代理学史》，广东教育出版社2007年）

---

① 《穆宗毅皇帝实录》卷52，《清实录》第45册，中华书局1986年，第1423页。

清代理学的衰退

　　清代理学沿承宋明理学而来。康熙帝尊崇程朱理学，将朱熹从原配享孔庙东庑先贤之列升为大成殿十哲之次，颁行《朱子全书》、《四书注释》，定其《四书章句集注》为科举考试的依据，由此，程朱理学便成为官方的统治思想和学术主流，呈一时之盛。当时还出现了一批理学"名臣"、"名儒"，如熊赐履、李光地、陆陇其、张履祥、陆世仪等。但到了乾隆年间，汉学考据兴盛，理学逐渐衰退。昭梿《啸亭杂录·续录·理学盛衰》说："自乾隆中，傅、和二相擅权，正人与之梗者，多置九卿闲曹，终身不迁，所超擢者，皆急功近名之士。故习理学者日少，至书贾不售理学诸书。"

　　理学在乾隆时为何衰退，前人说法不一。按前引昭梿所说，是出于政治的原因。他在《啸亭杂录·书贾语》中又说："自于、和当权后，朝士习为奔竞，弃置正道。黠者诟詈正人，以文已过，迂者株守考订，訾议宋儒，遂将濂、洛、关、闽之书，束之高阁，无读之者。"据此，理学衰退之原因可归为二：一是和珅等人的擅权，造成士风败坏，殃及理学；二是汉学考订者贬斥宋学。乾嘉时，由于汉学兴盛，成为学术主流，宗理学者以为受到汉学家的挤压，致使理学不振。现代研究者也有循此思路，将理学衰退归之于汉学的"一元垄断"以及汉学家对理学的排斥。

　　乾嘉以来理学衰退，与上述原因应有关系。如政治上的影响，不仅是昭梿所说的由于和珅等人擅权所致，而且与康熙帝对理学的态度也有关。康熙帝既尊崇理学，但也抑制了它的发展。对于理学，他并不关注其学理层面，而是强调"道学者必在身体力行，见诸实事，非徒托之空言"①。他尤其强调纲常伦理，突出理学常奉者应对皇帝忠诚，"使果系道学之人，惟当以忠诚为本"②。至于宗汉学者抱门户之见，贬抑宋学，也是事实。江藩所著《国朝汉学师承记》，明显扬汉抑宋，如他将黄宗羲、顾炎武"附于册后"，不入正传，理由是"两家之学皆深入宋儒之室，但以汉儒为不可废耳。多骑墙之见，依违之言，岂真知灼见者哉！"③

宗汉、宗宋互为门户，彼此攻驳、诋讥，这是事实，但也不宜把他们的门户之见过于夸大，应全面看待二者的关系。乾嘉汉学盛时，尽管理学的学术地位下降，但程朱理学毕竟还是官方统治思想，科举考试仍以朱熹的《四书章句集注》为据，儒者从小就濡染于是。而程朱理学所倡的纲常伦理，又是儒者所共同遵行的。即使深持门户之见的江藩，在制行上也效法程、朱，且指责于汉学"有一知半解者，无不痛诋宋学。然本朝为汉学者始于元和惠氏，红豆山房半农人手书楹帖云：'六经尊服、郑，百行法程、朱'，不以为非，且以为法，为汉学者背其师承何哉？"④治汉学者除"百行法程、朱"外，在学术上也有对宋学持兼采的，并不都是贬抑。如著名汉学家戴震、纪昀等对汉学之短并不回护，对宋学也不一味排斥。戴震认为："圣人之道在六经，汉儒得其制数，失其义理；宋儒得其义理，失其制数。"⑤纪昀则说："汉儒重师传，渊源有自。宋儒尚心语，研索易深。汉儒或执旧文，过于信传。宋儒或凭臆断，勇于改经。计其得失，亦复相当。"⑥戴、纪二人对汉学、宋学的长短、得失的评论，可谓实事求是，无所偏向。乾嘉汉学家中，主汉宋兼采者确不乏其人。如程晋芳治经"综核百家，出入贯串于汉、宋诸儒之说"⑦。阮元治学也持汉学、宋学之平，龚自珍称其为"汇汉、宋之全"。刘宝楠治经"不为专己之学，亦不欲分汉、

① 《康熙起居注》第2册，第1194页。
② 《清圣祖仁皇帝实录》卷163，《清实录》第15册，第18页。
③ 江藩：《国朝汉学师承记》，第133页。
④ 江藩：《国朝宋学习制源记》，《国朝汉学师承记》附，第154页。
⑤ 戴震：《与方希原书》，张岱年主编：《戴震全书》（六），第375页。
⑥ 纪昀：《阅微草堂笔记》，第9页。
⑦ 翁方纲：《载园程先生墓志铭》，《复初斋文集》卷14。

宋门户之见，凡以发挥圣道，证明典礼，期于实事求是而已"①。以上事实说明，乾嘉汉学盛行时，治汉学者并不绝对排斥宋学，不仅有较客观地对待宗宋学者，且有汉、宋调和、兼采者，认为汉学"一元垄断"、"狐狸"当道，未免太过。

其实，理学的衰退，并不始于乾嘉汉学鼎盛之时，而在此前已显露出来。乾隆帝于五年的诏旨中说："朕命翰詹科道诸臣，每日进呈经史讲义，原欲探圣贤之精蕴，为致治宁人之本。道统学术，无所不赅，亦无往不贯。而两年来，诸臣条举经史，各就所见为说，而未有将宋儒性理诸书，切实敷陈，与儒先相表里者。盖近来留意词章之学者尚不乏人，而究心理学者盖鲜。"②乾隆初年，乾隆帝已在感慨"究心理学者盖鲜"，因而要臣子们切究宋儒之书，精研理学，可见在乾隆朝之前，理学即在衰退。而乾隆初，治经者虽或援引汉、唐笺疏以为经书考据，但尚未盛行。乾隆九年，惠栋撰《易汉学》，专标汉帜，开乾嘉汉学风气之先。乾隆三十八年四库馆开，戴震等人被延聘入馆修《四库全书》，四库馆被称为"汉学家大本营"，于是汉学鼎盛，如日中天。由此看来，将理学的衰退归之于汉学盛行的挤压，也并不完全符合事实。

一种学术的盛衰，固然有其外在的原因，但主要还在于自身的原因。经学考据，自康熙至乾隆前期，并未受到朝廷的重视和提倡，皇帝所尊崇、宣扬的是程朱理学。然而二者的趋势却截然不同，经学考据不断发展，至于鼎盛，理学则日趋衰退。姚莹慨叹："自四库馆启之后，当朝大老皆以考据为事，无复有潜心理学者。"③问题需要从理学自身来找。清代理学，于学理无甚创新，多在于维护与阐释程、朱之说。对康熙帝尊崇程朱理学产生重要影响的熊赐履，认为治学"只将《五经》、《四书》、《性理大全》等书及宋、元、明诸儒语录从头细看，自一一了然，更不必去起炉作灶，驾屋叠床，生出无限枝节"④。理学名臣张伯行认为："内圣外王之

---

① 刘恭冕：《〈论语正义〉后叙》，刘宝楠：《论语正义》下册，第798页。
② 《清高宗纯皇帝实录》卷128，《清实录》第10册，第879页。
③ 姚莹：《复黄又园书》，《东溟文外集》卷1。
④ 熊赐履：《答黄黎先论学书》，《经义斋集》卷9。

道，灿然著于六经，折中于四子，而发挥阐释于周、程、张、朱五夫子之绪言，至矣，尽矣，不可复加矣。……有志圣贤之学者，惟取六经、四子与夫周、程、张、朱五夫子之绪言，虚心学问，俛焉日有孳孳，而著书立说，不惟不可，亦不必也。"[①]可见，乾嘉时，汉学兴盛而理学衰退，理有固然。道光后，理学虽有所复苏，但重在经世，学理并无创新，仍只在程、朱脚底下盘旋。晚清名儒贺瑞麟说："自孔、孟没，圣学失传。宋兴，人文再辟，周、程、张、朱之数子者，斯道大明，如日中天。后之学者，但当守其轨辙，不当另立门户，宗程、朱即宗孔、孟，非程、朱即非孔、孟。"[②]清代宗理学者在学理层面虽无甚创新，只重纲常伦理规条的应用，不可避免地会使理学丧失学术上的活力，趋于枯萎。

清代宗程朱理学者门户之见甚深。清初熊赐履撰《学统》，即为"卫道"、"明统"，以孔、孟、程、朱为道统正宗，排斥陆王心学。及至晚清，宗程朱理学的唐鉴、罗泽南等承袭陆陇其等人的风习，仍力排陆王心学，"同室操戈"未已。同时，宗程朱理学者对汉儒、汉学也予以抨击、贬抑。宗程朱理学者既排斥陆王心学，又排斥汉学，门户意气，无疑也会阻碍程朱理学的发展。

（原载《光明日报》2006年12月11日）

---

① 张伯行：《思辨录辑要序》，《思辨录辑要》，康熙四十八年正谊堂刊本。
② 贺瑞麟：《李桐阁先生墓表》，《清麓文集》卷23。

乾隆年间文化断想

一

18世纪的欧洲，继意大利的文艺复兴之后，在法国出现了一场广泛而深刻的资产阶级启蒙运动。伏尔泰以这场运动的倡导者和领袖第一个登上历史舞台。"三权分立"的资产阶级政治学说，"社会契约论"和"人民主权论"的共和民主思想，自然神论和无神论的唯物主义哲学……百家争鸣，群星璀璨。启蒙运动者为反对封建专制制度和教会反动势力而顽强奋斗，把资产阶级思想发展到顶点。哲学革命作了政治变革的先导。1789年爆发了法国大革命。

在亚洲的中国，时值清朝"康乾盛世"。但是，在"盛世"的内里却是严酷的封建专制统治。中国不像西欧，没有发生意大利式的文艺复兴，也没有掀起类似法国的思想启蒙运动。清朝统治者推行文化专制政策，控制思想。最突出的是兴文字狱和禁毁书籍。文字狱在顺治时已经出现，康熙、雍正间有增无已，至乾隆达到高峰。据统计，乾隆一朝兴文字狱达74次。罗织罪名，惨祸烈毒。龚自珍在《咏史》诗中说："避席畏闻文字狱，著书都为稻粱谋。"既是嘲世，又是辛酸的伤叹。文字狱不单是"坑儒"，同时也"焚书"。清代禁毁书籍，乾隆时尤甚。孙殿起辑的《清代禁书知见录·自序》说："在于销毁之列者，将近三千余种、六七万部以上，种数几与四库现收书相埒。"清统治者禁毁书籍不是始于修《四库全书》，但修

《四库全书》与禁毁书籍却是密切联系在一起的。《四库全书》馆不仅是书籍编纂机构，实际上也是检查、销毁、篡改的机构。尽管修《四库全书》对集中、保存大批珍贵图书在文化上有意义，然而销毁如此之多的古代典籍无疑是中国文化的一次大浩劫。鲁迅曾深刻指出："单看雍正乾隆两朝的对于中国人著作的手段，就足够令人惊心动魄。全毁，抽毁，剜去之类也且不说，最阴险的是删改了古书的内容。乾隆朝的纂修《四库全书》，是许多人颂为一代之盛业的，但他们却不但捣乱了古书的格式，还修改了古人的文章；不但藏之内廷，还颁之文风颇盛之处，使天下士子阅读，永不会觉得我们中国的作者里面，也曾经有过很有些骨气的人。"[①]

封建统治者的文化专制政策，是统一思想，钳制言论。除采取高压手段外，同时以朱熹理学为官方正学，以"正人心，厚风俗"。而乾隆间考据学兴盛，与理学同为统治者所热衷扶植。理学以性理解经，考据以训诂名物注经，实际都是经学正统。考据之风形成于四库馆开，有人称四库馆为"汉学大本营"，此中情况颇耐人寻味。四库馆对于书承担着检查、禁毁、删削的任务，对于人则因考据学风而锢蔽思想。"家家许郑，人人贾马"，泥古复古蔚为风气，几乎整个学术领域都被纳入考据的轨道。虽然考据学对古代典籍的整理研究作出了较大贡献，但它导致人们避世、繁琐所造成的不良风气和后果不能低估。有人慨叹使"聪明魁异之士多锢于斯矣。呜呼！此天下所以罕人才也"。考据学风的盛行，是文化专制政策下的畸形产物。从中国文化发展的历史来看，它是自明中叶至清初思想文化领域活跃、有生气、有创造性的局面的逆转。这种僵化、无生气的学风，和当时法国波澜壮阔的思想启蒙运动，形成了鲜明的对比。

乾隆间，泥古、僵化的学风在文学艺术领域也反映出来。文学脱离现实，拟古的形式主义更为严重，毫无生气。诗文是文学传统结构中的主体，即以诗为例。在乾隆间诗坛有大影响的是格调说。格调说为沈德潜所提倡，主张诗要归于"温柔敦厚"，"怨而不怒"，要宗汉魏、宗盛唐。这

---

① 鲁迅：《且介亭杂文·病后杂谈之余》，《鲁迅全集》第6卷，人民文学出版社1961年，第143页。

种拟古论调，是和当时文化复古思潮的总体分不开的。另一对诗坛有影响的人物翁方纲，主肌理说。他认为"为学要以考证为准，为诗必以肌理为准"，"考订训诂之事与词章之事未可判为二途"。事实上是将经史考据的学问入诗，表现了考据学风盛行下对诗坛的影响。艺术方面，如绘画，清初王时敏、王鉴、王翚、王原祁并称"四王"的正统派统治画坛，至乾隆间仍很有影响。"四王"对绘画鼓吹临摹古人的拟古思想，强调"日夕临摹"，"宛然古人"，做到与"古人同鼻孔出气"，"摹古逼真便是佳"。尽管他们对传统技法深有研究，也有所贡献，但其作品泥古僵化，缺乏生气。在戏曲舞台上，昆剧虽还占居主流地位，却因脱离生活现实，缺乏时代感和创新精神。

文化领域的泥古复古，死气沉沉，毫无生气，缺乏创造，是和"万马齐喑"的病态时代相一致的。鲁迅的描述既深刻又生动，他说："这不能说话的毛病，在明朝是还没有这样厉害的；他们还比较地能够说些要说的话。待到满洲人以异族侵入中国，讲历史的，尤其是讲宋末的事情的人被杀害了，讲时事的自然也被杀害了。所以，到乾隆年间，人民大家便不敢用文章来说话了。所谓读书人，便只好躲起来读经，校刊古书，做些古时的文章，和当时毫无关系的文章。有些新意，也还是不行的。"①

二

文化环境制约着人，但文化却是人创造的。由于社会的人存在着复杂性（如民族、阶级、阶层以至地位、身份等等的差别），表现在文化上不可能是单纯的。乾隆间，脱离现实、泥古、僵化、平庸的正统文化居于统治地位，这只是一方面情况，并不是全部。值得注意的是，当时文化的领域还有非正统以至反正统的一面。

---

① 鲁迅：《三闲集·无声的中国》，《鲁迅全集》第4卷，第12页。

反对泥古是反正统的一个重要表现。针对当时统治着文化领域的师古、泥古的潮流，一些有见识的人士提出了异议和批评。章学诚认为"古今时异势殊"，"反复变更"，"三王不袭礼，五帝不沿乐"，因此要"知时"、"从时"，不能"拘于泥古"，不能"执古以概今"，"强今以服古"。他不仅批评考据学家的好古泥古，也反对文学的摹古因袭，指出"三代不摩唐虞之文，两汉不摩三代之语"，"文有一时体式，今古各不相袭"①。以郑板桥为代表的"扬州八怪"也反对摹古、泥古，主张"师其意，不在迹象间"，"学一半，撇一半"，"各有灵苗各自探"，也就是要根据自己的艺术道路来创造。这种反对泥古的思想，在诗人袁枚的言论中同样表现出来。袁枚和章学诚一样，都是以历史变化的观点来看待文学的。他说："夫诗宁有定格哉！国风之格不同乎雅颂，皋禹之歌不同于三百篇，汉魏六朝之诗不同于三唐，谈格者将奚从？"②显然，诗无定格，随着时代不同而变化，当然不能盲目地去宗汉魏尊唐宋，而应是"不依古法但横行"。这是对统治诗坛的拟古的格调说的尖锐批评。反对泥古，贯串着"变"和"新"的思想，正如赵翼的名诗所说的："李杜诗篇万口传，至今已觉不新鲜。江山代有才人出，各领风骚数百年。"

其次是反对经学的独尊。经学不论宋学、汉学，在乾隆间都是正统，诸子学没有地位，至嘉庆朝所颁上谕仍然认为："经学为学问根柢，自应悉心研讨。至诸子百家，不过供文人涉猎，已属艺余。"反经学正统复兴诸子学的当推汪中。汪中除治《荀子》外，最受人攻击的是治《墨子》。他在《墨子序》大胆肯定了墨子学说多救世之术，与荀子的学说"其意相反相成"。尤其是将墨与儒并称"显学"，更是骇世之论。他说："世莫不以其诬孔子为墨子罪。虽然自儒者言之，孔子之尊，固生民以来所未有矣。自墨者言之，则孔子鲁之大夫也，而墨子宋之大夫也，其位相埒，其年又相近，其操术不同，而立言务以求胜，此在诸子百家，莫不如是。是故墨子之诬孔子，犹老子之绌儒学也，归于不相为谋而已矣……其在九流之

---

① 章学诚：《外编卷一·信摭》，《章氏遗书》第6册，商务印书馆1936年，第5—6页。
② 袁枚：《赵云松瓯北集序》，《小仓山房文集》卷28，乾隆刻增修本。

中，惟儒足与之相抗，自余诸子，皆非其比。"[1]在孔子为至圣先师、儒学为正学的时代，汪中公然把墨子、墨学提到与孔子、儒学并立的地位，这种反正统的异端思想，不能不遭到正统派的攻击陷害。翁方纲就攻击汪中"公然为《墨子》撰序，自言能治《墨子》，且敢言孟子之言兼爱无父为诬墨子，此则又名教之罪人"，主张"褫其生员衣顶"[2]。

汪中以"子"来对抗经学的正统地位，而章学诚则以"史"来贬低经学的权威。章学诚在《文史通义》中提出"六经皆史"、"六经皆器"、"六经皆先王之政典"的论断，有趣的是以诗人著称的袁枚也持类似之论。"六经皆史"说明显地不是将"六经"作为神圣的经典看待，而是承认它是"先王之政典"，是研究当时社会政治制度的史籍。如果联系"六经皆器"说，当更能明了"六经皆史"说的意义。章学诚批驳儒家将"六经"说成是"载道之书"，"而不知六经皆器也"。"夫天下岂有离器言道、离形存影者哉？彼舍天下事物人伦日用，而守六籍以言道，则固不可与言夫道矣。"[3]认为"六经"是器，是政教典章、人伦日用的著述，道即存于器而无别出，并不是如儒家所说的是载圣道的经典，显然是背离了正统的。

反正统的思想从总体来说虽然是微弱的，没有形成一股强大的潮流，但它对正统的冲击和产生的影响却不能低估。戏剧领域的要求打破正统，也许是表现得更为明显。被封建统治者称为"雅部"的昆曲走向衰落，而被鄙为"花部"的乱弹在兴起。"花部"与"雅部"的竞争，正是反正统斗争的组成部分，也是透露出文化思想、心理和风尚在发生变化的消息。在经学研究上卓有成就，有"通儒"之称的焦循，同时又是戏剧理论家，著《剧说》和《花部农谭》，颇耐人寻味。在《花部农谭》中，焦循认为昆曲"多无足观"，已不受群众欢迎，乱弹"其音慷慨，血气为之动荡"，为群众所喜爱。他极力称赞和提倡乱弹，冲击了戏剧界的正统保守思想。

---

① 汪中：《内篇三·墨子序》，《述学》卷6，《四部丛刊》无锡孙氏藏本。
② 翁方纲：《书墨子》，《复初斋文集》卷15，李彦章校刻本。
③ 章学诚：《内篇二·原道中》，《文史通义》卷8，民国嘉业堂《章氏遗书》本。

三

在反正统思想时提出了种种正面论断，而其核心当为性灵说。

性灵说不单是在文学艺术领域得到提倡，在学术方面也有反映。经学是当时居于统治地位的正学，泥古而凝固。考据学家一切以汉儒为断，"其同一汉儒也，则以许叔重、郑康成为断，据其一说，以废众说"，所谓"宁道孔颜误，讳言服郑非"①。焦循对这种泥古独尊的考据学风很不满意，针锋相对地提出了"无性灵不可以言经学"的主张，鼓吹治经要"以己之性灵，合诸古圣之性灵，并贯通于千百家著书立言者之性灵"②。以性灵言经，也就是要冲破泥古独尊的考据学风的束缚，尊重个性的发扬，重视思想性和创造性，即所谓"天下之知觉自我始"。

文学领域，尤其是诗歌方面，性灵说很有影响。袁枚反对拟古泥古的格调说和以学问为诗的肌理说，主张写诗要抒发性灵。认为"从三百篇至今日，诗之传者，都是性灵，不关堆垛"③。他所说的性灵，其实也就是性情，"诗者由情而生者也，有必不可解之情，而后有必不可朽之诗"④；"诗难其真也，有性情而后真"⑤。诗要抒发性灵或性情，要有真性情，即"不失其赤子之心"。所以他强调"作诗不可以无我"，也就是要有个性的创造，和焦循的主张是相同的。文学与经学互为呼应，显示出文化的时代特点。

当时一些不受正统束缚、追求创新的文人学者，都很重视真性情，或者说真气、真意、真趣。"扬州八怪"的绘画，就很强调"一寓己意"，"笔情纵逸"，"自得天趣"。郑板桥一首题为《偶然作》的诗，有"英雄何必读书史，直摅血性为文章。不仙不佛不贤圣，笔墨之外有主张"四句，很能说明不受前人束缚，自辟蹊径的自我创造精神。

---

① 焦循：《释据》，《论语通释》，《木犀轩丛书》本。
② 焦循：《与孙渊如观察论考据著作书》，《雕菰楼集》卷13，道光岭南节署刻本。
③ 袁枚：《随园诗话》卷5，同治八年刻本。
④ 袁枚：《答蕺园论诗书》，《小仓山房文集》卷30。
⑤ 袁枚：《随园诗话》卷7。

抒发性灵，表现真性情，在这期间的两部著名小说《儒林外史》和《红楼梦》有鲜明的反映。《儒林外史》尖锐地抨击科举制度，其所指实为揭露压抑个性、扭曲性情的残酷性。《儒林外史》塑造的正面理想人物并不成功，远不如《红楼梦》。《红楼梦》构筑了大观园这样一个理想世界，描绘了生活在这个世界里一群有真性情、干净无邪的年轻男女。尽管他们都以悲剧结局，但在对真性情的执着追求，要求解脱封建礼教的束缚，是有积极意义的。这部被誉为中国古典长篇小说达到最高峰的作品，所写的是对情和理的矛盾冲突，是对情被理扼杀的控诉。这是当时的文化思潮在小说创作上的反映。戴震在《孟子字义疏证》中曾说："尊者以理责卑，长者以理责幼，贵者以理责贱，虽失，谓之顺。卑者、幼者、贱者以理争之，虽得，谓之逆。于是下之人不能以天下之同情、天下所同欲达于上。上以理责其下，而在下之罪，人人不胜指数。人死于法，犹有怜之者；死于理，其谁怜之！"他严厉谴责"以理杀人"，认为理存于情、欲之中，"理也者，情之不爽失也；未有情不得而理得者也"。以情反理，这是明中叶以后文化领域提出的一个尖锐的问题，表现了反对封建纲常名教、要求发展个性的进步潮流。

综观乾隆间文化的主体，在封建统治者文化专制政策的压制下，不可能出现百家争鸣的繁荣局面，而是缺乏生气和活力，充满着复古主义和形式主义。"康乾盛世"并不意味着必然伴随着文化的繁荣。从中国封建社会发展的历史过程来考察，文化的繁荣往往不是出现在王朝的盛世，相反倒是出现在衰世。这是因为王朝稳固，文化控制也严密，无声的社会只能产生类似《四库全书》和考据学（这里不存在否定它们本身的贡献）这种无声的文化；而在王朝走向衰落时，文化控制也相对松弛，思想比较自由、活跃，流派风格，争鸣齐放。

文化不是一个单一体，有居于主导地位的，也有非主导的，或者民间的。乾隆间出现的反正统的文化思想，虽不居主导地位，但是有进步意义。明中叶至清初的进步文化思潮，在乾隆间并没有中断，只是在文化专制主义的压制下由明显的繁荣变为潜隐的细流。乾隆间反正统的进步文化，正是继续了明中叶至清初的传统的。而这批文化人主要是生长、活动在南方，也表现出区域文化传统的继承性。这股细流却是"石破天惊"，它在呼唤着道光间文化转折的到来。到了中日甲午战争以后，又出现一个新的文化的繁荣。

（原载《北京社会科学》1986年第4期）

清嘉道间汉宋学关系小议

乾嘉间，"汉学昌明，遍于寰宇"。宋学则趋于衰落，被贬抑。汉宋门户之见颇深，治汉学者与治宋学者互相诋讥，积不相能。嘉庆二十三年江藩刊《国朝汉学师承记》（后又刊《国朝宋学渊源记》），为清汉学家树正统。道光间方东树撰《汉学商兑》，予以驳斥，言辞尖刻，极尽讥讽之能事，于是有所谓"汉宋之争"。而若戴震、阮元辈，后世研究者称之为"反理学思想家"。嘉道间汉宋学关系究竟如何，似有可议之处。

一、戴震曾说："天下有义理之源，有考核之源，有文章之源"，而"义理即考核、文章二者之源"。姚鼐则谓："天下学问之事，有义理、文章、考证，三者之分，异趋而同为不可废。"[①]就此而言，汉学大师戴震与崇宋学的桐城文派大师姚鼐并无根本不同。虽然，汉学家与宋学家毕竟有异，汉学家重训诂，所谓"训诂明则义理明"，如戴震言"圣人之道在六经"，欲明其道，须是"由字以通其辞，由辞以通其道"。而宋学家则言义理，以为训诂明义理未必明，不应以训诂而遗义理。

二、汉宋学家虽互相排斥，"为训诂之学者薄宋儒为空疏，为性理之学者薄汉儒为支离"，但也不能看得过于严重，不能绝对化。宋学衰落，汉学家多诟病其空疏，然而程朱理学毕竟是清政府的官方哲学，他们因科举等缘故，与宋学不可能隔断关系。江藩《国朝宋学渊源记》云："然本朝

① 姚鼐：《复秦小岘书》，《惜抱轩全集》，中国书店1991年。第80页。

为汉学者，始于元和惠氏，红豆山房半农人（惠士奇）手书楹帖云'六经尊服、郑，百行法程、朱'，不以为非，且以为法，为汉学者背其师承何哉！"①江藩之肯定以程朱为法，且作《国朝宋学渊源记》，乃因宋儒读汉儒"义疏之书，始能阐性命之理"，汉学家扬汉抑宋的立场明显。阮元《拟国史儒林传序》说："是故两汉名教得儒经之功，宋、明讲学得师道之益，皆于周、孔之道得其分合，未可偏讥而互诮也。我朝列圣，道德纯备，包涵前古，崇宋学之性道，而以汉儒经义实之，圣学所指，海内向风。"②阮元甚而有为朱子辩解之辞，批评"王阳明诬朱子以晚年定论之说"。崇宋学者也不是完全拒绝考据，如前述姚鼐即主义理、考据、辞章。姚氏虽不满汉学家之"以专宗汉学为至，以攻驳程、朱为能"，甚至认为诋讪程朱者，如"毛大可、李刚主、程绵庄、戴东原率皆身灭嗣绝"，已是人身攻击，但他也承认"汉人之为言，非无有善于宋而当从者也"，"博闻强识，以助宋君子之所遗"。姚鼐虽不满于程廷祚之非议程朱，但也为其文集作序，称"绵庄之立言，可谓好学深思，博闻强识者"，以为"绵庄书中所论《周礼》为东周人书，及解'六宗'、辨《古文尚书》之伪，皆与鄙说不谋而合"③。夏炘崇尚宋学，以景紫名其堂，所著《述朱质疑》，纠陈建《学蔀通辩》谓朱子溺于释老在四十岁以前之误，经考核"断为二十四岁以前不废二氏，然亦格致之一助，并非溺志于虚无"；而《檀弓辨诬》，曾国藩誉之"发千古之覆，成一家之言，足与阎氏《尚书疏证》同为不刊之典"，其为学兼综汉宋，"由汉学之专勤，探宋儒之精粹"。

三、阮元于《拟国史儒林传序》云："圣人之道，譬若宫墙，文字训诂，其门径也。门径苟误，跬步皆歧，安能升堂入室乎。学人求道太高，卑视章句，譬犹天际之翔，出于丰屋之上，高则高矣，户奥之间未实窥也。或者但求名物，不论圣道，又若终年寝馈于门庑之间，无复知有堂室矣。"④阮元既批评一些宋学家不从文字训诂入手，虽高谈圣道，实未能升

① 江藩：《国朝宋学渊源记》，《国朝汉学师承记》附，第154页。
② 阮元：《揅经室集》上册，第37页。
③ 姚鼐：《程绵庄文集序》，《惜抱轩全集》，第206、207页。
④ 阮元：《揅经室集》上册，第37—38页。

堂入室；也批评一些汉学家"但求名物，不论圣道"，则不知堂室与否。不少汉学家于文字训诂很有成就，但仅止步于此，不及义理，这正是为宋学家所诟病者。即汉学大家凌廷堪于其时汉学之弊病也不满意，指出："固陵毛氏出，则大反濂、洛、关、闽之局，掊击诋诃，不遗余力，而矫枉过正，武断尚多，未能尽合古训。元和惠氏、休宁戴氏继之，谐声诂字必求旧音，援传释经必寻古义，盖彬彬乎有两汉之风焉。浮慕之者，袭其名而忘其实，得其似而遗其真。……不明千古学术之源流，而但以讥弹宋儒为能事，所谓天下不见学术之异，其弊将有不可胜言者。"[1]汉学末流，支离琐碎，不能不引发变化，一是常州公羊今文学的兴起，一是戴震、阮元、焦循、凌廷堪等由训诂而明义理。当乾隆间汉学如日中天之际，纯考据者不仅诋讥宋学家之空疏，亦排斥戴震的义理之学。章学诚于《文史通义·书〈朱陆〉篇后》指出："时人方贵博雅考订，见其训诂名物，有合时好，以谓戴之绝诣在此。及戴著《论性》、《原善》诸篇，于天人理气，实有发前人所未发者，时人则谓空说义理，可以无作，是固不知戴学者矣！"[2]但也有认同戴氏之学者，其影响及于阮元、焦循、凌廷堪诸人。

四、汉宋学家的分歧在一"理"字。于纯考据而诋义理之汉学家，可置不论。即如由训诂而明义理的汉学家所言之义理，与宋学家之义理亦有异。阮元在《书东莞陈氏〈学蔀通辩〉后》说："朱子中年讲理，固已精实，晚年讲礼，尤耐繁难，诚有见乎理必出于礼也。古今所以治天下者礼也，五伦皆礼……且如殷尚白，周尚赤，礼也，使居周而有尚白者，若以非礼折之，则人不能争，以非理折之，则不能无争矣。故理必附乎礼以行，空言理，则可彼可此之邪说起矣。"[3]显然阮元是欲以礼代理。他对凌廷堪的《复礼》三篇，赞为"唐、宋以来儒者所未有"。凌氏精于礼学，于《复礼》上云："夫人之所受于天者，性也。性之所固有者，善也。所以复其善者，学也。所以贯其学者，礼也。是故圣人之道，一礼而已矣。"

① 凌廷堪：《与胡敬仲书》，《校礼堂文集》，中华书局1998年，第206页。
② 章学诚：《文史通义校注》上册，中华书局1985年，第275页。
③ 阮元：《揅经室集》下册，第1062页。

《复礼》下云："夫《论语》，圣人之遗书也。说圣人之遗书，必欲舍其所恒言之礼，而事事附会于其所未言之理，是果圣人之意邪？后儒之学本出于释氏，故谓其言之弥近理而大乱真。不知圣学礼也，不云理也，其道正相反，何近而乱真之有哉！"①凌氏以礼为儒学之中心，道德仁义皆以礼为依归。宋学家之义理言性命，凌氏以为以礼节性，以礼节情，"非礼何以复其性"，"如曰舍礼而可以复性也，必如释氏之幽深微渺而后可"。凌氏与阮元同，亦以礼代理。而宋学家之争亦在一"理"字。方东树《汉学商兑》言之最明，他说："顾、黄诸君，虽崇尚实学，尚未专标汉帜。专标汉帜，则自惠氏始。惠氏虽标汉帜，尚未厉禁言理。厉禁言理则自戴氏始。自是宗旨祖述，邪诐大肆，遂举唐宋诸儒已定不易之案，至精不易之论，必欲一一尽翻之，以张其门户。"②其所指责，在于戴氏及其流衍之"厉禁言理"。

戴氏一脉病宋学之义理，重要一点为其受二氏之影响，以致"幽深微渺"，空说义理，圣人之道变味。戴震《孟子字义疏证》谓理者，分理条理之谓，"《六经》、孔、孟之言以及传记群籍，理字不多见。……自宋以来始相习成俗，则以理为'如有物焉，得于天而具于心'，因以心之意见当之也"③。理在事物，处事物而当，合于人心之同然始谓之理，非得于天而具于心也。天理即存乎人欲之中，非以天理为正，人欲为邪也。程、朱"借阶于老庄、释氏，以理之一字易其所谓真宰真空者"，"杂揉傅合而成"，而《六经》、孔、孟之道亡。他们认为汉儒未受二氏影响，接近圣人本意，故回归汉儒者，乃在于复圣道本意，并非完全反理学，即如前引惠士奇所言，"百行法程、朱"。皮锡瑞《经学历史》云："戴震作《原善》、《孟子字义疏证》，虽与朱子说经抵牾，亦只是争辩一理字。"皮氏之说得当。

（本文于2003年9月在台湾清史学术研讨会上发表）

---

① 凌廷堪：《校礼堂文集》，第27、32页。
② 江藩：《汉学师承记（外二种）》，上海三联书店1998年，第259—260页。
③ 汤志钧校点：《戴震集》，上海古籍出版社1980年，第268页。

道光间文化述论*

　　道光年，在历史年代学上有其特殊意义。中国历史的发展，在这期间发生了一个根本性的转折。相应地，中国学术文化的发展，也在这期间发生了重大的变化。探讨道光年间文化的变化，是研究中国文化史所必需的，也有助于清史、近代史的研究。

一

　　作为观念形态的文化，它在产生并形成系统后，便具有稳定性、凝固性。但是，这种稳定性并不意味着一成不变，而是在稳定中产生变异。道光年间，中国文化系统的核心依旧是儒学。然而，儒学本身也有变化。清初黄宗羲、顾炎武等病明末士人不以六经为根底，束书不观，空谈心性，因而昌言通经以致用。康雍时，宗法程朱，理学盛行。至乾嘉间，海内竞尚考据，几乎家家许郑，人人贾马。于是尊汉尊宋，互相攻讦，视同水火。尊宋学者讥笑汉学为饾饤琐屑，而固守汉学者则攻击宋学为空疏无用。其实在越来越严重的社会矛盾和社会危机中，不仅是严重脱离现实的汉学已经不能适应地主阶级统治的需要，就是空谈义理的宋学也无力去解

---

* 与孙燕京合撰。

决面临的危机。儒学走上了穷途末路。它要继续发挥它的社会功能，就不可避免地要有所调整。道光间，出现了汉宋调和、汉宋会通或汉宋融合。汉宋调和是道光年间儒学的一个特点，也是风气的一个变化，凡是"恶夫以饾饤为汉，空腐为宋"，注意社会现实的有识之士，从李兆洛到陈澧，都主张汉宋调和。他们认为，汉学宋学"皆有功于圣人"，"皆各有所宜，不可偏废"。但同是汉宋调和论，却因其侧重点不同而显出了差异。大体上说，可以分别为三种情况。

一种情况是对汉学宋学无所偏倚，认为是"殊途而同归"，"譬之登山者，或自南或自北，其路之平易远近不能皆同，要皆望是山以行，不迷于所往，则固殊途而同归也"①。从李兆洛、张履、胡承珙等人的治学和言论中，可以明显地看出这种态度。李兆洛"论学无汉宋，惟以心得为主"②。张履主张"为汉为宋，则各从其说之长，而绝不参以成见"③。钱仪吉在为张履的《积石文稿》写的序中，称他是："惟圣人之意是求，而不敢歧汉宋。"所以李璋煜评赞张履的说经是："入汉人之奥窔，探宋人之理窟。"胡承珙曾以治汉学名，但他认为："治经之法，义理非训诂则不明，训诂非义理则不当，二者实相资而不可偏废。"他还进一步提出："治经无训诂义理之分，惟求其是者而已；为学亦无汉宋之分，惟取其是之多者而已。汉儒之是之多者，郑君康成其最也；宋儒之是之多者，新安朱子其最也。"④不偏于一家，不分门别户，而惟"求其是"，是这一种主张的特点。胡承珙以"求是"命堂名，或可见其一斑。

在汉宋调和论者中，有一些人则主张宗汉而不废宋。持这种意见主要是原治汉学的，如程恩泽、胡培翚、冯桂芬等。程恩泽在嘉道间声望很高，为京师文士所尊崇，交游多士林中有识见者，如张穆、龚自珍、俞正燮、魏源、沈垚等。他说经主"通训诂，明义理"，"以为留心义理，推之事功，为有用之学"。不过，他对汉宋学不是平列对待，而是有主有从，

---

① 陆以湉：《经学理学》，《冷庐杂识》卷7，咸丰六年刻本。
② 魏源：《武进李申耆先生传》，《魏源集》上册，中华书局1983年，第361页。
③ 张履：《复顾访溪书》，《积石文稿》卷14，光绪二十年刻本。
④ 胡承珙：《四书管窥序》，《求是堂文集》卷4。

有先有后，认为"凡欲通义理者，必自训诂始"，"训诂且不解，奚义理之有哉？"①胡培翚也认为："汉之儒者未尝不讲求义理，宋之儒者未尝不讲求训诂名物。义理即从训诂名物而出者也。"②显然，他们是把训诂视为根本，义理从属于训诂，由训诂而衍生，即所谓"训诂通则义理明"。

与上述主张异趣的，是尊宋而兼采汉。主是说者，居多是治宋学的，如潘德舆、夏炘、戴　孙等。卒于道光元年的刘开，在他所写的《学论》一文中，提出了"尊师程朱"，"兼取汉儒，而不欲偏废"③。刘开是桐城派大师姚鼐的"四大弟子"之一。姚鼐崇义理，但倡合义理、考据、词章三者为一体。刘开的主张，不无乃师的影响。而夏炘曾肆力于汉学，后转入于宋，昌言"许郑程朱之学，皆确然不可易之学"④。但从他的一系列文章中可以看出，他是尊义理为首位，而把名物、制度、声音、训诂看作是研经的手段。夏炘接近桐城，于姚鼐从孙姚莹为好友。姚莹曾为他的文集作序。或因声应气求，对汉学是较为低调的。比较起来，潘德舆对汉学的态度与夏炘稍有不同。潘德舆虽由宋学以入词章，但不废汉。他认为："儒者有三（按指郑孔、程朱、陆王），圣一而已。诚以孔子之言为准则，三儒者皆可以相通而可以相救……夫郑孔之诂名物，博雅详核，而不免于碎而杂；陆王之言心性，简易直捷，而不免于虚而浮，各得孔子之道二三而已。程朱之研义理也，持其大中，本诸心性，不废名物，其于人也，如日用之布帛菽粟焉，特其诠解群经，识大而略小，自信而好断，不能吻合乎经之本旨赫然有之，孔子之道殆得其五六焉……学者诚能以程朱之义理为宗，而先导以郑孔，通其训诂，辅导以陆王，求其放心，庶有以救程朱之小失，而道学之真可见。"⑤儒学内部，不仅有考据、理学之分，理学又有义理、心性之别，各立门户。潘德舆所要调和的不独是汉宋，还有义理、心性，会三者为一，而以义理为宗。与潘德舆的见解类似的，有林则徐的

① 邓显鹤：《与湘皋书》，《南村草堂文钞》卷9附录，咸丰元年刻本。
② 胡培翚：《答赵生炳文论汉学宋学书》，《研六室文钞》卷5，道光十七年泾川书院刻本。
③ 刘开：《学论中》，《刘孟涂文集》卷2。
④ 夏炘：《自记》，《夏仲子集》卷1。
⑤ 潘德舆：《论道学》，《养一斋集》卷13，道光二十九年刻本。

门生戴纲孙。他说："以训诂之学入圣，十得其四五焉，其失也以凿。以程朱氏之学入圣，十得其八九焉，其失也窒。以陆王氏之学入圣，十得其七八焉，其失也荡。夫学之从圣，将以从于道也，去其失，取其得，则与道一矣。"①这些人的态度很明显，都把宋学视为根本，以宋贯汉，汉学是从属的。

以宋学为主而兼融汉学论者，一般来说，都是对乾嘉尊汉贬宋的状况不满意，从而指摘汉学末流的饾饤琐碎，提倡以明义理为根底。在汉学衰落的情况下，宋学有所抬头。而为宋学宗主的是唐鉴。唐鉴专主程朱理学，在一些士大夫中影响很深，如倭仁、曾国藩、吴廷栋、何桂珍、窦垿等都跟他"考德问业"。值得注意的是，这时的理学并不是康熙间理学的简单兴复，而是随着时势的变化而具有不同的特点。这种特点是："内期立身，外期辅世。"唐鉴在他的著述中就特别强调要"守道救时"，他说："救时者人也，而所以救时者道也。正直可以慑回邪，刚健可以御强梗，庄严可以消柔佞，端悫可以折侵侮，和平可以息横逆，简易可以综繁赜，抱仁戴义可以淑身心，周规折矩可以柔血气，独立不惧可以振风规，百折不回可以定识力，守顾不重乎哉？"②要救时必须守道，守道则是为了救时。儒者要不尚空言，而以躬行实践为事，发为事功，期于辅世，所谓"礼乐兵农，典章名物，政事文章，法制度数，何莫非儒者之事哉"③。这也是文化思潮的一个变化。唐鉴启之于前，而曾国藩继之于后。

道光朝儒学的又一个变化，是今文经学的复兴。嘉道间，刘逢禄上继庄存与，下启龚自珍、魏源，开今文经学复兴的局面。而对近代产生深远影响的，则为龚、魏。龚自珍为段玉裁外孙，所与游者有王引之、顾广圻等，亲受汉学的影响，后从刘逢禄习《公羊春秋》，入于今文经学。魏源本自性理入手，道光二年，犹从躬践证道的宋学家姚学塽就正《大学古本》。姚氏告以"惟在致力于知本，勿事空言而已"。魏源很钦佩，"遂请

---

① 戴纲孙：《论学篇第一》，《味雪斋文钞》甲集卷1，道光三十年刻本。
② 唐鉴：《守道篇叙》，《国朝学案小识》学案提要，道光二十六年四砭斋刻本。
③ 唐鉴：《国朝学案小识自叙》。

执弟子礼，先生固辞，而心中固终身仰止矣"①。但魏源也从刘逢禄习今文经学，著《诗古微》、《书古微》。龚、魏为近代"今文学之健者"，流风及于康有为。

道光间这种思潮、风气的变化，就儒学本身来说，是在其走向穷途末路情况下内部的自我调节，也是自我拯救。但它没有能够造成儒学某一分支独盛的局面，而是各自在发挥作用。认为今文经学独盛的说法，并不全面，不完全合乎历史实际。这种情况，也反映出儒学只不过是日薄西山的余晖而已。

二

文化的变化，有由于内部各组成部分的互相作用、矛盾和调节而发生。但是，文化是一种社会现象，是社会的文化，它必然要受社会的制约，并适应于社会。文化的变化，归根到底是随社会的变化而变化的。作为文化核心的儒学的变化，就与道光年间社会政治的变化分不开。

清皇朝的统治，在道光年间已是衰世。林则徐曾经形象地譬喻说："今日之时势，观其外犹一浑全之器也，而内之空虚无一足以自固。"②严重的社会危机，不能不引起一些人的忧虑，迫使他们去思考，去探索。这些有识之士尖锐抨击时政的腐败，尤其是吏风士习的败坏。在他们的认识里，都把人才问题看作最大的问题。魏源在《圣武记叙》《海国图志叙》中反复强调的，就是人心和人才，要去"人心之痲患"、"人才之虚患"。士人的无实无用，造成内外无人才，而其病则起于学术的不明。他们虽然没有能够找到社会危机的根本所在，但就其所指出的，却不失为一个重要的问题。

当时的一些有识之士，都敏锐地感到现实中存在着严重的学术与政事

---

① 魏源：《归安姚先生传》，《魏源集》上册，第358页。
② 林则徐：《复邵蕙西懿辰中翰》，《云左山房文钞》卷4，1916年广益书局石印本。

（或学问与经济）分裂的不正常的情况。如贺熙龄感慨说："夫学术至今日而益裂矣！其高焉者空谈心性，而不求诸实用；其卑焉者溺于训诂考据，断断于一名一物之微；又其下者剽窃词章，以图幸进，而皆置身心于不问。故其出而临民也，卤莽灭裂，以利禄为心，而民物不被其泽。"①即使号称"人文渊薮"的江浙地区，"经生甲海内，词客满天下"，然而"求所谓体用兼具，学问经济上不负国下不负民者，果何人哉"②。产生这种弊端，有制度、风气的原因，也有学术文化本身的问题。张履指出："其为学也，非所以为政也；其为政也，非其所学也。"③魏源也说："治经之儒与明道之儒、政事之儒，又泮然三途。"④为了改变学术与政事分裂这种不正常现象，他们主张"学问经济无二事"，"贯经术、政事、文章为一"。

时势的变化要求学术的变化，以饾饤为汉、空腐为宋的学术状态，已不能适应道光间的时势，因而就出现汉宋会通、重事功之宋学、讲微言大义的今文经学的学术风气的转变，而其归结都在于能有所用于世。"学无大小，以适于用者为贵"，要在"归本于义理经济，以求为有体有用之需，斯可以名一家之学"⑤。

道光间，士大夫中出现了一批有见识有作为的人，如陶澍、林则徐、贺长龄、李兆洛、龚自珍、魏源、周济、姚莹、张际亮、潘德舆、汤鹏、包世臣、黄爵滋、沈垚、张穆、何秋涛……他们都主张经世致用，声应气求，互相砥砺切磋。道光六年，魏源助贺长龄编成《皇朝经世文编》，是这种风气变化的重要表现。此后，一些文士于京师慈仁寺建顾炎武祠堂，以为祭祀。由原来尊祀汉学大师郑康成而祀顾炎武，是士林风气的变化，也是时势变化的征象。其于学术上，即在发扬顾炎武所倡导的"通经致用"的传统。对于"通经致用"，魏源作了具体的阐释，他说："曷谓道之器？曰'礼乐'；曷谓道之断？曰'兵刑'；曷谓道之资？曰'食货'。道

---

① 贺熙龄：《唐镜海四砭斋文集序》，《寒香馆文钞》卷2，道光二十八年刻本。
② 卜起元：《潜庄文钞》卷6，光绪五年卜氏自刻本。
③ 张履：《送林方伯之任湖北序》，《积石文稿》卷9。
④ 魏源：《学篇九》，《魏源集》上册，第23页。
⑤ 夏炘：《乾隆以后诸君学术论》，《夏仲子集》卷1。

形诸事谓之治；以其事笔之方策，俾天下后世得以求道而制事，谓之经；藏之成均、辟雍，掌以师氏、保氏、大乐正，谓之师儒；师儒所教育，由小学进之国学，由侯国贡之王朝，谓之士；士之能九年通经者，以淑其身，以形为事业，则能以《周易》决疑，以《洪范》占变，以《春秋》断事，以礼乐服制兴教化，以《周官》致太平，以《禹贡》行河，以三百五篇当谏书，以出使专对，谓之以经术为治术。曾有以通经致用为诟厉者乎？以诂训音声蔽小学，以名物器服蔽《三礼》，以象数蔽《易》，以鸟兽草木蔽《诗》，毕生治经，无一言益己，无一事可验诸治乎？乌乎！古此方策，今亦此方策；古此学校，今亦此学校；宾宾焉以为先王之道在是，吾不谓先王之道不在是也，如国家何？"① "以经术为治术"、"通经致用"，这就是他们的共同宗旨。而经学，就是经世之学。

经世之学当然不只限于经学，还有史学、舆地、朝章国故等。也就是说，经世之学讲求的是"经国济世"的有用之学，具体是要解决当时所面临困境的漕、河、盐、兵、洋诸大政，解决人才问题，或探究边疆史地。总之，是为了"救时"，为了起衰振弊。

既然经世之学是为了解决现实的问题，是学以致用，那么它就和儒学正统有所不同，而具有自己的特点。儒学正统是言义不言利，所谓"正其谊不谋其利，明其道不计其功"。经世之学则讲功利，"利在天地间，原不禁正人拟议，彼畏利而讳言者，特小儒拘滞之见，而不足以探本也"②。显然，经世之学是以义与利，道德与事功相结合，以实用反对无实无用，如同颜元所改过的："正其谊以谋其利，明其道以计其功。"一字改动，其意义截然不同。

经世之学的兴起，引起了文化价值观念的变化。学术不是为了炫博以装饰门面，不是空腐无用，不是"干禄之术"，而是学政结合，学以致用，讲求功利、实用的价值。这种价值观念的变化，正是道光间文化转折的一个主要特点。

---

① 魏源：《学篇九》，《魏源集》上册，第23—24页。
② 宗稷辰：《裕本篇》，《躬耻斋文钞》卷1。

三

但是，鸦片战争前的经世之学，并没有超出儒学的范围，没有突破中国传统文化的藩篱，前引魏源阐释"通经致用"的那段文字，明显地表现出这种局限。当时提倡经世致用的有识之士，往往认为是在复三代以前之学，复清初顾、黄、王之学，是"复古"。封闭的社会，相应的是封闭型的文化，它正像龚自珍所说的"药方只贩古时丹"，而没有能够找到新的思想武器。

英国殖民主义者发动侵略中国的鸦片战争，使中国沦为半殖民地半封建社会。战争的结果，也使中国的传统文化遭遇到西方文化的挑战。"满族王朝的声威一遇到英国的枪炮就扫地以尽，天朝帝国万世长存的迷信破了产，野蛮的、闭关自守的、与文明世界隔绝的状态被打破，开始同外界发生联系。"[①]

面对新的变局，士大夫中大多数人仍然浑浑噩噩，或醉生梦死，或顽固地坚守"夷夏之辨"、"用夏变夷"的信条。但是，也有像林则徐、魏源、姚莹这样一些代表着近代文化新趋向的有识之士。他们从传统文化的封闭体系中挣开了一条缝隙，开始注视西方的文化，并企图将某些东西纳入自己古老的体系里，加以吸收、改造。

林则徐到广州后，为了详细查明鸦片烟的输入、吸食情况和了解外国，除去延请一些留心海防事务的人士交谈外，还收集外国人出版的书刊，组织人翻译，并能亲自向外国人询问西方世界的情况。当然，林则徐的目的在于"知彼"以研究"制驭之术"，但这种做法正表明是他的经世致用思想在起作用。他不以天朝大国的钦差大臣自居，而是抱着虚心学习的态度，在当时来说的确是难能可贵的。他提倡学习西方长技，对西方文化的某些因素也采取了宽容的态度，如他在日记里描述了在澳门的所见所闻，对西方的建筑文化流露出赞羡的神情："夷人好治宅，重楼叠屋，多至

①马克思：《中国革命和欧洲革命》，《马克思恩格斯选集》第2卷，人民出版社1972年，第1页。

三层，绣闼绿窗，望如金碧。"①在他主持翻译的《华事夷言》里，通过外国人对中西文化的比较，介绍了西方文化与中国文化的长短异同，其中如对于绘画艺术说："中国之画，惟重写意，虚多实少，不如西洋之工细。西洋画人物又是一片黑影，不独中国人嫌之，即西史载英国前代女王伊来西麻于写容时，亦不许写此黑影。"②这些介绍，无疑有助于中国人了解西方文化，至少能开扩人们的眼界，启迪人们去重新思索。

姚莹对西方讲求实学有较深的体会，他说："余尝至英夷舟中，见其酋室内列架书籍殆数百册，问之，所言亦与回人相似，而尤详于记载及各国山川风土，每册必有图。其酋虽武人，而犹以书行。且白夷泛海，习天文算法者甚众，似童而习之者，盖专为泛海观星以推所至之地道里、方向、远近，必习知此，乃敢泛海舶纵所之也。"他们赞赏西方这种学以致用的精神和科学态度，而认为"吾儒读书自负，问以中国记载或且茫然，至于天文算数几成绝学，对彼夷人，能无泚然愧乎？"如果不因此而感到羞愧，奋起直追，仍然"视四裔如魑魅，暗昧无知"，固执"拘迂之见，误天下国家也"③。

在这些有识之士中，对转变风气最有影响的当推魏源。魏源提出了著名的"师夷长技以制夷"的主张。他还针对封建顽固势力的泥古不化、冥顽不灵进行了尖锐的抨击："使有议置造船械、师夷长技者，则曰'糜费'；及一旦糜费十倍于此，则又谓权宜救急而不足惜。苟有议翻夷书、刺夷事者，则必曰'多事'；及一旦有事，则或询英夷国都与俄罗斯国都相去远近，或询英夷何路可通回部……"他提出："欲制外夷者，必先悉夷情始；欲悉夷情者，必先立译馆翻夷书始。"④这种新鲜思想，是以"开风气"为己任的经世致用思想家在西方资本主义侵略压力下找到的一条出路，比起"药方只贩古时丹"是一个变革性的进步。

林、魏、姚等主张了解西方、学习西方的开风气者，都是鸦片战争

① 中山大学历史系中国近代现代史教研组、研究室编：《林则徐集·日记》，中华书局1962年，第351页。
② 中国史学会主编：《鸦片战争》第2册，神州国光社1954年，第537页。
③ 姚莹：《康𫐌纪行》卷5、12。
④ 魏源：《海国图志·筹海篇三》，《魏源集》下册，第868页。

前经世致用的倡导者。经世之学成为在传统文化与近代文化之间起沟通作用的桥梁。没有经世之学的兴起，就文化发展的本身来说，就缺少近代文化出现的中介。经世思想家们之所以开启了近代文化，是因为他们主张务实，讲求功利，有较开明的思想。在西方文化的冲击下，能够敏锐地感到侵略者的坚船利炮，不是用夷夏之防就能抵御得了的。他们继续向前探索，终于得出了学西方的结论，开始促使近代文化的转变。

经世之学在近代有着深远的影响，它实际上包融了西学和"洋务"。光绪二十三年，梁启超主湖南时务学堂讲席时，为学生制订的《湖南时务学堂学约》第九项即以"经世"为目。《学约》规定："居今日而言经世，与唐宋以来之言经世者又稍异。必深通六经制作之精意，证以周秦诸子及西人公理公法之书以为之经，以求治天下之理；必博观历朝掌故沿革得失，证以泰西希腊罗马诸古史以为之纬，以求古人治天下之法；必细察今日天下郡国利病，知其积弱之由，及其可以图强之道，证以西国近史宪法章程之书及各国报章以为之用，以求治今日之天下所当有事，夫然后可以言经世。而游历、讲论二者，又其管钥也……今中学以经义掌故为主，西学以宪法官制为归，远法安定经义治事之规，近采西人政治学院之意，与二三子共勉之。"①经世之学列为学堂的一门功课，其内容已不是鸦片战争前仅限于经、史、舆地、掌故，而是中西学会通。

经世之学在近代的影响，从各种"经世文编"的编辑出版，并盛行于世，也可反映出来。自道光六年《皇朝经世文编》编成后，进入近代，续编者接踵而起，先后刊出不下二十余种。这些续编虽然仍因循《文编》的体例，但由于鸦片战争后中外交涉频繁，洋务运动兴起，西学传播，原来的六政已不能包括，所以续编者或别为外编，或增辟"洋务"一门。洋务或时务，逐渐成为趋时的学问。人们究心于此，固然有多方面的原因，但不可忽略的是为了谋求富强之道。

近代文化的构成有多种因素，而贯串于其中是强烈的爱国主义精神。

---

① 梁启超：《湖南时务学堂学约》，李华兴等编：《梁启超选集》，第58页。

这种爱国主义精神的始现，是与近代历史的开端紧密结合的。当时一些有识之士主张学习西方的科学技术、语言文字，是为了雪耻，为了"制夷"，"因其所长而用之，即因其所长而制之。风气日开，智慧日出，方见东海之民，犹西海之民"①。这里渴望中华民族强盛起来的情绪，正表现了他们强烈的爱国心。

爱国主义的思想感情，在文艺领域里也明显反映出来。如绘画方面，据英人宾汉的《英军在华作战记》记载，当时民间卖的版画中有《大贩鬼子图》。林昌彝绘《射鹰驱狼图》，表示对英国侵略者及助英为虐者的仇恨。文人学士为此图"题咏极多"，也是时代风气和思想情绪的反映。就遗留至今的作品来考察，当时以鸦片战争为题材的诗歌数量最多，爱国主义思想感情最强烈。如谴责英国殖民主义者以鸦片害人祸国的《阿芙蓉》（魏源），感愤于清政府腐败无能的《感事》（朱琦），愤怒揭露英军的侵略暴行，深切同情人民苦难的《东阳县》（张际亮），热情歌颂三元里人民抗击侵略者的《三元里》（张维屏），缅怀爱国将领、斥责投降派的《壬寅夏纪事竹枝词》（罗嶷），等等，都是爱憎非常鲜明的。爱国主义，是近代文化的脊梁。

四

由经世之学而接受西学，是道光间文化的转折，体现了历史发展的趋向。但是，作为新的起点，并不意味着当时就居于主导地位，就具有广泛的社会影响和作用，而是从近代新文化发展的整体来考察的。事实上，道光间只是近代文化萌发的初型，是微弱的、幼稚的、简单的。一些有识之士呼吁学习西方，在相当大的程度上是被动的，是西方殖民主义侵略的迫使，是英国大炮的惊醒。他们没有可资继承的较长期积累的新的思想资

---

① 魏源：《海国图志·筹海篇三》，《魏源集》下册，第874页。

料，没有较充分的思想准备，当他们还在从古人的药方中去寻找救世的灵丹时，一场"千古未有之变局"已经降临清皇朝统治的大地上。在被惊醒之后，他们的眼光也开始从古圣先贤转移到了西方。然而时局可以风云突变，文化却不可能。他们所注重的是西方的坚船利炮，所要学习的是西方的自然科学技术（而尤偏重于器物——技术）和语言文字。至于中国传统的文化体系，对他们来说是不可怀疑，也无用怀疑的。林则徐巡阅澳门时，可以赞赏西式的楼房建筑，而对西人的服饰、风俗则大不以为然，甚至是鄙视的："夷服太觉不类"；"婚配皆由男女自择，不避同姓，真夷俗也"①。这种观察事物的眼光和衡量的标准，不能不说是受中国传统的封建文化的价值观念和行为准则的局限。这不是林则徐个人如此，而是普遍现象。即如梁廷枏，他主张抵抗英国侵略，留心时务，重视了解、介绍西方的情况，并有所撰述，称得上是有见识的、开明的人物，但对"师夷长技"的主张却很反对，认为"天朝全盛之日，既资其力，又师其能，延其人而受其学，失体孰甚"②。

在传统的封建文化笼罩着的中华大地上，士大夫接受和传播的就是这样一个文化体系，对于吸取西方文化所遭到的强大的阻力是可想而知的。在一些具有爱国思想的人士中，如梁廷枏、林昌彝、温训等，鼓吹一种"西学源出中国"的说法。林昌彝在他所著的诗话中说："外夷奇器，其始皆出中华。久之，中华失其传，而外夷袭之。"温训且作诗云："西夷制器虽奇巧，半是中华旧制来。"③"西学源出中国说"，在19世纪后半期，在一些士大夫中一直沿袭流传。但主是说者的出发点，前后也有所不同。60年代后，洋务运动兴起，"采西学"、"制洋器"逐渐成为潮流，"西学源出中国说"正是为此找根据，无非是"礼失而求诸野"，不悖圣人之道。而在40年代，"西学源出中国说"则是为了反对学习西方，既然西方的自然科学技术都是得诸中国，那么中国"反求胜夷之道于夷，古今无是理"，干

---

① 中山大学历史系中国近代现代史教研组、教研室编：《林则徐集·日记》，第351页。
② 梁廷枏著、邵循正校注：《夷氛闻记》卷5，中华书局1959年，第172页。
③ 林昌彝：《射鹰楼诗话》卷3，咸丰元年刻本。

脆"他日洋烟绝其进口，并西夷所制器物勿使入内地"。

梁廷枏、林昌彝等在当时是号称有识见的人，尚且如此，至于那些闭目塞听、对世界大势暗昧无知的士大夫，毫无疑义更是文化上的保守主义者。而对西方文化的冲击，他们不分青红皂白地一味排斥，并不表明他们是强者，实际上是虚弱的。他们表现出来的心理状态，是既傲慢又恐惧。距鸦片战争二百多年前，耶稣会士利玛窦在他撰写的《中国札记》里有这样一段描述："他们不知道地球的大小而又夜郎自大，所以中国人认为所有各国中只有中国值得称羡。就国家的伟大、政治制度和学术的名气而论，他们不仅把所有别的民族都看成是野蛮人，而且看成是没有理性的动物。他们看来，世上没有其他地方的国王、朝代或者文化是值得夸耀的。这种无知使他们越骄傲，则一旦真相大白，他们就越自卑。"①利玛窦记述的虽然是明末士大夫的思想状态，但鸦片战争前后的士大夫与此并无二致。

虚骄与卑怯本是互为表里的。盲目排外和崇洋，也没有不可逾越的鸿沟。士大夫们虽然是拼命强调"夷夏之辨"，却也在滋长艳羡洋货的崇洋心理。陈作霖的《炳烛里谈》说："道光年间，凡物之极贵重者皆谓之洋。重楼曰洋楼，彩轿曰洋轿，衣有洋绉，帽有洋筒，挂灯名为洋灯，火锅名为洋锅，细而至于酱油之佳者亦呼洋秋油，颜料之鲜明者亦呼洋红洋绿。大江南北，莫不以洋为尚。洋乎洋乎，岂非今日之先兆乎！"②这也许是在长期封建锢蔽下而进入半殖民地社会的中国士大夫的两重性格，在近代中国社会影响深远。

嗜洋货的崇洋心理并不是孤立的现象，它与当时士大夫的风尚分不开。确切地说，是士大夫风尚的一种表现。鸦片战争前后，风俗十分弊陋，人们用"好谀而嗜利"来概括这种状况。士大夫中因循苟且，奔走趋奉，柔靡圆滑，泰侈游荡，性耽逸乐，以至一场灾难性的战争刚过去，就"仍复恬嬉，大有雨过忘雷之意"。"官僚筵宴，无日无之……士大夫中性

---

① [意]利玛窦、金尼阁著，何高济等译，何兆武校：《利玛窦中国札记》上册，第181页。
② 陈作霖：《炳烛里谈》卷上，宣统三年刻本。

耽风雅者，往往假精庐古刹，流连觞咏，畅叙终朝。"①即使取士大典，也免不了受这种风气的影响，但论小楷试律，因而"朝士风气专尚浮华，小楷则工益求工，试律则巧益求巧"②。

社会心理和风尚是文化构成的重要因素，它受其他文化因素的影响，又作用于其他文化因素。即如文艺，受社会心理和风尚的影响颇大。正是由于士大夫崇尚柔靡浮华，不能不影响书法艺术的格调，孙衣言曾指出："嘉道以来，士夫好为姿媚。"③绘画也是趋向柔媚，少有生气，多因袭模仿，单纯追求技巧。诗歌则出现了学习宋诗的思潮，以温柔敦厚为旨，以模拟杜、韩、苏、黄唐宋名家为事，很少触及现实社会内容。小说创作虽趋冷落，但《品花宝鉴》却开了狭邪小说盛行的风气。这些事例，可以看出道光间文艺的思潮和面貌。从整体上说，是陈旧的，没有新的气息，而且在走向衰落。

综观道光一朝，中国文化正处于由传统文化向近代文化转变的开端。传统的封建文化普遍存在着，依旧是这一时期的主体；但已经僵化而没有生气，走上了穷途末路。近代文化则刚萌发，还很微弱，影响有限，但却是新的事物，是向前发展的，代表了历史发展的趋向。近代文化既继承、吸取了传统文化，又承受着传统文化惰性的顽强阻力。近代文化就是在艰难曲折的历程中逐步发展起来的。

（原载《福建论坛》1985年第6期）

---

① 朱彭寿：《安乐康平室随笔》卷6，中华书局1982年，第282页。
② 曾国藩：《敬陈圣德三端预防流弊疏》，《曾文正公全集·奏稿》卷1，光绪二年传忠书局刻本。
③ 孙衣言：《刘文清公手书杜诗册题后二首》，《逊学斋文钞》卷11，同治十二年刻本。

儒学在近代中国的变化

一

在中国古代历史的发展过程中，由于很早形成了统一的中央集权国家和严密的宗法制度，封建制度具有特别的稳固性。与此相适应，在意识形态领域里，占据统治地位的是儒学。在漫长的封建社会里，儒学既是文化的指导思想，又是文化构成的主干；而它的核心则是纲常伦理。在中国士大夫的观念中，纲常伦理既是最美好的，又是最根本的。直到1840年鸦片战争以后，西方文化已经在中国传播，中国已经产生了新的文化，他们仍然固守这种观点，鼓吹"五伦之要，百行之原，相传数千年，更无异义。圣人所以为圣人，中国所以为中国，实在于此"[①]。甚至认为，中国"礼义纲常之盛，甲于地球诸国"[②]。因而在纲常伦理受到西方文化的冲击时，就不能不使士大夫们忧心忡忡，忧虑彼教"夺吾尧舜孔孟之席"，耽心"孔子之道将废"。他们惮精竭虑地保卫圣道，同时又不无自信地认为儒学必将自东往西，盛行于西方各国，而"大变其陋俗"。中国已经在西方资本主义国家的侵略下沦为半殖民地半封建社会，儒学已抵挡不住西方的侵略而败阵，士大夫们却还在津津乐道什么"仁之至，义之尽，天道人情之极则"的圣道如果不行于西方，西方人将终古沦为异类，幸好"今此通

---

① 张之洞：《劝学篇·明纲》。
② 薛福成：《庸盦全集·文编》卷2，光绪二十三年上海醉天堂石印本。

商诸国，天假其智慧，创火轮舟车以速其至，此圣教将行于泰西之大机括也……尧舜孔孟之教，当遍行于天地覆载之区，特自今日为始，造物岂无意哉"①。士大夫们所引为骄傲的是纲常名教，所梦想的是"用夏变夷"。在他们的思想中，"华夏中心"的观念根深蒂固。

在士大夫中，有像大学士倭仁这样的人，因反对学习西方的技艺而鼓吹"立国之道，尚礼义不尚权谋；根本之图，在人心不在技艺"；"以忠信为甲胄，礼义为干橹"②。但也有人在认识上发生了变化，感到仅有礼义忠信已不足以维护其统治。他们承认中国文化和西方文化存在着差别，而且这种差别从本源上就存在，所谓"中国之洪荒，以圣人制度文物辟之；外国之洪荒，以火轮舟车、机器、电报辟之"。这就是说，中国文化的本质是圣人之道，而西方文化的本质是器物技艺。薛福成把它归结为"道"和"器"，他说："尝谓自有天地以来，所以弥纶于不敝者，道与器二者而已……中国所尚者道为重，而西方所精者器为多"，"欲求驭外之术，惟有力图自治，修明前圣制度，勿使有名无实；而于外人所长，亦勿设藩篱以自隘。斯乃道器兼备，不难舍四海为一家。盖中国人民之众，物产之丰，才力聪明，礼义纲常之盛，甲于地球诸国，既为天地生灵所聚，则诸国之络绎而来会者，亦理之固然"③。这些言论是薛福成在代李鸿章草拟的答彭孝廉的信中说的，被李鸿章称为"精凿不磨之作"。可见这种中西道器观是有代表性的，是19世纪60年代至90年代洋务运动中的基调。三年后，薛福成在他的名著《筹洋刍议》中，即主张"取西人器数之学，以卫吾尧舜禹汤文武周孔之道"。这就是所谓"中道西器"论。

"中道西器"论也就是"中体西用"论。"中体西用"论的代表人物张之洞在光绪二十四年（1898）的奏折中说："以中学为体，以西学为用，既免迂陋无用之讥，亦杜离经叛道之弊。"这表明"中体西用"论也是在于以西方的科学技术来卫护中国的纲常伦理。"中道西器"（或"中体西用"）

①李元度：《答友人论异教书》，贺长龄编：《皇朝经世文编》卷1，光绪十七年邵州经纶书局刻本。
②中国史学会主编：《洋务运动》第2册，上海人民出版社1961年，第31页。
③薛福成：《庸盦全集·文编》卷2。

论者与顽固守旧论者不同，他们比较开明，能因时而变，敢于采西洋技艺之学，仿用机器，不像顽固守旧论者那样迂陋拘虚，冥顽愚昧。然而，"中道西器"论者同样服膺礼义忠信。在儒学世界观这个根本问题上，他们是固守不变的。这个特征就是：器唯求新，道唯求旧。

"中体西用"论一直到本世纪头十年清政府垮台前仍然在起作用，并成为清政府的指导方针。张之洞在为清政府厘订学堂章程时，主张"以忠孝为敷教之本，以礼义为训俗之方，以练习技能为致用治生之具"[1]。在清政府颁布的"整顿学堂"的上谕中，强调要"以圣教为宗，以艺能为辅，以礼法为范围，以明伦爱国为实效"[2]。而在其宣示的教育宗旨中，明确提出"以中学为主，西学为辅"，并规定"忠君"、"尊孔"等。清政府以此来维护其摇摇欲坠的统治，反对孙中山领导的资产阶级民主革命。

"中体西用"或"中道西器"在理论上是将中国文化和西方文化区分为精神文化和物质文化两种类型，并认为中国文化优于西方文化。曾国藩曾说："彼外国之所长，度不过技巧制造，船坚炮利而已。以夷狄之不知礼义，安有政治之足言。即有政治，亦不过犯上作乱、逐君弑君、蔑纲常、逆伦理而已，又安足法。"[3]这种把中西文化区分为精神、物质与前者优于后者的思想，在清末资产阶级革命党人中也有所表现。如国粹派中有的人就把中国文化说成是"精神之学"，西方文化为"形质之学"。民国初年，持这种中西文化精神、物质二分法的观点的仍不乏其人，或引申为"动"和"静"两类。他们之所以把中西文化分为精神和物质、静和动两类，是因为他们认为中西文化"只有性质之异，而非程度之美"，不承认西方资本主义时代的文化比中国封建时代的文化要进步。他们把孔孟之道、封建纲常伦理看成是"日月经天，江河行地"，是"万古不易之常经"，不承认包括儒学在内的文化具有时代性，是随着时代的发展变化而发展变化的。

然而，不论"中道西器"或"中体西用"，它表明一个事实，即仅靠

---

[1] 许同莘：《张文襄公年谱》，商务印书馆1944年。
[2] 故宫博物院明清档案部编：《清末筹备立宪档案史料》下册，中华书局1979年，第1001页。
[3] 《东方杂志》1910年第7卷第12期。

儒学已不足以维持封建统治地位，而儒学本身也需要借助外力，就像薛福成所说的："取西人器数之学，以卫吾尧舜禹汤文武周孔之道。"儒学作为从意识形态上维系封建统治秩序的权威性已受到冲击，作为官方统治思想的地位正发生动摇。

西方文化的输入及其对中国文化的冲击，引起人们的观念发生了变化。首先是"华夏中心"、"华夷之辨"这一传统观念的突破。儒学的一个重要内容是"华夏中心"的思想，它很强调"夷夏大防"，严格区别"夷"、"夏"的界限，所谓"诸侯用夷礼则夷狄之"。"天朝上国"是"文物礼义之邦"，"外夷"都是野蛮落后，"獉狉之俗"。所以只能"用夏变夷"，不能"用夷变夏"。但是，这种根深蒂固的观念，在近代逐渐发生了变化。一些有识之士改变了盲目虚骄自大，开始正视事实，承认"夷"也有"长技"，中国有不如"夷"的地方，主张学习西方的"长技"。曾纪泽出使欧洲后，对"夷"的认识是颇有意思的。他认为中国士民对西洋诸国的态度存在着两种倾向，一种是"畏之如神明"，另一种是"鄙之为禽兽"，二者都是错误的，"彼诸邦者，咸自命为礼义教化之国。平心而论，诚与岛夷社番苗猺獠猓情势判然，又安可因其礼义教化之不同，而遽援尊周攘夷之陈言以鄙之耶"[①]？曾纪泽对国内少数民族虽还抱鄙视态度，但对西方国家的态度是正确的，承认它们也是礼义教化之邦，不能因其与中国的礼义教化不同而加以鄙视，陈腐的"夷夏之辨"观念必须抛弃。在这之前，冯桂芬在他的名著《校邠庐抗议·收贫民篇》中提出："法苟不善，虽古先吾斥之；法苟善，虽蛮貊吾师之。"1898年维新运动高潮期间，维新的支持者、满族官员阔普通武对《校邠庐抗议》作了一条概括性的批语，称赞此二语是"全书精粹最妙者"，"千古名论"，认为"现值庶政维新，诚本此二语以行之，深合乎穷变通久之大旨焉"。这和传统的"华夏中心"、"夷夏大防"大相径庭。也就在维新运动期间，皮嘉祐在《湘报》上发表了《醒世歌》，其中有这样几句："若把地理来参详，中国并不在中

---

① 喻岳衡点校：《曾纪泽遗集》，第194页。

央。地球本是浑圆物，谁居中央谁四旁？"这从地理观念上打破了"中国中心"的思想。

贵义贱利、崇本抑末，也是儒学体系中的重要内容。在中国封建社会中，儒学的义利观有两方面含义：一是指个人道德修养，不能见利忘义，醉心于利禄；一是指治国之道，如孟子所谓"王何必曰利，亦有仁义而已矣"。这里所说的义利观的变化，是指后者而言。鸦片战争前后，言义不言利的传统义利观已经在发生变化，有人就批评讳于言利是"小儒拘滞之见"。当时兴起的经世致用之学，正是反传统的"重义贱利"，而注重于计功言利，以解决国计民生的实际问题。在近代，继承并发展重功利的经世之学，成为时代的潮流。曾国藩曾说："自王介甫以言利为正人所诟病，后之君子例避理财之言，以不言有无、不言多寡为高。实则补救时艰，断非贫穷坐困所能为力。"[1]20世纪初，梁启超更是鼓吹西方边沁的"功利主义"，抨击传统义利观中轻视功利的倾向。

与义利观的变化相联系的，是崇本抑末、重农轻商的观念也发生变化。一些有识之士很强调取法泰西振兴工商的重要意义，他们一反传统的重农抑商观念，把商提到前所未有的重要地位上，说"商务者国家之元气也，通商者疏畅其血脉也"。他们还把振兴商务提到抵制外国侵略的高度上，认为"欲制西人以自强，莫如振兴商务。安得谓商务为末务哉"[2]？从以农立国到工商立国这一本末观念的变化，实质上是要求变封建小农经济为资本主义经济的表现。

社会伦理观念的变化，是另一个重大的观念变化。伦理纲常在中国封建社会是天经地义不可违背的，如前所述，直到戊戌维新运动时，张之洞还在《劝学篇·明纲》中鼓吹："五伦之要，百行之原，相传数千年，更无异义。圣人所以为圣人，中国所以为中国，实在于此。"但是，资产阶级维新家和革命家都吸取了西方资产阶级的民权、自由、平等思想，尖锐批判纲常伦理，指出"三纲五伦之惨祸烈毒"，"官可以无罪而杀民，兄可以

---

① 冯天瑜标点：《辜鸿铭文集》，岳麓书社1985年，第20页。
② 夏东元编：《郑观应集》上册，第604、614页。

无罪而杀弟，长可以无罪而杀幼，勇威怯，众暴寡，贵凌贱，富欺贫，莫不从三纲之说而推。是化中国为蛮貊者，三纲说也"①。他们主张"人人平等，权权平等"，以资产阶级民权、平等观来反对封建的伦常观。儒学的纲常伦理的权威日渐削弱，而民权、平等思想越来越产生广泛、深刻的影响。"五四"新文化运动时，陈独秀更以伦理的觉悟为"吾人最后之觉悟"，批判封建的纲常伦理；鲁迅、吴虞等猛烈抨击封建礼教"吃人"的本质。

儒学在鸦片战争以后受到了社会经济、政治变动的冲击，受到了西学的冲击，它的统治思想的地位从动摇以至失落，它的一些重要思想受到批评而逐渐被淘汰。这是儒学在近代变化的一个方面。

二

鸦片战争以后，儒学本身也发生了变化。中国近代社会的变化，被认为是"三千年一大变局"。面对着前所未有的变局，儒学本身不可避免地要有所调整，以适应变局。其中有两点值得注意：一是儒学各派都趋向于经世致用，一是儒学各派的会通融合。

理学末流被时人诟病为空疏迂腐，无实无用。但在鸦片战争以后清王朝面临内外交困，危机四伏，走向衰落的情况下，理学如果仍一味只讲"居敬穷理"，脱离实际，无补于挽救清王朝面临的危机，应付大变局的形势。因此，它不能仅满足于道德内省，而且要注重实践，切于实际，把"内圣"与"外王"紧密结合起来，即修身、齐家、治国、平天下。曾国藩就没有将理学与经世对立起来，而是认为"经济之学，即在义理之中"。他说："古之学者，无所谓经世之术也，学礼焉而已。"②"自内焉者言之，舍

① 何启、胡礼垣：《〈劝学篇〉书后》，《新政真诠》五编，光绪二十七年上海格致新报馆铅印本。
② 曾国藩：《孙芝房侍讲刍论序》。

礼无所谓道德；自外焉者言之，舍礼无所谓政事。"①就是说，以"礼"为主体，统帅道德和事功，即维持封建统治秩序。在曾国藩、罗泽南等理学家的心目中，理学与经世是统一的，道德与政事也是密切结合的，如曾国藩称赞罗泽南所谓"大本内植，伟绩外充"②，这也就是"内圣外王"的功夫。因此，曾国藩及其湘系集团也就有为维护清政府统治而镇压太平天国农民运动发挥作用，也就有从事以"中体西用"为方针的洋务运动的可能。

继程朱理学注意经世致用而起的是今文经学。今文经学作为儒学的一派，因龚自珍、魏源借之以言世务，而开风气之先；但真正盛行则在光绪年间。1889年，康有为受廖平的启示，即想借今文经学的"微言大义"，以为经世致用。他从今文经学接受"三统"、"三世"说和"孔子改制"说，并先后著《新学伪经考》和《孔子改制考》，斥古文经为伪经，以孔子"托古改制"，而主张变法维新。康有为的弟子梁启超、欧榘甲等都张其师的学说，竭力鼓吹今文经学。谭嗣同、唐才常受康有为的影响，也接受今文经学。湖南人皮锡瑞在长沙参与维新活动，也以今文经义言变法。正是改革、维新的社会政治需要而使今文经学盛行一时。"戊戌变法"失败后，今文经学又趋于衰落。

20世纪初，古文经学也注意于经世。古文经学的末流，失之于繁琐，脱离实际，终于走向衰落。及今文经学衰退，古文经学继起而"论治"。1901年，孙诒让撰《周礼政要》四十篇。他在序言中说："辛丑夏，天子眷念时艰，重议变法，友人以余尝治《周礼》，嘱之撷其与西政合者，甄缉以备采择，此外非欲标扬古经以自强其虚骄而饰其窳败也。"这说明孙诒让的《周礼政要》是因清政府推行"新政"的需要而利用古文经学。其后，以古文经学"论治"，其著者有章太炎、刘师培等人。章太炎绍述清代考据学开创者顾炎武的"经世致用"思想，宣传民族主义。他在《答梦庵》一文中说："原此考证六经之学，始自明末，儒先深隐蒿莱，不求闻

---

① 曾国藩：《笔记二十七则·礼》。
② 曾国藩：《罗忠节公神道碑铭》。

达，其所治乃与康熙诸臣绝异。若顾宁人者，甄明古韵，纤悉寻求，而金石遗文，帝王陵寝，亦靡不殚精考索，唯惧不究。其用在兴起幽情，感怀先德。吾辈言民族主义者，犹食其赐。"章太炎正是以民族主义鼓吹革命，以古文经批评康有为借今文经学"三世"说、"孔子改制"说宣扬改良。与章太炎同治古文经学且互相结交的刘师培，也以古文经学鼓吹革命，批判康有为借今文经学宣扬改良思想。刘师培承扬州学派的家传，治《春秋左传》。他在革命派与立宪派的论战中，发表了《论孔子无改制之事》、《汉代古文经学辨诬》等文，批判康有为的古文伪经说和孔子改制说，指出今文经所言大抵穿凿附会，古文经在刘歆以前即与今文经并存，而且优于今文经：孔子是"从周制"、"谓之改古制不可，谓之改周制尤不可"①。

从上述可以看出，在鸦片战争至清政府垮台的七十年间，不论理学、今文经学、古文经学都趋向于讲求经世致用，从而也都有过一度的"复兴"。不论是曾国藩重事功的理学，康有为"托古改制"的今文经学，章太炎鼓吹民族主义的古文经学，都是从儒学某一学派中去寻求思想武器，都是以学术服务于政治。由于政治立场和目的各不相同，所起的作用也很不一样。然而人们往往因龚自珍、魏源、康有为等宗今文经学，并以此言变法，曾国藩辈宗程朱理学，镇压太平天国农民起义，维护清朝腐朽统治，而判定今文经学的进步性，程朱理学的反动性。其实，今文经学也不存在独具的进步性。儒学各派所起的社会作用，在于掌握者的政治立场和目的如何。在太平天国农民运动期间，宗程朱理学的罗泽南、何桂珍，宗阳明心学的吴嘉宾，治汉学的吕贤基、邹汉勋，以及治今文经学的邵懿辰，都维护清朝统治，在反抗太平天国农民战争中"殉道"，即是明显的事例。至于各自的学术成就如何，则又当别论。

近代儒学变化另一值得注意的方面，是儒学各派的会通融合。儒学内部、门户、派系之见甚深，汉学与宋学、今文经学与古文经学、程朱理学与阳明心学互相排斥，各不相容。乾隆嘉庆年间，汉学兴盛，排斥宋

---

① 刘师培：《论孔子无改制之事》，《刘申叔先生遗书》第45册，1936年宁武南氏铅印本。

学。而治宋学者也著书予以反击。尊汉尊宋，争论激烈，互相攻讦，势同水火。鸦片战争以后，因为"时势"的关系，汉、宋学不仅归于息争，而且二者兼综会通更为盛行。徐世昌的《清儒学案》卷180《心巢学案》中说："道咸以来，儒者多知义理、考据二者不可偏废，于是兼综汉、宋学者不乏其人。"这一说法，大致不差。如岭南著名学者陈澧，被认为是开汉、宋学会通之先声。汉、宋学的调和会通并非始于陈澧，其前辈已多有倡导，但他确实是咸同间主张会通汉、宋学颇有影响者。陈澧治学，获座师程恩泽的启导，又受阮元及其创办的学海堂的影响，重视训诂考据，其著述以考据为多。但其平生服膺朱子，深得义理之学，认为"然则解文字者，欲人之得其义理也。若不思其义理，则又何必纷纷然解其文字乎"①？他的一部代表性著作《学思录》（后改名《东塾读书记》），"通论古今学术，不分汉宋门户，于郑君、朱子之学，皆力为发明"②。与陈澧同时的另一岭南著名学者朱次琦，虽偏重于程朱理学，但也主汉、宋会通，认为"学孔子之学，无汉学无宋学"③。长于"三礼"的黄式三及其子以周，谨守郑学，而兼尊朱子，反对存分门别户之见。黄以周说："理义者，经学之本源；考据训诂者，经学之枝叶之流委也。削其枝叶而干将枯，滞其流委而源将绝。"④

不仅是学者会通汉宋学，一些以治学著称而权势显赫的在位者也主张汉、宋兼采。如曾国藩，"一宗宋儒，不废汉学"⑤，他不赞成讲义理者贬抑汉学，也不赞成讲汉学者贬抑宋学，认为二者都是不自量力的狂妄习气。曾国藩是宗宋学不废汉学，而张之洞则是宗汉学不废宋学。他在《创建尊经书院记》一文中说："读书宗汉学，制行宗宋学。汉学岂无所失，然宗之则空疏蔑古之弊除矣。宋学非无所病，然宗之则可以寡过矣。"

儒学内部学派的兼综会通，不仅是汉宋学之间，还有其他学派，如

---

① 陈澧：《与黎震伯书》，《东塾集》卷4。
② 陈澧：《与黎震伯书》，《东塾集》卷4。
③ 简朝亮：《朱九江先生年谱》，光绪三十三年刻本。
④ 转引自徐世昌编：《清儒学案》卷153，1939年修绠堂刻本。
⑤ 曾国藩：《复颍州府夏教授书》，《曾文正公全集·书札》卷11。

今文经学。治今文经学和治古文经学者，门户之见甚深，互相排斥。不过为汉学或为宋学者，也不乏兼采或兼治今文经学。邵懿辰论学宗朱子，以"仪宋"命堂名，但又重今文经学，著《礼经通论》。承家学渊源的刘师培，虽尚古文经学，力批康有为的今文经学，其实并不一概排斥今文经学，而是对之兼采。他认为："仅通一家，确守家法者，小儒之学也；旁通诸经，兼取今文者，通儒之学也。"①同样，宗今文经学者的人也不都排斥汉宋学，而是主张调和汉宋学。今文经学家皮锡瑞即主"开通汉宋门户之见"，认为汉宋学"同是师法孔子，何必入室操戈"，"讲汉学者要讲微言大义方有实用，破碎支离，不成片断者无用。讲宋学者要能身体力行方有实用，空谈性命，不求实践者无用"②。在儒学内部开通门户之见，更为明显的是对陆王心学的兼采会通。陆王心学本是作为程朱理学的异端而出现，崇奉程朱者大都排斥陆王。但在晚清，这种情况发生变化。曾国藩宗程朱理学，曾对陆王心学表示不满，后来却转而加以推崇。其子曾纪泽在祭文中称曾国藩"笃守程朱，不弃陆王"③，当是可信。崇今文经学的康有为，对陆王心学很喜爱。梁启超说康有为："独好陆王，以为直接明诚，活泼有用。依其所以自修及教育后进后，皆以此为鹄焉。"④尚古文经学的刘师培，吸收了王阳明的"良知"说，认为"凡良知学派立说，咸近于唯心，故阳明之徒多物我齐观，众生平等，不为外欲所移，亦不为威权所慑，而济民济世，所益尤多"⑤。此外，儒学除去内部各派的会通，还打破外部的界限，兼取其他学派的思想，如对诸子学的兼采并蓄就是明显的例子。

儒学的调和会通，去分门别户之见，反映了在时代剧变的情势下它本身需要调整和适应。这种调整和适应必然要促使儒学内部出现息争、会通，并趋于讲求实用。"通经致用"也就使儒学各派间得以兼综会通。朱

① 邵懿辰：《群经大义相通论·〈公羊〉〈荀子〉相通考》。
② 皮锡瑞：《皮鹿门学长南学会第二次讲义》，《湘报》1898年第6号。
③ 喻岳衡点校：《曾纪泽遗集》，第156页。
④ 梁启超：《康有为传》，中国史学会主编：《戊戌变法》第4册，神州国光社1953年，第5页。
⑤ 刘师培：《伦理教科书》，《刘申叔先生遗书》第65册。

次琦认为，"通经将以致用"，"学之而无用者，非通经也"①。陈澧在《汉儒通义》自序中说："祛门户之偏见，诵先儒之遗言，有益于身，有用于世，是区区之志也。"至于像曾国藩、张之洞等人，以权臣而兼学者，更是以学为经世致用。即如曾长期被压抑贬拒的陆王心学在近代的兴盛，学者多注意兼采融会，也是因其重视发扬人的主观能动作用。不论是为挽救清王朝的统治，还是救亡图强，以至维新、革命，都需要人的主观能动性的发扬，乃至于献身。

三

近代儒学另一个重要变化，是它在和西学的矛盾中调和会通了西学。

19世纪末20世纪初，康有为即试图将儒学与西学会通，并建立自己的思想理论体系。康有为的思想理论体系很庞杂，但其基点为孔子儒学——"仁"、"元"，包括思孟学派、陆王心学、董仲舒和今文经学派、《易经》的思想。他还吸收了墨子的"兼爱"、"尚同"，庄子的"心学"，以及佛学的禅宗、华严宗等。对于西学，康有为也尽力吸收。他的哲学范畴"仁"、"元"，都吸收了西方的民权、平等、博爱的社会政治学说，以及近代自然科学和天文学、天体力学、地质古生物学等。他的"大同"乌托邦思想，也融会了西方的空想社会主义。康有为认为儒学六经的基本精神是主张人的社会平等的，他说："六经只言爱民保民。同为天之所生，皆是民也，无有流品之别。"②他还说："孔子以群生同生于天，一切平等，民为同胞，物为同气，故常怀大同之治。"③"盖人人皆天所生，无分贵贱，生命平等，人身平等。"④康有为的思想理论体系中的基本范畴之一"仁"，也与

---

① 简朝亮：《朱九江先生年谱》。
② 康有为：《日本变政考》卷2，按语。
③ 康有为：《孟子微·中庸注·礼运注》，中华书局1987年，第238页。
④ 康有为：《孟子微·中庸注·礼运注》，第96页。

西方的"博爱"相比附，即所谓"仁者，博爱"①。如果说宋明理学体系是"援佛入儒"的话，那么康有为的理论体系则是"援西入学"。正是在会通中西学，以西学比附、阐释儒学的基础上，康有为建构以"元—仁为体"的儒学体系和"大同"乌托邦社会。

"戊戌六君子"之一的谭嗣同，在他所建立的"仁学"理论体系中，也是以儒学会通融合西学。他在《仁学·界说》中说："凡为仁学者，于佛学当通《华严》及心宗、相宗之书，于西书当通《新约》及算学格致、社会学之书，于中国书当通《易》、《春秋公羊传》、《论语》、《礼记》、《孟子》、《屈子》、《墨子》、《史记》及陶渊明、周茂叔、张横渠、陆子静、王阳明、王船山、黄梨洲之书。"谭嗣同"仁学"体系的思想渊源，大致与康有为近似。他也是力图会通中西学，来建构"仁学"体系。他借用当时物理学的名词"以太"，把它作为建构世界万物的始基，而"其显于用也，孔谓之'仁'，谓之'元'，谓之'性'；墨谓之'兼爱'；佛谓之'性海'，谓之'慈悲'；耶谓之'灵魂'，谓之'爱人如己'、'视敌如友'；格致谓之'爱力'、'吸力'：咸是物也"②。梁启超认为谭嗣同的"仁学"，是"冥探孔佛之精奥，会通群哲之心法，衍绎南海之宗旨"③。梁启超对谭嗣同的"仁学"体系所归纳的三句话，第三句不无为扬其师而有所夸张，但总的来看，大致不差。谭嗣同和康有为都是"援西入儒"，构成"不中不西，亦中亦西"的以儒学为主、中西学杂糅比附的不成熟的思想体系。

20世纪初，资产阶级民主革命兴起，民权平等学说日益传播。其中卢梭的《民约论》产生了很大的影响。1902年，杨廷栋全译本《民约论》由上海文明书局出版。杨氏的译本在学界中产生了影响。据刘师培在1904年所撰的《中国民约精义序》中说："吾国学子，知有'民约'二字者三年耳，大率据杨氏廷栋所译和本卢梭《民约论》以为言。"但是，《民约论》

---

① 康有为：《孟子微·中庸注·礼运注》，第87页。
② 蔡尚思、方行编：《谭嗣同全集》（增订本）下册，第293—294页。
③ 蔡尚思、方行编：《谭嗣同全集》（增订本）下册，第543页。

也受到顽固守旧者的反对，"且以邪说目之，若以为吾国圣贤从未有倡斯义者"。为了驳斥守旧势力的攻击，传播"民约"思想，刘师培1903年与林獬编撰《中国民约精义》一书，1904年刊行。《中国民约精义》是辑录中国"前圣曩哲"的书籍中"言民约者"，起自《易》、《书》、《诗》，迄于鸦片战争前后龚自珍、魏源、戴望的著述，凡三卷五万余字。所及范围较广泛，但主要是儒学各派的著述。刘师培在每段后面加了按语，以卢梭《民约论》的相关论点为印证，加以阐释，评论其得失，既指出中国的圣哲与卢梭思想之间的相通和歧异之处，也指出中国古人之间思想的先后继承和变化。如《易》"革卦"说"汤武革命，顺乎天而应乎人"，与《民约论》所说的"君主背民约之旨，则君民之义已绝"；"人君之阻力，人民当合群以去之"契合，"所谓革命者，非汤武一人之私谋，乃全国人民之合意"。这就把一般的反对暴君暴政，诠解为人民反对君权专制，鼓吹推翻清王朝的革命。刘师培一般都是摘取一个作者或一部书的某些观点，如王阳明的心学，他选择的是"良知"说，认为"良知"说和卢梭的"天赋人权"说相同，"天赋人权"是说人的自由平等权利"秉"于天，而"良知亦秉于天"，所以可以说"良知即自由权"，并认为"阳明著书虽未发明民权之理，然即良知之说推之，可得自由平等之精理"[①]。刘师培明确指出王阳明并未"发明民权之理"，排除"古已有之"的时行思想，是正确的，但从"良知"说推导出"可得自由平等之精理"，就不免于牵强附会了。不过，刘师培的推导在于反对封建等级制和传播资产阶级自由平等的思想。即如《春秋公羊传》，康有为利用的是"三世"说，而刘师培却认为其"最重要之义在于讥世卿"，"世卿者，即世人所谓贵族政治"，"去世卿之制度，则无门第阶级之风"，所以"《公羊》一书最重民权"。把《春秋公羊传》说成"最重民权"，显然是不符合事实的牵强附会。刘师培这种做法，与康有为、谭嗣同的建构思想体系有所不同，但也是试图会通儒学与西学。

---

① 刘师培：《中国民约精义》，《刘申叔先生遗书》第16册。

1912年，清王朝覆灭，民国建立。南京临时政府提倡以"自由平等博爱为纲"的"公民道德"；禁用清政府学部颁行的教科书，新编教科书必须合乎"共和民国宗旨"，小学禁停经科，等等，儒学已失去了它作为官方统治思想的地位。民国初年，曾经掀起一股尊孔读经的逆流，康有为等人鼓吹要把孔教作为国教定人宪法，一时间闹得乌烟瘴气。但是，随之而来的是新文化运动蓬勃展开，孔子及儒学受到前所未有的冲击。儒学终究是衰落了。但也就在此时，第一次世界大战及其造成的影响，在一些中西人士中出现感叹"西方文明的没落"而称赞东方文化的思潮。梁启超欧洲归来后，即认为以民主、科学为基础的西方文明已破产，中国不应该盲目仿效"病态"的西方物质文明，而应该发扬光大本国固有的精神文化，以担当起重建世界文明的使命。同时，梁漱溟发表了《东西文化及其哲学》一书，成为建构现代"新儒学"的发端。梁漱溟也是主张中西文化的会通融合，而且是在比较完全的意义上开始把中西哲学结合起来创立体系。他的思想主要是陆王心学和柏格森生命哲学的结合，对其影响较大的还有叔本华的意志论和佛家的唯识论。他提出"意欲"说，认为西方、中国和印度文化分别为三个路向，"人类文化要有一根本变革：由第一路向转为第二路向，亦即由西洋态度转变为中国态度"[①]。梁漱溟认为儒家文化不仅在精神上优于西洋文化，就终极发展而言，也无悖于现代化的要求，全世界都是走"中国的路，孔子的路"，未来文化就是"中国文化之复兴"。梁漱溟以陆王心学融会柏格森哲学等，建构其"新儒学"理论体系，以"复兴儒学"，突破了康有为、谭嗣同等人简单的杂糅比附。

继梁漱溟之后，力图建构新儒学体系的，如熊十力、冯友兰等人。熊十力从陆王心学出发，融合佛家唯识论，并受柏格森哲学的影响，以发扬儒学的心性本体，实现对儒学传统的重建。冯友兰则是继承了程朱理学，融合了西方新实在论哲学，以新实在论哲学发挥程朱理学，建构"新理学"。

无论梁漱溟、熊十力、冯友兰等人，他们弘扬儒学，建构"新儒学"，

---

① 梁漱溟：《东西文化及其哲学》，中国文化书院学术委员会编：《梁漱溟全集》第1卷，山东人民出版社1989年，第493页。

这是一种文化现象，对他们的学理，研究者的评论自来有异，但有一点是有共识的，即他们的弘扬儒学并不是单纯回归传统，不是退回去，而是要为中国文化和中国社会谋求现实出路。因此，他们的文化构想是有针对性的，既是针对反传统的西化论者，也是抵拒马克思主义的传播。

（原载《传统文化与现代化》1993年第6期）

晚清西学约议

一

鸦片战争后，西方的学术文化逐渐深入中国，被称为"西学"。然而西学的传入和这一名词的使用，却早在明清间欧洲耶稣会传教士来华之时。

耶稣会士来华是为了传播天主教，但也带来了一些西方自然科学技术。他们在华期间，陆续撰译了一批书籍。徐宗泽据上海徐家汇书楼所藏部分，得出215种，其中属于宗教神学的约157种，关于自然科学、逻辑学、伦理修身等方面的58种。可以看出，耶稣会士的译著大部分是宗教宣传品，向中国人介绍西方科学的书籍为数不多。而且就在这些书中，缺乏介绍近代科学的成就，大多是被近代科学所取代的对立物，已是陈旧落后。此外，他们总不忘记把科学摆在神学的奴隶地位上，鼓吹有一个造物主的上帝存在，上帝是全知、全在、全能的，"神化无量"，是万物存在的创造者，也是万物变化的主宰者。虽然如此，早期西学毕竟就这样传进了中国。

在耶稣会士的译著中，有的书径直以"西学"为名，如《西学治平》、《民治西学》、《修身西学》、《齐家西学》等。如书名所表明，这些书是用西方观点阐述修身、齐家、治国、平天下的。而《西学凡》一书，分为文、理、医、法、教、道六科，《四库全书总目》认为"所述皆其国建学育才之法"，"其致力亦以格物穷理为本，以明体达用为功，与儒学次序略似"。但又说，"特所格之物，皆器数之末，而所穷之理，又支离神怪而不可诘，是所以为异学耳"，实际是给予贬抑。不过，从这些冠以"西学"名字的书籍，以及《西学凡》的六科来看，所谓"西学"，包涵的内容颇为广泛。

雍正、乾隆后，清廷禁止耶稣会士来华传教，西学的输入也随之中断。1840年鸦片战争以后，西学再次输入，而且远远超过明末清初。但是，在大约20年的时间里，人们除对基督教的传教反应强烈外，所看到的只是诸如"坚船利炮"之类的"器艺"的精良。及至1861年，冯桂芬撰《校邠庐抗议》，提出改革主张，其中一篇为《采西学议》，大致是"西学"一词的率先重新提出。魏源在鸦片战争后所编的《海国图志》中，主张"师夷长技"，即效法西方的技艺；而冯桂芬则不仅仅是看到技艺，而且注重其学问，认为"算学、重学、视学、光学、化学等，皆得格物至理"，而算学是西学的基础，"一切西学，皆从算学出"。不过，冯桂芬所认识的西学，还只限于自然科学技术。正因为如此，他的"以中国伦常名教为原本，辅以诸国富强之术"，成为"中学为体，西学为用"的滥觞。

自19世纪60年代开始至90年代中期的洋务运动，历时三十余年，人们对西学的认识，基本上没有超越前20年的框架。被时人称为最通洋务的李鸿章，认为"泰西之学，格致为先，自昔已然，今为尤盛。学校相望，人才辈出，上有显爵，下有世业，故能人人竞于有用，以臻于富强"①。洋务运动主持者所注重的西学，乃在于格致、天文、算学。其实，在此期间，与洋务派关系密切的所谓早期改良思想家，对西学的认识也不出此范围。郑观应在《盛世危言》中列有《西学》专篇，加以议论。他说："泰西之学，派别条分，商政、兵法、造船、制器，以及农、渔、牧、矿诸务，实无一不精，而皆导源于汽学、光学、化学、电学。"②显然也是把西学归结为自然科学。

---

① 李鸿章：《西学启蒙十六种》序，[英] 艾约瑟译：《西学启蒙十六种》。
② 夏东元编：《郑观应集》上册，第274页。

19世纪末20世纪初，也就是戊戌变法前后至辛亥革命期间，人们对西学的认识有了明显的变化。洋务派张之洞在《劝学篇》中即认为，西学不仅是算、绘、矿、医、声、光、化、电这些"西艺"，而且还有学校、地理、度支、赋税、武备、律例、劝工、通商这类"西政"，要"政艺兼学"。应该说，他的西学范围，比曾国藩、李鸿章要大一些。当然张之洞还是鼓吹"中体西用"，主张讲西学"先以中学固其根柢"，"以孝悌忠信为德，以尊主庇民为政"。真正发生变化的，是维新志士和革命党人。例如严复，他在甲午中日战争后，接连发表文章，强调要"大讲西学"。对于什么是"西学"，他认为："今之称西人者，曰彼善会计而已，又曰彼擅机巧而已。不知吾今兹之所见所闻，如汽机兵械之伦，皆其形下之粗迹，即所谓天算格致之最精，亦其能事之见端，而非命脉之所在。其命脉云何？苟扼要而谈，不外于学术则黜伪而崇真，于刑政则屈私以为公而已。"[1]在严复看来，商政、兵法、造船、制器，乃至天算、格致，都不是西学的根本所在，西学的根本，在于"于学术则黜伪而崇真，于刑政则屈私以为公"，也就是科学和民主。因此，随着人们对西学认识的发展，西学传播的内容也扩大了，不仅是自然科学，哲学社会科学学说的介绍也在增多。

社会科学学说传播的进展，在20世纪初尤为显著，成为译介的主要内容。这里比较一下《东西学书录》和《译书经眼录》所收书目的情况，就可以看出这种变化。《东西学书录》出版于1899年，所收的书目为20世纪以前的，其中自然科学437部，社会科学80部。《译书经眼录》收录1900年至1904年所译书目，其中自然科学164部，而社会科学则为327部。另据实藤惠秀监修、谭汝谦主编的《日本译中国书综合目录》一书的统计，从1868年至1895年，中译日文书共有8种；而从1896年至1911年，中译日文书增至958种，其中自然科学（含应用科学）172种，哲学社会科学786种。而在1900年至1911年，译自欧美和日本的各类书籍达1200种，平均每年100种，为数相当可观。

---

① 严复：《论世变之亟》，王栻主编：《严复集》第1册，第2页。

西方哲学社会科学学说的传播，主要是通过报刊和书籍，较多是翻译外国的论著，也有中国人的撰述。对为数颇多的译著，不可能各个领域都谈到，这里举哲学和政治学说为例，以见一斑。

有关西方哲学的译介，19世纪末已有所注意，但数量不多，它的发展主要在进入20世纪后。"哲学"一词，是从日本输入的。原来译名并不固定，有"心理学"、"心灵学"、"理学"、"心智之学"等多种译法。20世纪初，"哲学"一词使用增多，才逐渐固定下来。当时译介西方哲学的工作主要有两方面：一是系统地介绍西方哲学的原理、体系，一是介绍西方哲学的重要流派和哲学家。关于西方哲学原理、体系方面，如王学来译日本井上园了著的《哲学原理》（1903年日本闽学会印），师孔的《哲学纲领》（载《浙江潮》）等。这些译著的内容，包括哲学的定义、研究对象、基本原理和范畴、研究方法、哲学与其他学科的关系等。更多的是对西方哲学流派和哲学家的介绍，几乎涉及此前所有西方重要的哲学家和流派。1903年国民丛书社译日本东京文学士著的《哲学十大家》，介绍了苏格拉底、柏拉图、亚里士多德、培根、牛顿、孟德斯鸠、亚丹斯密、边沁、达尔文、斯宾塞等十位西方著名学者的生平、思想，其中大多数都是哲学家。1907年楞公编辑的《万国名儒学案》一书，其中第一篇为哲学，介绍了欧洲从古代至近世主要哲学流派和代表人物。

在20世纪初，中国人介绍西方哲学出力最多的当推梁启超。梁启超在他主持的《新民丛报》上发表了许多专题文章，介绍西方哲学家、思想家，包括亚里士多德、笛卡儿、培根、斯宾诺莎、霍布斯、达尔文、卢梭、孟德斯鸠、边沁、康德等的学说。他尤其推崇边沁和康德，称边沁为"乐利主义泰斗"，康德为"近世第一大哲"，集古今中外名家哲学之大成。对于德国另一位哲学大家黑格尔，当时也有人撰文介绍。1903年马君武撰《唯新（心）派巨子黑智儿学说》，1906年严复著《述黑格尔惟心论》，《万国名儒学案》也有介绍黑格尔的专门章节。而王国维对德国哲学家康德、叔本华、尼采的学说很感兴趣，尤其是对他们的美学，潜心进行研究。他说："余之研究哲学，始于辛壬（1901—1902年）。癸卯（1903年）春始读汗德（康德）之《纯理批判》，苦其不了解，读几半而辍。嗣读叔本华之书，而大好之。自癸卯之夏以至甲辰（1904年）之冬，皆与叔本华之书伴侣之时代也。"①他先后撰写了《叔本华之哲学及其教育学院》、《叔本华与尼采》、《汗德像赞》等文，介绍西方哲学和美学思想。至于实验主义哲学，大约在1906年传入。是年，张东荪、蓝公武等在日本东京办《教育》杂志，创刊号上载有詹姆士的《心理学原理》，同时发表了一些介绍实验主义哲学的文章。不久，张东荪又发表了《真理论》，较系统地介绍了詹姆士的实验主义观点。

这里还需要提到与哲学关系密切的逻辑学。逻辑学的传播，在20世纪初曾风行一时。这与严复的推动分不开。1900年，严复离开天津水师学堂到上海，开"名学会"讲授逻辑学，并译西方逻辑学著作。他先后翻译出版了《穆勒名学》（上半部）和耶芳斯的《名学浅说》，影响很大。有人认为，"自严先生译此二书，论理学始风行国内，一方学校设为课程，一方学者用为治学方法"②。而王国维译耶芳斯的《逻辑的基础教程：演绎和归纳》，更书名为《辩学》，也于1908年公开出版。此外，当时还翻译了一些日本的逻辑学著作。据不完全统计，从1902年至1907年，约翻译出版了6部。这6部是：清野勉的《论理学达旨》，十时弥的《论理学纲要》，富山房的《论理学问答》，大西祝的《论理学》，高岛平三郎的《论理学教科书》和《论理学》。其中大多是教科书，侧重于介绍形式逻辑，而以十时弥的《论理学纲要》影响最大，多次重印，清末民初出版的中国人撰写的逻辑学，差不多都以此书为依据。

关于西方民权政治学说的传播。18世纪法国启蒙思想家卢梭的名字和思想，自19世纪60年代起，一些中文书籍中就有所涉及，不过只是片言只语，有的也不准确。1895年，严复在《论世变之亟》中宣传了"天赋人权"说。1898年，日本思想家中江笃介用中文译的《民约论》，由上海同文书局出版，称为《民约通义》，内容为《民约论》的第一章。1900年底

---

① 王国维：《静庵文集》自序，光绪三十一年铅印本。
② 郭湛波：《近五十年中国思想史》，北平人文书店1936年，第246页。

至1901年初，《译书汇编》连载了杨廷栋据日译本转译的《民约论》。1902年，杨廷栋全译了《民约论》，由上海文明书局出版。法国另一启蒙思想家孟德斯鸠的《论法的精神》，也在20世纪初翻译出版。1901年秋，著名地学家张相文由日文本翻译《论法的精神》，1903年由上海文明书局刊行，称为《万法精理》。原著31章，该书只译了前10章。1909年，商务印书馆出版了严复据英文本翻译的《论法的精神》，取名《法意》。严译本共29卷，包括了孟德斯鸠原著的全部内容。英国约翰·穆勒的《论自由》，是19世纪资产阶级政治学说中的重要著作。此书最早的中译本是严复和马君武分别翻译的，严译本取名《群己权界论》，1903年商务印书馆印行；马译本名为《自由原理》，同年由译书汇编社出版。至于斯宾塞的《代议政治论》、伯伦知理的《国家论》等，都被译成中文刊行。

　　从晚清知识界对西学的认识、介绍和接受的情况来看，大致可分为两个阶段，即1840年至1894年为前期，主要是认识和介绍西学中的艺学；1895年至1911年为后期，由艺学进而认识和接受西学的政学，政艺兼学，不仅译介西方的自然科学和技术，而且大量译介西方的哲学社会政治学说。对于吸收西学的这种发展轨迹，跟当时日本的情况大致相同。19世纪上半叶，日本接受西方文化，开始主要是医学，进而军事、天文、地理、化学、物理等自然科学和应用技术，将"洋学"作为一种"技术"加以吸收。著名的洋学家佐久间象山即提出"东洋道德西洋艺术"的主张，桥本左内也说了类似的话："器械艺术取于彼，仁义忠孝存于我。"这种主张，与中国洋务派的"中学为体，西学为用"的态度是相同的。到了五六十年代，明治维新前，日本洋学蓬勃兴起，从吸收西方自然科学进而移植哲学社会科学，并用来解决政治问题。近代资本主义文明发生于欧洲，东方的封建国家落后了。在它们还没有发展为资本主义社会时，就受到西方资本主义列强的侵略。西方的资本主义文化，伴随着侵略而来。对于东方国家来说，吸收外来文化所能认识和所能接受的程度，往往是从具体到抽象，从器到道，即从自然科学和应用技术到哲学社会科学。

　　或认为近代中国对西方文化的认识和接受，是从鸦片战争后至洋务运动时期的器物层面，进而从戊戌维新运动到辛亥革命的制度层面，再到五四新文化运动的思想层面。近代文化发展的三层面，一层比一层加深。陈独秀曾经做了类似的归纳，他还认为辛亥革命之所以失败，原因在于没有思想变革，因此，思想伦理的解决才是"吾人最后之觉悟"。陈独秀的观点有其合理性，但也存在着片面性，不能完全以之为据。问题在于，不论辛亥革命这场政治运动，还是五四前夕的新文化运动，都起过伟大的历史作用，但也都没有解决中国的问题，即改变中国半殖民地半封建的社会地位和性质。此其一。其二，戊戌维新运动也罢，辛亥革命也罢，作为政治运动来说，都是要改变政治制度；但它们又都是思想文化运动，在批判封建思想文化，传播民权平等思想上做了大量工作，为五四新文化运动奠定了基础。思想文化的变革是政治运动的先导，没有思想文化的宣传，政治运功是难以开展和实现的。因此，把制度变革和思想文化变革截然分为两个阶段，并不妥当。

二

西学虽然是伴随着西方的大炮而输入中国，但不能认为只是被动的，是西方列强逼迫下不得不如此，而是一开始就存在着主动性，并且随着对西学认识的深化，这种主动性和自觉性愈来愈加强。这可以从传播西学主体的变化表现出来。

传播西学，一是翻译，二是著述。而翻译西方的论著，可更为直接地接触西学。就译书的情况而言，当时有人曾撰文谈到译书主体变化的情况："前译书之人，教会也，朝廷也；前译书之目的，传教也，敷衍也。后译书之人，士夫也，学生也；后译书之目的，谋公利也，谋私利也。"[1]译书主体从"教会"、"朝廷"到"士夫"、"学生"，正是对这种变化的概

---

[1]《译书略论》，张静庐编：《中国出版史料补编》，中华书局1957年，第62页。

括。我们还可以从译者的变化情况来加以具体说明。这种变化是，由外人翻译或中外合译变为以中国人自己翻译为主。在梁启超的《西学书目表》收录的鸦片战争后至1896年的西学译书341部中，外国人译的占139部，中外合译的123部，中国人译的38部，不著译者姓名的41部。而顾燮光的《译书经眼录》收录1900年至1904年的西文和日文译书526部中，外国人译的只占35部，中外合译的33部，中国人译的415部，不著译者姓名的43部。从这些数字可以看出，大致在中日甲午战争前的前期译书中，出于外国人之手的最多，加上中外合译的，共占总数的76%，而中国人自译的只占11%；而在战后的后期译书中，仅1900年至1904年5年间，由外国人独译和中外合译的仅占总数的11%，中国人自译的则占76%。前后两类数字的百分比正好颠倒，表明了传播西学的主体由以外国人为主变为以中国人为主。这一变化，也从一个侧面反映了掌握外国语言文字和科学知识的新的知识分子群的形成。这些译书的中国人，身份有留学生、教习、编辑、医生、科学工作者、革命家等。其中有不少是蜚声学界和社会的，如梁启超、严复、章太炎、蔡元培、马君武、王国维、张相文、丁福保、杜亚泉等人。应该说，西学的接受，是中国人根据时局的变化和社会的需要所作的一种努力。

值得注意的是，传播和吸收西学，包括翻译西方书籍在内，从一开始目的就很明确。这就是为了救国，为了中国的独立、民主和富强。魏源因鸦片战争的失败而编《海国图志》，在于要让世人了解西方的情况，并得以学习它们的长处，所谓"师夷长技以制夷"。姚莹撰《康輶纪行》，也是为了"雪耻"。冯桂芬主张"采西学"、"制洋器"，在于自强御侮。他相信"中华之聪明智巧，必在诸夷之上"，"始则师而法之，继则比而齐之，终则驾而上之，自强之道实在乎是"。冯桂芬认为，"夫而后可以复本有之强，夫而后可以雪从前之耻，夫而后完然为广运万里地球中第一大国"。严复更是大力鼓吹救亡之道在"大讲西学"，他说："盖欲救中国之亡，则虽尧、舜、周、孔生今，舍班孟坚所谓通知外国事者，其道莫由。而欲通知外国事，则舍西学洋文不可，舍格致亦不可。"① 又说："总之，驱夷之论，既为天之所废而不可行，则不容不通知外国事。欲通知外国事，自不容不以西学为要图。此理不明，丧心而已。救亡之道在此，自强之谋亦在此。"② 民族危亡的感召，使新的知识分子自觉地把吸收西学与救亡图存、振兴中华的历史使命结合起来。辛亥革命时期，如前所述，报刊、书籍大量介绍西学，出现了一个新的高潮。一些刊物明确标明创办的宗旨，是"输入东西之学说，唤起国民之精神"③。在一篇题为《尚武说》的文章中也指出："大家知道，我们不是十分爱他才学的，只是因拿着我们的老法子打不过他，故要拿着他的新法子打他。学他，不但是不足羞，只要能够打过他，真是一回大体面事。"④ 对于接受西学，孙中山说的很明确。他主张要"吸收世界之文化而光大之"，其目的是"以期与诸民族并驱于世界"。他还说："革命的这种风潮，是欧美近来传进中国的。中国人感受这种风潮，都是爱国志士，有悲天悯人的心理，不忍亡国灭种，所以感受欧美的革命思想，要在中国来革命。"⑤ 孙中山的这段话，可以概括鸦片战争后的晚清，吸收西学，变革社会，是为了"不忍亡国灭种"，是爱国志士"以天下为己任"而肩负起的历史使命，贯穿着鲜明的爱国主义精神。

正是基于这种爱国主义精神，一般说来，人们对西学的吸收是抱着分析、筛选的态度的。对于西方文化或其他外来文化的输入、吸收，不可避免地有一个要解决什么问题的问题。这就是说，输入西方文化需要有分析和筛选，不能好坏不辨，精粗不分，无选择地盲目输入。在历史上，中国人吸收西方文化是有着持冷静分析筛选态度的优良传统的。明清之际的思想家方以智，很注意吸收西学，所读西书约三十种、二百余卷。但他认为，"万历年间，远西学入，详于质测，而拙于言通几。然智士推之，彼之质测犹未备也"⑥。显然，方以智对西学的态度是有分析的批判的接受。

① 严复：《救亡决论》，王栻主编：《严复集》第1册，第46页。
② 严复：《救亡决论》，王栻主编：《严复集》第1册，第49—50页。
③ 《湖北学生界开办章程》，《湖北学生界》1903年第1期。
④ 舟子：《尚武说》，《第一晋话报》1905年第3期。
⑤ 《在黄埔军官学校的告别演说》，《孙中山全集》第11卷，中华书局1986年，第268页。
⑥ 方以智：《物理小识》自序，光绪十年宁静堂重刻本。

清初，著名数学家梅文鼎对耶稣会传教士带来的西学，也主张"深入西法之堂奥，而规其缺漏"，"技取其长，而理唯其是"①。鸦片战争后，西学大量输入，先进的中国人经过不断地反思、探索，感到中学存在着不足和弊病，西学有它的长处，应加以吸收。他们大都继承了明末清初方以智、梅文鼎等人对西学持分析筛选态度的优良传统。例如严复、梁启超，他们反对传统文化中的三纲五常，提倡民权、自由、平等。然而他们都没有象西方有些人那样，把个人绝对化，鼓吹追求自我欲望的无限膨胀，而是将个人和群体、社会的利益结合起来，指出个人的自由不能离开群体的自由，不能侵害群体的自由，要有社会责任心、义务心、公德心，要有合群意识。他们对西学没有盲目地不加分析地笼统接受，而是经过分析和筛选。

在对待西学或西方文化的问题上，孙中山的态度是有典型性的。为了"振兴中华"，为了使中国能"跟上世界的潮流"，孙中山反对闭关自守，明确指出"必须使我们的国家对欧洲文明采取开放态度"，"如果不学外国的长处，我们仍然退后"。但是，孙中山认为，学习外国必须保持民族的独立地位，从中国的国情出发。他说："中国几千年以来社会上的民情风土习惯，和欧洲的大不相同。中国的社会既然是和欧美的不同，所以管理社会的政治自然也是和欧美不同，不能完全仿效欧美，照样去做，象仿效欧美机器一样……我们能够照自己的社会情形，迎合世界潮流去做，社会才可以改良，国家才可以进步。"②从自己的国情出发去吸收他国文化，这个基本原则无疑是正确的。也正是从这一基本原则出发，孙中山对西学是经过了自己的独立思考，加以分析抉择，有所取舍的。如关于卢梭的民权学说，孙中山吸收了他的"主权在民"的思想，称赞他"提倡民权的始意，更是政治上千古的大功劳"。但是，对卢梭主张人权是"天赋"的说法则不赞成，认为这种说法没有根据，推到进化历史上并没有这样的事实。他指出"民权不是天生出来的，是时势和潮流所造出来的"，并进而提出以"革命民权"来代替"天赋人权"。孙中山很称赞达尔文的进化论，认为是

①梅文鼎：《晓庵新法》序，道光二十四年金山钱氏刻《守山阁丛书》本。
②《三民主义》，《孙中山全集》第9卷，第320页。

"时间上之大发明"，他甚至推崇达尔文的功劳，比世界上许多皇帝的功劳还要大些。孙中山的哲学思想，显然深受达尔文进化论的影响。但是他对把"优胜劣败，弱肉强食"的生物进化论观点应用于社会则提出批评，认为"此种学说，在欧洲文明进化之初，固适于用，由今观之，殆是一种野蛮之学问"。这种学说已不能适用，"应主张社会道德，以有余补不足"，"相匡相助"。孙中山这一思想，是从克鲁泡特金的《互助论——进化的一个因素》吸取的。他承认"物种以竞争为原则，人类则以互助为原则"，实际上是融会两种学说，而以己意加以解释。

一个民族、国家对外来文化的吸收，总是从本民族、国家的现实需要出发，有所分析和选择的。这不独晚清是如此。18世纪欧洲启蒙运动时，法国、德国的一些思想家，如伏尔泰、孟德斯鸠、莱布尼茨、狄德罗等，都倾慕中国的文化。他们从启蒙运动的需要出发，以自己的理解，从中国文化，尤其是儒家思想中，吸收了养分，成为他们所提倡的理性主义、人文主义的重要渊源之一。

三

西学传入中国后，与中国固有的文化发生了接触。在西学和中学接触的过程中，既存在着矛盾和斗争，又是互相交汇融合。从历史的演变中来看，中西学是在反复矛盾的过程中不断地会通融合的。

在晚清西学传播的历程中，有两种说法值得提出来，一是"中体西用"说，一是"西学中源"说。这两种说法，到晚清终止一直流行。

"中体西用"说，可以说萌发于鸦片战争时期林则徐、魏源的"师夷长技"，明确于1861年冯桂芬撰《校邠庐抗议》所提出的"以中国之伦常名教为原本，辅以诸国富强之术"，流行于曾国藩、李鸿章、左宗棠、张之洞主持的洋务运动时期，而延续于清末的"新政"、"立宪"。其间，改良思想家、维新思想家也大都倡此说。"中体西用"是希图以中学包融西学，这种以中国的"道"加西方的"器"，实际上不仅融合不起来，而且是矛盾的。

至于"西学中源"说，还在鸦片战争以前就已出现，始于明清间耶稣会士来华时。其时，士大夫中即有人认为西学源于中国，康熙帝也有此说法。鸦片战争后，随着西学的传播，"西学中源"说又流行起来。在不同时期或不同的人中，"西学中源"说有不同的涵义。例如在鸦片战争时期，倡"西学中源"说者在于反对学习西方；而在洋务运动期间，主是说者则在于为采西学寻找依据。对有些人来说，认为西学渊源于中国，却是为会通中西学立论的。在他们看来，既然西学本源于中国，那么现在吸收过来与中学会通融合是顺理成章的了。

其实，中西学会通融合的思想，早在明清间就已出现。著名学者和思想家徐光启曾说："迩来星历诸臣颇有不安旧学，志求改正者，故万历四十年有修历译书分曹治事之议。夫使分曹各治，事毕而止，《大统》既不能自异于前，西法又未能必为我用，亦犹二百年来分科推步而已。臣等愚心，以为欲求超胜，必须会通，会通之前，先须翻译。"[1]著名数学家梅文鼎也认为："且夫数者所以合理也，历者所以顺天也。法有可采何论东西，理所当明何分新旧，在善学者知其所以异，又知其所以同。去中西之见，以平心观理，则弧三角之详明，郭图之简括，皆足以资探讨而启深思。务集众长以观其会通，毋拘名相而取其精粹。"[2]虽然徐光启、梅文鼎等人的主张会通只在天文历法和数学方面，但是这种不分中西新旧，"务集众长以观其会通，毋拘名相而取其精粹"的思想，不仅是正确的，而且是很可贵的，对于发展中国的科学技术有着积极的作用。可惜的是，由于后来西学输入的停顿，会通中西的思想也没有可能得到发展。

鸦片战争以后，在"中体西用"说盛行的洋务运动时期，由于主要是吸收西方的自然科学和应用技术，从而中西学会通问题也是从这里先提出来的。较早提出或实践中西学会通的，是数学、医学等。李善兰在数学

---

[1] 徐光启：《徐文定公集》卷4，光绪二十二年上海慈母堂排印本。
[2] 梅文鼎：《历算全书》卷60，《文渊阁四库全书》本。

方面即实践了中西学的会通。他在同文馆任算学总教习时，以元朝李治的《测圆海镜》为教材，并撰《测圆海镜解》，于其中的原题，"以代数演之，则合中西为一法"①。这就把中国古代传统数学的"天元术"，纳入到当时世界通行的代数学的轨道中。李善兰先曾与伟烈亚力合作翻译西方数学著作，在接受了自己翻译的西方数学后，他的数学著作大都是会通中西学术思想的研究成果。丁韪良在《算学课艺序》中曾评论说："合中西之各术，绍古圣之心传，使数学复兴于世者，非壬叔吾谁与归？"

在医学方面，最早提出中西医学会通的是李鸿章。他在为《万国药方》撰的序中说："倘学者合中西之说而会其通，以造于至精极微之境，与医学岂曰小补！"但是，提出会通中西医的思想并在中医界产生很大影响的，是中医唐宗海、朱沛文等人。唐宗海不赞成歧视西医，认为"西医亦有所长，中医岂无所短。盖西医初出，未尽周详；中医沿讹，率多差谬。因集《灵》、《素》诸经，兼中西之义解之，不存疆域异同之见，但求折衷归于一是"②。朱沛文对西方医学的了解，比唐宗海更为深入，他说："少承庭训医学，迄今临证垂二十年。尝兼读华洋医书，并往洋医院亲验真形脏腑，因见脏腑体用，华洋著说不尽相同。窃意各有是非，不能偏主，有宜从华者，有宜从洋者。大约中华儒者，精于穷理而短于格物；西洋智士，长于格物而短于穷理。"③朱氏使用理学的"格物"、"穷理"的词汇，以之判分中西医学的短长，显然不全准确。但他认为"各有是非，不能偏主"，应当加以会通融合则是有见地的。这些医学家不仅主张会通中西，而且进行了实际探索。如唐宗海著《中西汇通医经精义》（1892年刊行），以西方脏腑图说证之于《内经》；朱沛文著《华洋脏象约纂》（1892年刊行），以脏腑体用原委证之于中西群籍，对当时西方解剖生理记述甚详，对历代中国医家有关论述也广征博引。朱沛文既注意接受西说，但当中西医理论不可通时，则对中说仍持慎重态度。

---

① 李善兰：《测圆海镜细草》序，乾隆三十七年至道光三年长塘鲍氏刻《知不足斋丛书》本。
② 唐宗海：《中西汇通医经精义》序，光绪十六年唐氏刻本。
③ 朱沛文：《华洋脏象约纂》自叙，光绪十九年佛山首刻本。

中日甲午战争后，随着西学传播从艺学到政学的发展，中西学会通也因更具有普遍的意义而被提了出来。戊戌维新运动时期，康有为就认为，应当"泯中西之界限，化新旧之门户"①。严复则指出："必将阔视远想，统新故而视其通，苞中外而计其全，而后得之。"②辛亥革命时期，鲁迅在《文化偏至论》一文中认为，新文化应是"外之既不后于世界之思潮，内之仍弗失固有之血脉，取今复古，别立新宗"③。可以看出，甲午战争以后，中西学会通已不是局限在自然科学的某一具体学科，而是从建立中国的新学或新文化出发的，并且从自然科学领域扩展到哲学社会科学领域，是整体的而不是局部的。

在19世纪末20世纪初之间，会通中西的一个明显特点，是力图融会中西学以建立自己的思想理论体系。康有为的建构思想理论体系，即是一个明显的例证。康有为的思想理论体系很庞杂，但其基点为孔子儒学——"仁"、"元"，包括思孟学派、陆王心学、董仲舒和今文经学派、《易传》的思想。此外，还吸收了墨子的"兼爱"、"尚同"，庄子的"心学"，佛学的禅宗、华严宗等。他认为"兼爱"、"尚同"符合"仁道"、"合群"精神，而"庄子言心学最精，直出《六经》之外"。对于西学，康有为也尽力吸收。他的哲学范畴"元"、"仁"，都吸收了西方的民主、平等、博爱的社会政治学说，以及近代自然科学如天文学、天体力学、地质古生物学等。如果说宋明理学体系是"援佛入儒"的话，那么康有为的理论体系则是"援西入儒"。正是在会通融合中西学的基础上，康有为建构了以"元—仁为本"的理论体系，虽然有的不免于牵强附会。

"戊戌六君子"之一的谭嗣同，在他所建立的"仁学"理论体系中，也是会通融合了中西学。他在《仁学·界说》中说："凡为仁学者，于佛书当通《华严》及心宗、相宗之书；于西书当通《新约》及算学、格致、社会学之书；于中国书当通《易》、《春秋公羊传》、《论语》、《礼记》、《孟

---

① 康有为：《奏请经济岁举归并正科并各省岁科试迅即改试策论折》，汤志钧编：《康有为政论集》上册，第259页。
② 严复：《与〈外交报〉主人书》，王栻主编：《严复集》第3册，第560页。
③ 鲁迅：《文化偏至论》，《河南》1908年第7期。

子》、《庄子》、《墨子》、《史记》，及陶渊明、周茂叔、张横渠、陆子静、王阳明、王船山、黄梨洲之书。"谭嗣同"仁学"体系的思想渊源，大约与康有为近似。他也是力图会通中西学，来建构"仁学"体系。他借用当时物理学的名词"以太"，把它作为构成世界万物的始基，而"其显于用也，孔谓之'仁'，谓之'元'，谓之'性'；墨谓之'兼爱'；佛谓之'性海'，谓之'慈悲'；耶谓之灵魂，谓之'爱人如己'、'视敌如友'；格致谓之'爱力'、'吸力'；咸是物也"①。梁启超认为谭嗣同的"仁学"，是"冥探孔佛之精奥，会通群哲之心法，衍绎南海之宗旨"②。梁启超对谭嗣同的"仁学"所归纳的三句话，第三句不无为扬其师而有所夸张，但前两句大体不差。谭嗣同和康有为都是"援西入儒"，构成"不中不西，亦中亦西"的以中学为主、中西杂糅的不成熟的思想体系。

辛亥革命时期，孙中山在建立他的"驱除鞑虏，恢复中华，建立民国，平均地权"的思想体系的过程中，既吸收了西方文化中的民权、平等思想和共和国方案，也从中国传统文化中继承了明末清初顾、黄、王的民族思想，"民贵君轻"、"民胞物与"和"原君"的民主性精神，以及大同社会的理想等。当然，孙中山的会通中西比康有为、谭嗣同等人已是发展了。康有为等人中学根底厚，西学知识浅，他们的会通中西是"援西入儒"，存在着明显的以西学附会中学的缺陷，而孙中山则是有着系统的西方资产阶级社会政治思想，在此基础上来吸收中学，"集合中外的精华，防止一切的流弊"。

会通中西是一个长期探索和不断深化的发展历程，实际上也是对中西学或中西文化分析、筛选和整合的过程，是新文化建设和发展的过程。因此，它客观本身存在着反复交融，主观上需要不断认识，不可能在短期内就完成中西学会通融合，也不是依靠一次运动就能奏效。终晚清之世，会通中西的问题自然谈不上已经解决，还只是初始的探索阶段；而中西矛盾、新旧矛盾，则尖锐存在。进入民国后，先是复古思潮泛起，继以新文

---

① 蔡尚思、方行编：《谭嗣同全集》（增订本）上册，第293—294页。
②《谭嗣同传》，蔡尚思、方行编：《谭嗣同全集》（增订本）下册，第543页。

化运动的反击。此后，保守儒学与醉心西化各执一偏。中西文化虽有所会通融合，但在许多领域仍然是并立，且互相排斥。从趋向看，是对传统文化的轻视和忽视，以至轻率的否定，而且影响深远。

（原载《近代史研究》1991年第2期）

晚清中西文化交流述略

一

鸦片战争后，西方文化传入中国，并与中国传统文化发生了矛盾冲突。这首先是由于两种文化的形态不同、发展道路各异所造成的。中国近代文化与欧洲近代文化的发展道路有着很大的区别。欧洲的近代文化是在资本主义发生和发展的基础上兴起的。从14世纪意大利文艺复兴开始，15世纪至16世纪进一步发展，17世纪兴起科学运动，18世纪法国开展了启蒙运动，之后德国又出现了以康德、黑格尔、费尔巴哈等为代表的古典哲学，欧洲的近代文化就是这样发展起来的。但是，中国近代文化的发生和发展则与此不同。鸦片战争以前，中国没有像欧洲那样的经济基础、政治力量，以及思想文化条件。中国是在逐步沦为半殖民地半封建社会的情况下，从西方移植来的近代文化。当西方文化传入时，支配中国文化的是儒学，是封建的伦理纲常，所谓君为臣纲、父为子纲、夫为妻纲的尊卑等级关系。这被认为如同"日月经天，江河行地"，是"万古不易"的。它同西方近代文化不是一个系统、一种类型。从已经凝固的文化心理、感情、观念出发，人们对西方文化是难以接受的。不敢面对已经变化了的社会现实，对西方文化既恐惧又排斥，这是一些顽固守旧的士大夫们的心态与抉择。他们强调传统的"夷夏之辨"，固守陈腐的封建文化，仍虚骄傲慢地"视四裔如魑魅"。他们反对学习西方，认为"师夷"是"失体孰甚"，只要依靠礼义忠信一类的儒学文化就足够了。如大学士倭仁所说的"立国之道，尚礼义不尚权谋；根本之图，在人心不在技艺"，鼓吹"以忠信为甲胄，礼义为干橹"①。他们一方面唯恐西方文化的输入会导致"用夷变夏"的后果，另一方面又一厢情愿地梦想"用夏变夷"，利用中西通往和火轮舟车等近代交通工具的方便条件，将孔孟圣道输往西方各国，"大变其陋俗"，拯救西方人免于"沦为异类"②。

颇能反映士大夫对待西方近代文化的心态的，是在晚清流行的"西学中源"说。还在明清之际，欧洲耶稣会传教士来华传教时，"西学中源"说就已经出现了。鸦片战争后，随着西方文化在中国的传播，"西学中源"说又流行起来。林昌彝在《射鹰楼诗话》中说："外夷奇器，其始皆出中华，久之中华失其传，而外夷袭之。"③撰有《海国四说》的梁廷枏也认为："彼之大炮，始自明初，大率因中国地雷飞炮之旧而推广之。夹板舟亦郑和所图而予之者。即其算学所称东来之借根法，亦得自中国。"④可见，尽管是当时有见识的人，也仍然摆脱不了传统观念的束缚，"西学中源"仍然是他们看待西方文化的视角和心态。1894年中日甲午战争后，"西学中源"说从西艺扩展到西政。戊戌维新运动的领袖康有为认为宪法、议院系创于中国，他说："春秋改制，即立宪法，后王奉之，以至于今。……今各国所行，实得吾先圣之经义。"⑤"西学中源"说显然不是建立在科学分析的基础上，而是一种牵强附会的主观臆断和比附。它否认人类文化是多元的，而从"天朝上国"的观念出发，表现出以我为中心的虚骄自大和自欺的心态。基于这种西学"实窃我中国古圣之绪余"的思想，有一些人是用它来作为可以吸收西学的依据，所谓"礼失而求诸野"；而对另一些人来说，则是作为反对吸收西学的理由，既然西学是从中国所窃，那么也就没有学习西方的必要了。

---

① 《筹办夷务始末·同治朝》卷47。
② 李元度：《答友人论异教书》，盛康辑：《皇朝经世文续编》卷1，光绪十四年戊子仲夏图书集成局印本。
③ 林昌彝：《射鹰楼诗话》，上海古籍出版社1988年，第43页。
④ 梁廷枏：《夷氛闻纪》，中华书局1985年，第172页。
⑤ 康有为：《清立宪开国会折》，中国史学会主编：《戊戌变法》第2册，第236页。

在西方文化输入过程中，始终存在着影响和反影响、制约和反制约的矛盾和斗争，这也是导致晚清中西文化冲突的一个重要原因。晚清中西文化交流，不是在和平环境和平等关系中进行的，而是伴随着西方列强的大炮、商品和传教士而输入，是在中国沦为半殖民地的情况下输入的。这种文化输入或交流，实质上是西方列强对半殖民地、殖民地所实行的一种同化政策，就像英国在印度的"英吉利化"，法国在越南的"高卢化"。列强用西方文化来同化半殖民地、殖民地，以便于它们在这些国家和地区进行殖民统治，并使这些国家和地区成为它们赖以生存和发展的一部分。就是说，西方资产阶级要按照自己的面貌去改造世界，使东方从属于西方。列强对中国输入文化，并不是为了中国的独立、民主、富强，相反，是配合其军事、政治、经济的侵略政策。它们对中国输入西方文化，进行文化侵略，显然是主体，是主动的，而中国是被迫接受，是被动的。但这只是一方面，另一方面是，西方列强的侵略激起了中国人民不屈不挠的反抗斗争，并促使人们反复探索救国之路。晚清的社会现实，给中国人提出的课题是如何改变半殖民地半封建的社会地位，争取独立、民主、富强。这是时代的主题，是晚清中国文化的构建与抉择的出发点。正是为了挽救危亡，中国人开始主动学习西方文化，同时努力挖掘中国传统之精华，并对中西文化的弊端和糟粕进行反思、批判，以抵御西方的侵略。从这一方面说，中国输入西方文化，又并非完全被动而无选择的，而是具有主体性和主动性。

由此可以看出，晚清中国输入西方文化，具有二重性格。一方面是列强为了侵略中国的需要，对中国输入西方文化，企图按照自己的面貌改造中国，使中国殖民化，成为他们的从属部分。另一方面是中国人为了抵御侵略，拯救祖国，走上独立、民主、富强的道路，经历千辛万苦，向西方国家寻找真理，学习西方文化。这种输入西方文化的二重性格特点，跟西方资本主义国家独立、主动地吸收外来文化不一样，它是半殖民地国家特殊情况的表现。既然是二重性，就存在着又有联系又有矛盾和斗争。不论是被动输入还是主动输入，都是西方文化，就有相联系的一面。但是，二者的出发点不一样，前者是要使中国殖民化，必然要对后者施加影响和制约，将其纳入自己的轨道；而后者则是要救亡图存、振兴中华，无疑要反对西方殖民化"文明"的影响，摆脱其制约，维护自己的独立性和主动性。

二

在晚清中西文化的接触、交流过程中，既存在抵拒、排斥西方文化的一面，也存在学习、吸收的另一面。在吸收西方文化的过程中，大致可以1894年中日甲午战争为界，分为两个阶段。

鸦片战争发生后，以林则徐、魏源等为代表的有识之士面对现实，反躬自省，勇敢地承认了中国存在着落后与不足，并进而提出了"师夷长技"的主张，即效法西方的技艺。19世纪60年代，冯桂芬撰《校邠庐抗议》更明确地指出：中国"人无弃材不如夷，地无遗利不如夷，君民不隔不如夷，名实必符不如夷"。他不仅是看到"船坚炮利"一类的技艺，而且注重其学问，提出"制洋器、采西学"，认为"算学、重学、视学、光学等，皆得格物至理"，而算学是西学的基础，"一切西学，皆从算学出"。不过，冯桂芬所认识的西学，还只限于自然科学技术。正因为如此，他的"以中国伦常名教为原本，辅以诸国富强之术"，成为"中学为体，西学为用"的滥觞。

19世纪自60年代开始至90年代中期的洋务运动，历时三十余年，人们对西学的认识基本上没有超越前二十年的框架，被时人称为最通洋务的李鸿章认为："泰西之学，格致为先，自昔已然，今尤为盛。"[①]洋务运动的主持者所注重的西学，在于格致、天文、算学。其实，在此期间，与洋务派关系密切的所谓早期维新思想家，对于西学的认识也不出此范围。郑观应

---

① 李鸿章：《西学启蒙十六种》序，[英] 艾约瑟译：《西学启蒙十六种》，光绪二十四年上海图书集成印书局石印本。

在《盛世危言》中列有《西学》专篇，加以议论。他说："泰西之学，派别条分，商政、兵法、造船、制器，以及农、渔、牧、矿诸务，实无一不精，而皆导源于汽学、光学、化学、电学。"[1]显然也是把西学归结为自然科学。

当时，在主张采西学的士大夫心目中，中国文化和西方文化有根本的差别，而这种差别从本源上就已存在，所谓"中国之洪荒，以圣人制度文物辟之；外国之洪荒，以火轮、舟车、机器、电报辟之"。这就是说，中国文化的本质是圣人之道，而西方文化的本质是器物技艺。薛福成把它归结为道与器，他说："尝谓自有天地以来，所以弥纶于不敝者，道与器二者而已。……中国所尚者道为重，而西方所精者器为多。"因此，"欲求驭外之术，惟有力图自治，修明前圣制度，勿使有名无实；而于外人所长，亦勿设藩篱以自隘。斯乃道器兼备，不难合四海为一家。盖中国人民之众，物产之丰，才力聪明，礼义纲常之盛，甲于地球诸国，既为天地生灵所聚，则诸国之络绎所来会者，亦理之固然"[2]。这些言论，是薛福成在代李鸿章答彭孝廉的信中所说的。李鸿章阅后大加赞赏，评为"精凿不磨之作"。薛福成写此信时为光绪二年，越三年，即光绪五年，他撰《筹洋刍议》这部名著时，主张："取西人器数之学，以卫吾尧舜禹汤文武周孔之道，俾西人不敢蔑视中华。"这里所说，是要以西方的器来卫护中国的道。"中道西器"论与"中体西用"论实质上是一致的。

总之，这一时期文化领域的基本特征是：器唯求新，道唯守旧。尽管科学技术在冲击着传统文化，但并没有使之发生根本性的变化。吸取西方的科学技术是从保卫圣道出发，是从属于圣道的。当然，这并不是说这个时期仅仅吸取了西方的科学技术，没有受西方文化其他方面的影响，而是就其主导方面而言。

19世纪末20世纪初，也就是戊戌维新运动至辛亥革命时期，人们对西学的认识有了明显的变化。洋务派张之洞在《劝学篇》中即认为，西学不

---

① 夏东元编：《郑观应集》上册，第274页。
② 薛福成：《庸盦全集·文编》卷2。

仅是算、绘、矿、医、声、光、化、电这些"西艺"，而且还有学校、地理、度支、赋税、武备、律例、劝工、通商这类"西政"，要"政艺兼学"。但是，张之洞还是鼓吹"中体西用"，主张讲西学"先以中学固其根柢"，"以孝悌忠信为德，以尊主庇民为政"。真正发生变化的，是维新志士和革命党人。例如严复，他在中日甲午战争后接连发表文章，强调要"大讲西学"。对于什么是"西学"，他认为："今之称西人者，曰彼善会计而已，又曰彼擅机巧而已。不知吾今兹之所见所闻，如汽机兵械之伦，皆其形下之粗迹，即所谓大算格致之最精，亦其能事之见端，而非命脉之所在。其命脉云何？苟扼要而谈，不外于学术则黜伪而崇真，于刑政则屈私以为公而已。"①在严复看来，商政、兵法、造船、制器，乃至天算、格致，都不是西学的根本所在，西学的根本，在于"于学术则黜伪崇真，于刑政则屈私以为公"，也就是科学和民主。因此，随着人们对西学的认识的发展，西学传播的内容也扩大了，不仅是自然科学技术，哲学社会科学学说的介绍也在增多。20世纪初，哲学社会科学学说的传播尤为显著。据1899年出版的《东西学书录》所收的书目，自然科学为437部，社会科学80部。而《译书经眼录》收录1900年至1904年的所译书目，其中自然科学164部，社会科学则为327部。

严格说来，中国近代新文化运动是在甲午战争后才开展起来的，在这之前只是它的准备阶段。这个文化运动，到1919年五四运动达到高潮，之所以说在甲午战争以后才有较完备的新文化运动的开展，不仅是由于它的活跃和繁荣，更重要的还因为有了质的变化。如前所述，甲午战争前虽然吸取了西方文化的某些成分，但是支配文化各个领域的还是传统的儒学。战后情况发生了变化，从维新人士到革命党人，都反对封建专制制度，主张君主立宪或民主共和；反对封建的纲常名教，提倡民权、自由、平等。进化论和民权、自由、平等思想逐渐成为文化各个领域的指导思想，而文化的各个领域也广泛宣传民权、自由、平等。事实上，在19世纪末以

---

① 严复：《论世变之亟》，王栻主编：《严复集》第1册，第2页。

后，在知识界里有一部分人的思想主要方面已不是儒学世界观，更不是要用西方文化中的器去卫护中国的圣道，而是具有了民权、自由、平等的世界观，并以之与封建文化作斗争。这样，在中国大地上也就出现并逐渐形成一个新的知识分子群。正是这个新的知识分子群，在推进着新文化的发展。

三

西方文化在与中国文化接触过程中，既存在着矛盾，又存在着吸纳。中西文化是在矛盾和吸纳的反复中不断地会通融合的。任何一种文化如果置于封闭的环境中，不与其他文化接触、交流，仅仅自在自足、孤芳自赏，故步自封，其结局就必然是在一个封闭的系统里耗尽活力，逐渐萎缩、衰败。只有通过不同文化的交流，吸收人类一切优秀的文化才能富有活力，永葆青春。中西文化的会通融合贯穿在整个晚清，1894年中日甲午战争后就更加明显了。

其实，中西学会通融合的思想，早在明清之际就已出现。著名学者徐光启、方以智、梅文鼎等在接触西方自然科学技术后，即主张中西会通。徐光启曾说："迩来星历诸臣颇有不安旧学而志求改正者，故万历四十年有修历译书分曹治事之议。夫使分曹各治，事毕而止，大统既不能自异于前，西法又未能必为我用，亦犹二百年来分科推步而已。臣等愚心以为欲求超胜，必须会通，会通之行，先须翻译。"[1]著名数学家梅文鼎也认为："法有可采，何论东西；理所当明，何分新旧，在善学者知其所以异，又知其所以同。去中西之见，以平心观理。……务集众长以观其会通，毋拘名相而取其精粹。"[2]这种不分中西新旧，"务集众长以观其会通，毋拘名相而取其精粹"的思想，是正确和可贵的，对于发展中国的科学技术有着积

① 《徐文定公集》卷4，宣统元年上海慈母堂印本。
② 梅文鼎：《堑堵测量》卷2，乾隆二十六年兼济堂刻本。

极的作用。可惜的是，由于后来西学输入的停顿，会通中西的思想也没有得到发展。

鸦片战争以后，西学又逐渐传播开来，在数学、医学等领域，人们较早提出或实践中西会通的思想。李善兰在任同文馆总教习时，以元朝李冶的《测圆海镜》为教材，并撰《测圆海镜解》，于其中的原题，"以代数演之，则合中西为一法"①。这就把中国古代传统数学的"天元术"，纳入到当时世界通行的代数学轨道中。李善兰曾与伟烈亚力合作翻译西方数学著作，在接受了自己翻译的西方数学后，他的数学著作大都是会通中西学术思想的研究成果。丁韪良在《算学课艺序》中曾评论说："合中西之各术，绍古圣之心传，使数学复兴于世者，非壬叔吾谁与归？"

在医学方面，最早提出中西医学会通的是李鸿章。他在为《万国药方》撰的序中说："倘学者合中西之说而会其通，以造于至精极微之境，与医学岂曰小补！"其后，著名中医唐宗海、朱沛文等人提出了会通中西医学的思想，并在中医界产生了很大影响。他们反对歧视西医，认为中西医学各有短长，应该会通融合。这些医学家不仅有此主张，而且进行了实际探索。如唐宗海所著的《中西会通医经精义》（1892年刊行），以西方脏腑图说证之于《内经》；朱沛文撰写的《华洋脏象约纂》（1892年刊行），以脏腑体用原委证之于中西群籍，对当时西方解剖生理记述甚详，对历代中国医家有关论述也文征博引。

中日甲午战争以后，随着西学传播从艺学到政学的发展，中西学会通也成为具有更普遍的意义而被提了出来。戊戌维新运动时期，康有为就认为，应当"泯中西之界限，化新旧之门户"②。严复则指出："必将阔视远想，统新故而视其通，苞中外而视其全，而后得之。"③辛亥革命时期，鲁迅在《文化偏至论》一文中认为，新文化应是"外之即不后于世界之思潮，内之弗失固有之血脉，取今复古，别立新宗"④。孙中山在概括自己的学说时

---

① 李冶：《测圆海镜细草》序，光绪二年上海同文馆铅印本。
② 汤志钧编：《康有为政论集》上册，第295页。
③ 王栻主编：《严复集》第3册，第560页。
④ 鲁迅：《文化偏至论》，《河南》1908年第7期。

指出："发扬吾固有之文化，且吸收世界之文化而光大之，以期与诸民族并趋于世界。"①可以看出，甲午战争以后，中西学会通已不是局限在自然科学的某一具体学科，而是从自然科学领域发展到哲学社会科学领域，以建立中国的新学或新文化为其出发点。

在19世纪末20世纪初之间，会通中西的一个明显特点，是力图融会中西学以建立自己的思想理论体系。"援西入儒"的康有为以孔子儒学——"仁"、"元"为其理论体系的基点，同时又吸收了西方的民主、平等、博爱的社会政治学说，以及近代自然科学如天文学、天体力学、地质古生物学等。他的"大同"乌托邦思想，也融会了西方的空想社会主义。正是在会通融合中西学的基础上，康有为建构了以"元—仁为本"的理论体系和"大同"乌托邦学说。谭嗣同所建立的"仁学"理论体系，也是会通融合了中西学。他借用了当时物理学的名词"以太"，把它作为构成世界万物的始基。而"其显于用也，孔谓之'仁'，谓之'元'，谓之'性'；墨谓之'兼爱'；佛谓之'性海'，谓之'慈悲'；耶谓之'灵魂'，谓之'爱人如己'、'视敌如友'；格致谓之'爱力'、'吸力'；咸是物也"②。谭嗣同和康有为都是"援西入儒"，构成"不中不西，亦中亦西"的以儒学为主、中西杂糅的思想体系。

20世纪初民主革命兴起，民权平等学说日益传播。孙中山在建立他的"三民主义"思想体系过程中，既吸收了西方文化中的民权、平等思想和共和国方案，也从中国传统文化中继承了"民贵君轻"、"民胸物与"，明末清初顾、黄、王的民族思想，和"原君"的民主精神，以及大同社会的理想等。当然，孙中山会通中西比康有为、谭嗣同等已有所发展。康有为等存在着明显的以西学附会中学的缺陷，而孙中山则是有着系统的西方社会政治思想，在此基础上来吸收中学，力图"集合中外的精华，防止一切的流弊"。

在民权平等学说的传播中，卢梭的《民约论》产生了很大的影响，同

①《中国革命史》，《孙中山全集》第7卷，中华书局1985年，第60页。
②蔡尚思、方行编：《谭嗣同全集》（增订本）下册，第293—294页。

时也遭到了顽固守旧者的反对，"且以邪说目之，若以为吾国圣贤从未有倡期义者"。为了驳斥守旧势力的攻击，传播"民约"思想，刘师培于1903年与林獬编撰了《中国民约精义》一书，1904年刊行。该书辑录中国"前圣曩哲"的书籍中"言民约者"，起自《易》、《书》、《诗》，迄于鸦片战争前后魏源、龚自珍、戴望的著述，凡三卷五万多字。所及范围较广，但主要是儒学各派的著述。刘师培等在各篇之后加了按语，以卢梭《民约论》的相关论点为印证，加以阐释，评论其得失。如《易》"革卦"说"汤武革命，顺乎天而应乎人"，与《民约论》所说的"君主背民约之者，则君民之义已绝"，"人君之阻力，人民当合群以去之"契合，"所谓革命者，非汤武一人之私谋，乃全国人民之合意"。这就指一般的反暴君暴政，诠解为人民反对君权专制，鼓动推翻清王朝的革命。刘师培一般都是摘取一个作者或一部书的某些观点，如对王阳明的心学，选择的是"良知"说。他把"良知"说和"天赋人权"相比附，认为"阳明著书虽未发明民权之意，然而即良知之说推之，可得自由平等之精理"，"良知即自由权"[①]。刘师培的这种推导虽不免于附会，但却起到了反对封建等级制度和传播资产阶级自由平等思想的积极作用。

会通中西是一个长期探索和不断深化的发展历程，实际上也是对中西文化进行分析、筛选、整合的过程，是新文化建设和发展的过程。孙宝瑄在《忘山庐日记》中写过一段颇耐人寻味的话："居今世而言学问，无所谓中学也、西学也、新学也、旧学也、今学也、古学也，皆偏于一者也。惟能贯古今，化新旧，浑然于中西，是谓之通学。通则无不通矣。……号之曰新，斯有旧矣。新实非新，旧亦非旧。惟其是耳，非者去之。惟其实耳，虚者去之。惟其益耳，损者去之。是地球之公理通矣，而何有中西，何有古今？"[②]这段话的中心是一个"通"字，把中西、新旧、古今之学融会贯通，而会通的过程也就是分析、选择的过程，取其是、实、益，去其非、虚、损，即取其精华，弃其糟粕。

---

① 刘师培：《中国民约精义》，《刘申叔先生遗书》第16册。
② 孙宝瑄：《忘山庐日记》上册，上海古籍出版社1983年，第80页。

在晚清中西文化交流过程中，并不是所有人都能予以正确对待的，其间也曾出现过偏颇的、错误的思想主张。守旧势力认为，"我欲强我国，行我古代圣王之法而有余，不必外求，或但取其艺学"。而开新者则主张，"欲造新中国，必将中国一切旧学扫而空之，尽取泰西之学，一一施于吾国"。应该说，二者都不是正确对待中国固有文化和西方文化的态度。当时就有人加以批评，认为不论对中国固有文化和西方文化，都不应该一概接受或一概排斥，而要加以具体分析："夫我国之学可遵守和保持者固多，然不合于世界大势之所趋者亦不少，故对于外来之学不可不罗致之。他国之学固优于吾国，然一国有一国之风俗习惯，夏裘而冬葛，北辙而南辕，不亦为识者所齿冷乎！然则对于我国固有之学，不可一概菲薄，当思有以发明而光辉之。对于外国输入之学，不可一概拒绝，当思开户以欢迎之。"总的原则应该是："吸食与保存两主义并行"，"拾其精华，弃其糟粕"，而"于西学庶免食而不化之讥，于中学冀呈晦变明之象"①。显然，这是要"取东西而熔为一冶"，以建设近代新文化。

晚清中西文化的交流是一客观的历史现象，有着其内在的规律，而人们对这一规律的主观认识和把握，则是经过了一个逐渐深化的发展过程，并留给后人以诸多的经验和教训。在即将告别20世纪的时候，对这段历史作一回顾和思考，将有助于我们以更加开放、同时又是更具理性的心态，去面对新世纪的挑战。

（原载《炎黄春秋增刊·炎黄文化研究》1998年第5期）

---

① 师董：《学术沿革之概论》，《醒狮》1905年第1期。

夏炯与《夏仲子集》

一

夏炯，字仲子[①]，号卯生，安徽当涂人。生于清乾隆六十年（1795），卒于道光二十六年（1846），得年五十二岁。父夏銮，曾任徽州训导，"以理学实学为多士倡"[②]。兄弟四人，夏炯行二。兄夏炘，字心伯，号嶬甫，道光五年举人，历任江苏吴江、安徽婺源（今属江西）等县教谕。"为学兼综汉宋，长《诗》、《礼》二经，而尤深于朱学之书"[③]，以景紫名其堂，著《景紫堂全书》17种81卷。叔弟夏燠，字叔安，号和甫，诸生，著《四声切韵表详校》。季弟夏燮，字季理，号谦甫[④]，道光元年（1821）举人，由安徽青阳教谕改江西宜黄知县。他以治史闻名于世，著有《明通鉴》100卷、《五服释例》20卷、《述均》12卷、《中西纪事》24卷、《粤氛纪事》20卷，又校勘《陶安学士集》，吴应箕《楼山堂集》，汪莱《算学遗书》、《汉书八表刊误》，俱刊行；未刊者尚有《明史纲目考证》、《明史考异》、《谢山堂文集》等[⑤]。夏炯兄弟之间互相师友，切磋学问。他虽不及伯兄、季弟之以经学、史学名世，但也学有所成。

---

① 仲子，夏炘《卯生和甫两弟行略》作仲文，见《景紫堂全书·文集》卷13，咸丰、同治间刻本。
② 夏燮：《先兄仲子行状》，《夏仲子集》，1925年当涂陈氏铅印本。
③ 徐世昌编：《清儒学案》卷155。
④ 在通行的一些著述中皆作"字谦甫，一字季理"，似误。按夏氏兄弟四人的字号排列，应是"字季理，号谦甫"。
⑤ 何绍基：《重修安徽通志》卷227，《人物志·文苑》，光绪四年安徽抚署刻本。

夏炘困于功名，道光元年曾赴顺天乡试，未考中，四十岁以后绝意进取，以诸生终。他一生大部分时间，先是随侍其父于任所，"键户诵经，寒暑无间"；后居家著述，其间仅"馆于袁江二年，又馆于江左二年"①。夏炘为人，"性亢直，人有过，辄面斥，不少假"；"广交纳，多与贤豪长者游"，"虽贫而有时挥霍"，夏炘称其"性近狂"②。

少年时，夏炘因随其父至新安任所，得聆听凌廷堪、程瑶田、汪莱诸前辈的议论。凌廷堪深通《礼经》、乐律，程瑶田精于《仪礼》，汪莱长算学，都是安徽著名的汉学家。夏炘受他们的影响，稍稍有志于汉唐诸儒之学，并嗜读阎若璩、顾炎武、江永、戴震等汉学家的书。后来又获交俞正燮、江有诰、宋因培、温葆淳、余煌等人。俞正燮治经专宗汉儒，江有诰精古今韵学，宋因培邃于经，温葆淳究心六书、金石之学，余煌通天文算学。夏炘兄弟与他们"每间日必聚，聚则论经史、论算、论六书音韵，各献其疑，以资集益"③。所以，夏燮在其《先兄仲子行状》中称炘"少年所得，亦自声音训诂入"。夏炘后专治诸经注疏，旁及六书音韵之学，而"于《三礼》研习最久"。他认为"圣贤之大经大法，具载于《礼》"，于是先研究郑玄的注义，次释孔融、贾逵的疏义，"以为《礼》虽散亡，得郑注旁通，可以补其二三，得孔、贾征文，可以补其七八，因为《礼志》一书"，以纠"厌孔、贾之书"之弊。《礼志》专就郑、孔、贾三家之说，穷源竟委，立为"通志"、"分志"、"杂志"三门，"务使三家之学，如肉贯串，若网在纲，庶不苦注疏之烦而难读"④。但因字数太多，稿本一时难就，其生前属草未定。夏炘还著有《群经异字同音书》，"以明古今韵之合一，以破诸家等韵不能合于古韵之说"⑤。

道光九年，夏銮以老归家，不久病故。夏炘居父丧期间，学术思想发生了变化。夏炘年轻时受其父崇朱子正学的训导，当他与俞正燮、江有诰

---

① 夏燮：《先兄仲子行状》，《夏仲子集》。
② 夏炘：《卯生和甫两弟行略》，《景紫堂全书·文集》卷13。
③ 夏炘：《夏仲子集序》。
④ 夏炘：《夏仲子集序》。
⑤ 夏炘：《夏仲子集序》。

等人议论经史、六书音韵，互相驳难时，夏炘即"时戒其涉于标榜，不肯收束身心"①。且其家中"藏书凡数百种，而理学书居三之一，其中宋、元、明三朝诸儒语录、文集，为四库馆所不载者亦三之一"②。夏炘居丧时阅读大量理学书籍，转而崇尚程朱理学。他自己说："三十以前，狃于训诂之习。"③"三十以后，乃始以次尽读理学诸儒各编，不觉解悟，灼然知读书门径原有大道康庄。"④又《与姚石甫署都转书》说："炘稍通文义后，即锐志于汉唐注疏、《毛诗》、《三礼正义》，且抄且阅，十阅寒暑。国朝说经之家，自惠、江、戴、孔而下，借读几遍。始颇以为学术渊海不外于是，既而尽读宋、元、明诸儒及国朝陆清献、张杨园、汤文正、孙夏峰、李二曲、魏敏果、张清恪、李文贞、蔡文勤之书，乃恍然若有所得，觉向时逐字逐句考核异同，不能脱唐人义疏陋习，其于身心家国之事，实无所裨。"⑤

夏炘在学术思想转变以后，编有《书程后议》一书，共7册。《书程后议》系仿元程畏斋的"读书分年日程"之意，详列应读之书，及先后缓急之序："首熟读之书，次精阅之书，次正学术之书，次益身心之书，次广证佐之书，次裕经济之书，终以扩闻见之书，末附一卷，专采宋、元以后诸儒之论所以读书之法。"⑥他认为"儒者之学，将以有用也。将以有用，则必读有用之书"。所谓有用之书有三类：一是经史，二是理学，三是经济。在这三类书中，"取其必当读者读之，则学之大本立矣。其余训诂、词章之书，以备闻见可耳，稗官小说之书，屏置勿观可耳"，以使"书为有用之书，学为有用之学，人为有用之人"⑦。夏炘为学宗旨，于此可见。

道光十四年（1834），夏炘馆于袁江。长夏无事，即检其旧作整理，编为文集六卷，即后来刊行的《夏仲子集》。道光十七年，他作客扬州，时姚莹权两淮盐运使，得与会面。同时在姚莹处作客的，还有李兆洛、毛

---

① 夏炘：《夏仲子集序》。
② 夏燮：《先兄仲子行状》，《夏仲子集》。
③ 夏炘：《再与沈鼎甫侍郎书》，《夏仲子集》卷6。
④ 夏炘：《书程后议序》，《夏仲子集》卷1。
⑤ 夏炘：《夏仲子集》卷6。
⑥ 夏炘：《再与沈鼎甫侍郎书》，《夏仲子集》卷6。
⑦ 夏炘：《书程后议序》，《夏仲子集》卷1。

岳生。姚莹，字石甫，曾在福建、江苏任知县。鸦片战争时，官台湾兵备道，积极抵抗英军的侵略。他是桐城文派三祖姚鼐的侄孙，与管同、梅曾亮、方东树并称为姚门"高第弟子"。为学以义理为宗，并讲求经世致用，认为义理、经济、文章，多闻四者明贯，是为"通儒"。他是嘉庆、道光年间颇有影响的人物，所著编为《中复堂全集》。李兆洛，字申耆，论学不祖汉宋，学识渊博，尤精舆地、天文，被称为"近代通儒，一人而已"[①]，著有《养一斋文集》等。毛岳生，字生甫，曾师事姚鼐，长于诗文，论学也不祖汉宋，著有《休复居诗文集》。夏炯以所编文集相质于姚莹、李兆洛和毛岳生，得到他们的称许。姚莹认为夏炯的文集，持论与方东树的《汉学商兑》"若合符节"，且"更扼要立言"[②]。方东树，字植之，宗程朱理学。嘉庆年间，江藩著《汉学师承记》，为汉学树正统，排斥宋学。方东树于道光六年撰《汉学商兑》，与之针锋相对，抨击汉学脱离实际、支离破碎，维护程朱理学。夏炯于姚莹处得读《汉学商兑》，并致函方东树，谓与己"之见，针芥相投"，"幸同心有人，益得坚其所志"[③]。其后，沈鼎甫、李方赤、俞正燮等人也得读夏炯的文集。是书未刊行前，已有所传播。

二

　　《夏仲子集》6卷，线装两册，1925年铅字排印本。卷首除夏炯自序、再记外，有姚莹所作的序，方宗诚的《夏仲子传》（收入《柏堂文集》），夏燮的《先兄仲子行状》和《安徽通志·儒林传》的夏炯小传。卷末补遗文《陈应和太学传》一篇，同乡陈鹏飞于刊印时所作的跋。

　　文集的主要内容是：第1、2卷为读宋、元、明以来诸儒之书而述其心

---

① 魏源：《魏源集》上册，第361页。
② 夏炯：《夏仲子集·再记》。
③ 夏炯：《与方植之丈书》，《夏仲子集》卷6。

得；第3卷系针砭顾亭林、毛奇龄、朱彝尊、阎若璩、臧琳、惠栋、戴震、钱大昕、卢文弨、江声、王念孙父子、阮元等汉学诸儒；第4卷为说经的文章，以考证《礼经》为主；第5卷为读史、说文辨释、文集后跋；第6卷系议论时政的文章和论学书信。文集所包涵的内容，反映了夏炯的学术思想。他在"再记"中明确指出："编中所列，大率奉宋儒为圭臬，而向时考核所得，亦未忍全弃。"

夏燮在《先兄仲子行状》中，对夏炯的学术作了概括："仲子之学，推本于汉人之说经，而务治其大者远者；归本于宋儒之言理，而能汰其不精不详。"夏炯对为学也有明确的阐发，他说："学无大小，以适于用者为贵。故义理为上，经济次之，经学、史学次之，诗、古文词又次之，至于名物、制度、声音、训诂，不过借以攻诗、古文词，备以考经史而已。诗、古文词得其概矣，经史涉其门矣，是当归本于义理、经济，以求为有体有用之儒，斯可以名一家之学。"① 所谓义理，也就是程朱理学，具体地说，即是三纲五常。这是体，"是大经大法，亘古不易者"②。所谓经济，也就是关系国计民生的学问。这是用，是可以因时而异的。

夏炯称"朱子为千古不磨之人，其学为千古不刊之学"③。为崇程朱理学以卫正道，他对清代考据学家作了尖锐的批评。夏炯指责顾炎武不喜欢读理学家的书，一味偏于考订，"其与人论学，必欲力诋心性，讥刺宋儒。且谓理学之名，自宋人始有之。古之所谓理学，经学也；今之所谓理学，禅学也。此论一出，以致风气日变，遂使训诂之编日增月益，程朱之学委之榛莽，则亭林不能不分其过矣"④。他对毛奇龄尤为诟病，认为"康熙年间，承有明诸儒讲学之后，理学甚盛。毛西河起而以簧鼓之舌，欲尽返乎宋儒之所尚，著书数百卷，意在专攻朱子，以崇考订，百数十年来之风气，从此而开。汉学之与朱子为难，毛氏尤其罪之魁者也"。夏炯此议见《书毛西河全集后》，通篇对毛氏未赞一词，且斥其为人"居心太险，一味

---

① 夏炯：《乾隆以后诸君学术论》，《夏仲子集》卷1。
② 夏炯：《时宜说》，《夏仲子集》卷1。
③ 夏炯：《书毛西河全集后》，《夏仲子集》卷3。
④ 夏炯：《书亭林遗书后》，《夏仲子集》卷3。

忌嫉，是其一生大病"①，不仅对朱熹"力肆讥评"，而且对顾炎武、阎若璩也加以攻难。

夏炯更为不满意的是以小学说经，认为这种学风始于惠栋，而启其先者为臧琳。他称许臧琳"好学不倦"，著《经义杂记》，"出而合辙，其心思锐入，精细无比"，而叹惜"终其身埋没于声音文字中"，不能于"治诸经既毕之后，以次尽读宋、元、明以来理学诸儒之书"，"故不复知考订之外复有真实学问乎！不然，其所造固不应于此也"②。对于惠栋，夏炯认为其《九经古义》"专在形声假借古今异同之处吹毛求疵，疏证一字至数行或十数行不等，积一二字之疏证以至百数十字之疏证，而其书衰然成集矣。是郑君（玄）一二句即了者，今则数十句尚不能了。此风一开，如响斯应"。他批评惠栋仅从书册上讨生活，"千言万语，毫无心得。此等学问，岂非支离破碎。名为治经，实则贼经；名为好学，同于不学"③。

夏炯不赞同戴震、钱大昕所说的"训诂明则古经明，古经明而我心同然之理乃因以明"④；"由声音、文字、训诂而得义理之真"，"义理即在训诂"⑤。他把这些斥之为"狂言"、"不通之论"。夏炯认为"训诂、义理灼然两截"，"训诂是小学之一端，义理为大学之实际，若谓义理即在训诂，《尔雅》释诂、释言、释训三篇已能括尽义理，何以曾子作《大学》、子思作《中庸》，必欲深究义理之旨，以垂天下后世"⑥？"义理虽具于古经，而欲深明其旨趣，洞悉其渊微，断非读宋儒之书无从入手。汉儒只解其字义，考其篇章句读，其于道茫乎未闻也。"⑦夏炯虽强调"读宋儒之书"，但指出训诂与义理有别，不能包容、等同，却说中了戴、钱的偏颇。

夏炯对乾隆以后在学术上名稍显著之人皆予以抨击，他说："乾隆以后近百余年来，讲学之士，专为一节一句一文一字，盈千累百，刺刺不

---

① 夏炯：《夏仲子集》卷3。
② 夏炯：《书臧玉林经义杂记后》，《夏仲子集》卷3。
③ 夏炯：《书惠定宇九经古义后》，《夏仲子集》卷3。
④ 夏炯：《书戴氏遗书后》，《夏仲子集》卷3。
⑤ 夏炯：《书潜研堂文集后》，《夏仲子集》卷3。
⑥ 夏炯：《书潜研堂文集后》，《夏仲子集》卷3。
⑦ 夏炯：《书戴氏遗书后》，《夏仲子集》卷3。

休，不特丝毫不适于用，且破坏碎裂，转为贼经。今就其稍著者论之：穿凿性理，故为艰深，《勾股割圜》改宣城之面目，《六书音韵》窃江氏之绪余，是休宁戴氏之学也；据此校彼，改异为同，明知无用之辨，好为小慧之行，是抱经卢氏之学也；生今反古，以篆代真，说《尧典》不让三万言之繁，诠《禹贡》独无一二端之得，是艮庭江氏之学也；炫博矜奇，以多为富，读史不镜得失，仅详某本或作某，《养新》萃为一编，令人味之无可味，是嘉定钱氏之学也；妄诞已邀宽典，著述仍窃虚名，汉魏之音，掇拾前人所唾弃，传注诸作，不明体要而立言（如记杭大宗太史、武虚谷大令、汪容甫明经诸事，语涉鄙俚），是稚存洪氏之学也；考工何补匠氏，辨谷止算老农，资廪既愚，不能贯通经注，傅会不合，因而转驳郑君，是新安程氏之学也；割裂本经之句读，变易传注之原解，《广雅》一字，疏至千言，语助之词（谓《经传释词》），积成巨帙，是高邮王氏一门之学也；自知浅陋，依傍他人（谓依傍东原），著书亦觉其多多，鸣虫终谮其唧唧，是金坛段氏之学也。此数子者，皆近百年来名稍显著之人，试一一取其书平心而察之，何编足以发明义理？何帙足以有裨经济？"①

夏炘对乾嘉考据诸家的评论，不无偏激，有些已涉人身攻击，因而其友人致书以为"排斥考据太过，恐开门户之见"。夏炘在复书中说明是由于考据学家"一唱百和，破碎支离，乃复沾沾自喜，攻驳程朱，若非大声疾呼，何以撤其蒙蔽"②。显然，夏炘纠弹考据诸家，不无矫枉过正。事实上，他对考据并不完全否定，在《论扩闻见之书》（《书程后议》第7册弁言）一文中曾说："惠氏一门之《汉易》，王西庄之《尚书》，胡朏明之《禹贡》，陈长发之《毛诗》，江慎修之《三礼》，诸作皆大有功于汉儒，此不得遗者三也。六书至今日而益密，金石至今日搜罗而殆尽，此不得遗者四也。"③也就是说，在夏炘看来，"考订何尝非读书之一端"④。他对阎若璩的考据，作了充分肯定，认为"阎氏《尚书古文疏证》、《四书释地》、

---

① 夏炘：《乾隆以后诸君学术论》，《夏仲子集》卷3。
② 夏炘：《与朱兰友宫赞书》，《夏仲子集》卷6。
③ 夏炘：《夏仲子集》卷1。
④ 夏炘：《读学蔀通辨》，《夏仲子集》卷2。

《潜邱札记》等编，考据精深，辨驳详赡，信乎能实事求是者也"①。他对戴震虽驳斥尤力，但对其学识却很称赞："考据家之深思刻人，能读人所不能读之书者，无如戴东原。其在四库馆校定各种，如海岛《算经》、五曹《算经》，张丘建、夏侯阳《算经》之类，皆精核无讹，使人易读。其校定郦道元《水经注》，于经注淆乱之处，一一分别显明，有功郦氏不浅。其自著《毛郑诗考正》、《考工记补注》等作，于训诂名物尤所专长，数十年来江、戴并称，海内翕然。"②他自编订的文集，其中卷4所收则为考证经书的文字。夏炯于考据家不满而纠弹者，一在考据家排斥程朱理学，倡言义理在训诂之中；一在考据家越来越"咬文嚼字，何益身心，何裨家国"③。

在《夏仲子集》中，除纠弹乾嘉考据诸家外，对陆、王心学也加以摒斥，首篇即为《陆王学术流弊论》。夏炯认为："自金溪氏出，阴窃葱岭之旨，而阳托于圣人之徒，其所谓学，顿悟之学也；其所谓道，荡然扫除文字、专务收摄精神之道也。……至姚江，复以良知号召天下，其视陆学尤不胫而走。于是元、明以来，诸儒群乐其学之便，而趋之恐后。而朱子教人由博返约、循序渐进之旨，譬如一片荒土，无人垦辟矣！然试平心察之，朱子之学何等切实近道。陆王二家之学处处说心，语语言悟，何关实际。"④他把阳明心学称为"禅学"，斥之为"空寂"，而其流风，"鄙读书为口耳之事，以训诂为糟粕之言。而不读书不识字之人，苟聆其言而有所悟，遂亦可以附于讲学之林，是率天下而灭经传子史矣"⑤。"其为吾道之害，视禅佛更有甚焉"⑥。以此，夏炯对黄宗羲的《明儒学案》也颇不满，认为"袒庇太甚，不特门户之见，为后人所窥破，而持论偏颇，有意用谲，亦殊有乖于讲学之道"。甚至说他"著书使名教破败决裂之至于是"⑦。

夏炯尊朱排王，与纠弹以训诂代义理同一用意，在于卫护纲常名教。

① 夏炯：《书阎百诗尚书古文疏证后》，《夏仲子集》卷3。
② 夏炯：《书戴氏遗书后》，《夏仲子集》卷3。
③ 夏炯：《与方植之丈书》，《夏仲子集》卷6。
④ 夏炯：《夏仲子集》卷1。
⑤ 夏炯：《说学上》，《夏仲子集》卷1。
⑥ 夏炯：《陆清献公宜升配十二哲私议》，《夏仲子集》卷1。
⑦ 夏炯：《书明儒学案后》，《夏仲子集》卷1。

因而他对清代儒者最尊陆陇其，认为"康熙年间，陆清献公陇其出，始大放厥词，专攻阳明，以崇朱子。譬如老吏断狱，迎刃而解，朱子之学乃昭然复明于世。是则朱子者孔孟之功臣也，清献者朱子之功臣也"①。他认为陆陇其"功过元、明以来诸儒"，因而私议升配十二哲。夏炘尊崇陆陇其，深受其父的影响。夏炘在《先考行述》中曾说其父"尝谓国朝理学惟陆清献公为朱子嫡传，其余虽笃实如汤文正，苦节如李二曲，皆未能尽脱姚江藩篱"②。

针对心学的空寂、考据的破碎，"无裨于家国，无益于一己"③，夏炘大声疾呼"明经济而阐义理，以救今日之失"④。他主张"所贵穷经者，将以致用也。用之于家，则自收束身心，整齐内外，以及人情物理，交接应酬，处处皆有实际之用。用之于国，则自农桑水利，风俗学校，以及奉公守法，洁己爱民，事事皆有实心。如是方可谓通儒，方可称学者"⑤。夏炘不仅批评心学、考据为无用之学，而且也批评八股取士。他指出："有明以来，专以制艺取士；士遂穷年累月专向时文讨生活计，偶然得第入仕，自谓道已在是，循官场之俗套，谋衣食以终身，其于国计民生，如坐云雾。内而倚劣幕为腹心，外而任猾吏之耳目，历官至数十年之久，经济无一二端之建，岂不重可惜哉！"⑥

夏炘注重经世致用，主张适时而变，批评考据家好古、泥古。他认为"习久则弊生，弊生则变化"⑦，除三纲五常"天地不变，斯道亦与永昭"外，"其余礼乐刑政，则五帝不能尽合，三王不能尽同"，"可以从宜从俗之处，不必泥古以自表异。微特封建井田为迂儒之谈，即寻常细故，苟返之于理无大背谬者，亦当仍之，未必古之所行皆是，后人之所行皆非"⑧。这种变易思想，在当时人来说是难得的。在这一点上，与崇今文经学的魏

① 夏炘：《陆清献公宜升配十二哲私议》，《夏仲子卷》卷1。
② 夏炘：《景紫堂全书·文集》卷13。
③ 夏炘：《学术有用无用辨》，《夏仲子集》卷1。
④ 夏炘：《说学上》，《夏仲子集》卷1。
⑤ 夏炘：《书惠定宇九经古义后》，《夏仲子集》卷3。
⑥ 夏炘：《书程后议第六册弁言·论经济之书》，《夏仲子集》卷1。
⑦ 夏炘：《说学上》，《夏仲子集》卷1。
⑧ 夏炘：《时宜说》，《夏仲子集》卷1。

源有共同之处。

　　基于变易的思想，夏炯很关注现实问题，对选法、河事、盐政皆有议论，指摘弊端，提出改革意见。如关于吏治，他指出："吏治之坏，非一日矣，千百人之中，无一二实心为百姓者，大抵全躯保妻子之辈居其半，骫法行贿赂之人居其半，以农桑、学校为迂谈，视断狱明刑为利薮，人品之卑污无底止，赤子之涂炭无虚日。其弊将无由返乎？欲返其弊，莫如举选法而变更之。"①又如关于河事，除提出治河的办法之外，对河员的贪污腐败也予以指摘。他指出："河员习气最为恶劣，近日州县奢侈已为异常，而河员更数倍之。大厅上下多至三四百人，小亦一二百人，除本厅上下日食外，此数百人养给家口及一切滥用，皆取资于此。试思一厅应得之廉俸，岂堪如此剥削。而其弊相习日甚，势不能不侵蚀岁料工需"，"是国家之帑项，乃厅员肥身家之计"。夏炯认为河工要有转机，必须严惩贪污，改变河员的构成。具体的办法：一是"上游不吹荐一幕友，不勒用一家丁，然后厅员无可借口，自然渐归约束"；一是对"捐班出身一概勒令休致"，因为捐班人员素质差，"庸恶陋劣，不晓文义……且该员等捐纳到工，即视河工为利薮……数十年来，捐班充塞，相习侈靡，工程一有漫溢，不惟不知忧愧，且深幸可以额外请帑，恣其侵蚀，其弊盖有不可胜言者"。夏炯对时政弊端改革的一些建议，有其见地。夏燮评论说："其议论皆酌古沿今，期适于用。是则君虽未历仕途，而经济之蕴蓄可想也。"②评论平实，无溢美之词。

　　夏炯名虽不甚扬，但其学术有值得注意之处，它反映了嘉、道年间学术状况及其趋向，对研究嘉、道年间的学术史、文化史有助益。

（原载《燕京学报》新4期，1998年5月）

---

① 夏炯：《选法私议》，《夏仲子集》卷6。
② 夏燮：《先兄仲子行状》，《夏仲子集》。

姚莹交游述略

姚莹，字石甫，安徽桐城人。清嘉庆十三年（1808）进士。早岁游幕广东，之后在福建、江苏任知县。鸦片战争时，官台湾兵备道，积极抵抗英军的侵略。晚年任广西按察使，参与镇压太平天国起义。咸丰二年（1852）病故。他是嘉庆、道光年间颇有影响的人物，平生交游很广，所交多系政治、学术、文学等方面的卓识之士。本文试对这些人作点探讨，不仅对研究姚莹是必要的，而且也有助于了解他们所处的时代。

一

1843年10月初的北京，正当秋高气爽时节；但城郊的长辛店，却充满着一股抑郁愤世气氛。三十多个京官、名士，包括曾国藩在内，在此迎接被道光皇帝严旨革职拿问来京的台湾道姚莹。他们的举动，是对姚莹在台湾抗英的支持，也是对他被诬拿问的同情。

姚莹被革职拿问，在朝野上下引起很大震动，"一时中外作诗著论甚众，闺阁中亦多感咏，近传台人复有舆论之刻"①，许多人为之鸣不平。山阳鲁一同所写的《拟论姚莹功罪状》指出，姚莹在台湾抗英，只"见其

---

① 姚莹：《中复堂全集·后湘续集》卷2，同治六年姚浚昌安福县署刻《中复堂全集》本，第9页。

功，未见其罪"。英军在中国"焚杀淫掠，动以万计。就如逆虏失风被剿，送死东陲，亦足以雪数年之深耻，偿士卒之冤痛"。如果"国家诛诸将以委城，而罪莹以敢战"，这就自相矛盾，失去"进退之义"，将使"边吏解体"，"东南之祸未有艾也"①。鲁一同激愤的言论，代表了要求抵抗外国侵略、对签订屈辱的《南京条约》不满的士大夫的共同呼声。

还在姚莹被逮问的消息传出时，他的友好就十分关心。建宁张际亮（亨甫）、同乡张绍专程到江苏清江迎候，陪随姚莹至京；张绍还偕姚入刑部狱，以为护持。著名学问家汪中之子汪喜孙（孟慈），在山东济宁得讯后，放声痛哭以至呕血，并致书"以千秋相勉"。汪喜孙死后三年，姚莹听汪的女婿管嗣复（桐城派古文家管同之子）讲到这件事，非常感动地慨叹："嗟乎，交道之薄久矣，如孟慈、亨甫，其犹古人之风哉！"②

姚莹系狱时间不长，10月6日入狱，18日赦出。在短短12天里，人们纷纷为之奔走营救；不少人到狱中探望慰问，其中有户部郎中汤鹏（海秋）、翰林院编修何绍基（子贞）、御史刘位坦（宽夫）等。

围绕台湾之狱的斗争是激烈的。它是鸦片战争中抵抗派和投降派斗争的继续。夏燮《中西纪事》载："台湾之狱，外则耆相主之，内则穆相主之。"军机大臣穆彰阿、两广总督耆英等投降派力主重办姚莹，甚至想将他杀害。冯桂芬在《姚石甫观察小像题辞》中说："先生既抵京，忌之者不已，祸几不测。"③时冯官京师，稔知官场情况，所记当是事实。姚莹身后，其子姚浚昌所编年谱有具体记载："粤督耆英致书京师要人，谓不杀台湾镇道，我辈无立足之地。"当时，"台谏交章论救"，清廷不敢做得过分，只好将姚莹赦出，以同知直隶州知州分发四川了局。姚莹出狱后，朋友们大为兴奋，多次为之置酒庆贺。冯桂芬曾在居邸设宴，参与的有陈庆镛（颂南）、张穆、赵振祚、罗惇衍、庄受祺和潘曾玮。汤鹏宴于万柳堂，在坐的有御史朱琦（伯韩）、陈庆镛、苏延魁（赓堂），户部郎中梅曾亮（伯

---

① 鲁一同：《拟论姚莹功罪状》，《通甫类稿》卷4，道光八年刻本。
② 姚莹：《中复堂全集·后湘续集》卷7。
③ 冯桂芬：《显志堂稿》卷12，光绪二年冯氏校邠庐刻本。

言）、马沅（湘帆）、主事王拯（少鹤）、翰林院编修何绍基，"席间话台湾事"。朱琦慨然赋诗，题为《癸卯九月朔日集万柳堂宴姚石甫丈》。诗的开头就表示了"姚侯自狱出"，"忠愤得少泄"的心情。全诗凡五言138句，实记台湾抗英和冤狱事。另有《纪闻》八首，也是咏姚莹在台湾战守事。朱琦的《怡志堂集》记鸦片战争的诗还有多首。《感事》一首，记叙战争的经过，"岂料坚主和，无复识国体"，"苍茫望岭峤，抚剑独流涕"等句，揭露琦善之流的投降卖国，力主继续抗击英人入侵，抒发了爱国主义思想。姚莹称朱琦"不趋权要，虽举主无所阿附，亦不以攻讦见长，此真言官也，与晋江陈颂南庆镛同以亢直称"①。陈庆镛在这年5月3日上《申明刑赏疏》，反对清廷起用鸦片战争中辱国的权臣琦善、奕经等亲贵，声称"直道未泯，公论可畏"。道光皇帝迫于舆论，只得收回成命。这篇疏文"直辞謇謇，字挟风霜"，远近传颂。陈庆镛因此名震一时，"都中虽舆夫厮养，皆愿争睹其人"②。

姚莹在京师往来冠盖，既有旧交，也有新知。朱琦、陈庆镛、何绍基、邵懿辰（位西）、王拯等，是姚系狱时或出狱后才结识的。翌年，姚莹从桐城寄信给朱琦说："都门相识于患难之日，怀抱略抒……而拳拳于友朋生死患难之际，始终不二，尤足感人心脾。"在这封信中，姚莹还对在京师会聚的好友作了评骘："若乃伯言高文廉杰，力振一时；位西研道醇邃，志追千载；海秋之才拓古今，颂南之诚贯金石；赓堂之宏敏任事，子贞之渊懿植行；湘帆英爽，鹤田（吕贤基）贞纯；少鹤矫矫而锐才，翰臣（龙启瑞）恢恢而抗志。此皆迈古为期，不失其守，洵吾党之杰也。"③姚莹把他们引为"吾党之杰"，不仅因为他们支持抗英斗争，曾为冤狱鸣不平，还因为在吏风土习衰恶的境况下，在贪冒无已的鄙夫中，他们"文章气节，一秉坚贞"，诚一时佼佼者。

---

① 姚莹：《中复堂全集·康輶纪行》卷8，同治刻本。
② 戴絅孙：《味雪斋文钞》甲集卷5。
③ 姚莹：《中复堂全集·东溟文后集》卷8。

二

朱琦能诗，论者认为其诗"毅魄雄浑"。但姚莹的朋友中，以诗名者不只朱琦。姚莹少年即好为诗，宗汉魏盛唐。李兆洛说，他的诗"体兼质文，词必廉杰，不恍诡以害才，不傀丽以荡心"，"加以少衅隐忧，长厄群忌，焦悴之音托于环玦，悲愤之思憯若风霜，诵者涕零"。这一评论，概括地指出了姚诗思想内容和艺术上的特点，颇中肯綮。

姚莹的诗友中，应当提到吴嵩梁（兰雪）。吴困于仕途，浮沉于国子学及内阁且二十年，而"以诗名耀海内"。他是宋诗提倡者翁方纲的弟子，但其诗"体沿六朝，而规格则似唐之温、李"①。道光六年，姚莹为吴的诗集作序，称"兰雪才雄气酋，思沉学博，能状难绘之景，写难显之情"，与乾嘉间名诗人黄景仁（仲则）并驱，"殆一时之二杰"②。"所传《香苏山馆集》，人无不艳且诵之。"③他的诗名远播朝鲜、日本，朝鲜友人称之为"诗佛"。不过，以诗享盛名，且能于诗中反映现实社会，表现积极思想的，当推张际亮和张维屏。

张维屏，字子树，号南山，广东番禺人。道光二年进士，曾任知县。他关心民间疾苦，自谓"读书颇亦忧苍生"。龚自珍对他"心所敬慕"，高度评价他："才之健似顾千里（广圻），情之深似李申耆（兆洛），气之淳古似姚敬堂（学塽），见闻之殚洽似程春庐（恩泽）。"④张维屏《听松庐诗钞》有翁方纲嘉庆十六年序，其《赠刘孟涂开即送其归桐城》一首，写到"新知忽向离筵遇"。自注：新知"谓姚石甫、刘子仁"。姚莹游幕广州始于嘉庆十四年，由此推知两人订交当在此时。姚莹很称赏张维屏的诗，为作《张南山诗序》。张维屏的诗有一部分是表达"忧苍生"的思想感情的，如"穷黎菜色纨 饱，临觞不御悲填膺"。他还用谣谚体作《绳头篇》、《雀角曲》、《衙虎谣》等，揭露科场弊端和刁讼师、恶衙役的为非作歹。

①《清史列传》卷72。
②姚莹：《中复堂全集·东溟文外集》卷1。
③祁寯藻：《观象居古今体诗钞序》，《馤馛亭集》，咸丰七年勤学斋刻本。
④张维屏：《花甲闲谈》卷6，道光广州西湖街富文斋刻本。

最为人称道的则是他的有关鸦片战争的作品，《三元里》一诗尤为脍炙人口，它歌颂了广州人民英勇的抗英斗争，描绘了英国侵略军在中国人民打击下的狼狈状，揭露了统治者妥协投降的丑态，诗中流露出作者的爱国主义思想感情。张维屏晚年，思想却倒退了，他指责林则徐禁烟是"好大喜功"，把英国发动侵略战争说成是因"禁烟令下而边衅遂开"，甚至认为太平天国起义也是由此引起的。由此，他得出这样的结论：不必禁吸食鸦片，要像对待嗜酒者与不嗜酒者一样，各听其便，才得"相安无事，不亦善哉"①，真是十分荒谬。

比起张维屏，张际亮无疑更值得称道。张际亮不满于乾隆以来诗坛的风尚，认为"至今之为诗者，可悦人者多，可感人者恒少"，无非"以口角婉媚轻率之语，写目前琐屑猥俗之事"；"或以议论考订为诗，或则轻佻浅鄙，无与于风雅之旨"。他"一生足迹半天下，道途遍历知民隐"，以"目之所见，耳之所闻，身之所阅历，心之所喜怒哀乐，口之所戏笑诃骂，一皆托诸诗"②。抒写怀抱，为不平之鸣。所以他的诗，不是形式主义地拟古，不去吟花咏月，不作无病呻吟，而有相当一部分是对嘉道年间腐败吏治、天灾人祸、民不聊生的社会现实的揭露，如"室有冻死骨，野有逃荒民"，"骨肉卖为奴，百钱聊救死"等句，就是对残破悲惨的社会生活的写照。

鸦片战争时期，张际亮以亲身见闻，写了大量反映战争的诗篇。还在道光十二年，他就写了一首被人称为"识在机先"的《浴日亭》诗，"毒土换黄金，千万去中原"，尖锐地揭露了西方殖民主义者对中国的掠夺，尤其是鸦片烟大量输入所造成的极大危害。后来，林则徐奉旨赴广东查禁鸦片，他赋诗表示支持："夷艘亘出没，毒物流中原。自非用重典，何以清祸源。"英国发动侵略战争后，他又用诗歌来表达他对侵略者在中国国土上烧杀淫掠的义愤，"可怜繁华土，流血满沟渎。吾闻起按剑，悲愤断肠续"；对琦善在粤向敌乞和作了鞭挞，"番舶珠犀照夜昏，传呼使相对

① 张维屏：《松心十录·政治录》卷2。
② 张际亮：《张亨甫全集·文集》卷3，同治六年建宁孔庆衢刻本。

开尊。兵戎玉帛交相见，土地金缯事忍言？"而对于坚持抵抗的爱国将领，则满腔热情地歌颂，如《陈忠愍公死事诗》颂陈化成英勇杀敌，为国捐躯，"嗔目死犹活"①。在这些诗篇里，张际亮爱憎十分鲜明，不愧是一位爱国主义的诗人。

"士先器识而后文艺"。张际亮的诗歌所以能达到较高境界，首先在于他的思想品格。他鄙薄当时腐朽的吏风士习，不与流俗合。开罪于曾燠，即为一例。曾燠在京时闻张际亮诗名，请他饮酒。席间曾燠"以名辈显宦"高谈阔论，在坐的"名士"们阿谀奉承，异口同声地表示赞服。曾燠吃瓜子粘在胡须上，有一人立即起身为之拈去。张际亮心里本来就很鄙视厌恶，见此情景，不禁放声大笑，表示蔑视，结果不欢而散。第二天，他又投书曾燠，严厉指责他"不能教导后进，徒以财利奔走寒士门下，复不知自爱，廉耻俱丧，负天下望"。曾燠大为恼怒，"毁之于诸贵人，亨甫以是负狂名"，差一点连举人都考不中②。后来，也是"沦落不偶"，穷困潦倒以至于死。

张际亮一面不与权贵、"名士"同流合污，一面则与经世派的有识之士林则徐、龚自珍、魏源、黄爵滋、汤鹏、陈庆镛、朱琦等相交往。他和姚莹关系尤为密切。姚张订交约在嘉庆末道光初。他们多次会聚，并书信往还，以诗寄怀。对于张的穷困颠踬，姚莹不仅每每给予资助，且时予慰勉。他很器重张际亮，认为张为人"负奇气大节"，"尤留心当世"；诗则"感时纪事，沉郁雄宕"，"接迹放翁、遗山"③。鸦片战争时，姚莹函邀张际亮赴台协助筹划抗英事宜。张欣然就道，行至厦门，无法渡海，作《寄姚石甫三丈时将赴台湾海不果》一诗纪之。张际亮对姚莹也非常敬佩，称他"雄伟骏异，深明大略"④。在临终前为姚莹的《后湘续集》作序说："余足迹遍天下。游处率当世豪士，然仅得近古豪杰一人，其惟桐城姚侯乎！"因此，他为姚莹的才未大用，长期"屈为一令"，深感惋惜和不平。1843年

①　所引张际亮诗，见《张亨甫全集》、《思伯子堂诗集》。
②　姚莹：《中复堂全集·东溟文后集》卷11。
③　姚莹：《中复堂全集·东溟文后集》卷14。
④　张际亮：《张亨甫全集·文集》卷3。

台湾冤狱兴，张抱病自清江护送姚入都，既是出于深厚的友情，也是对冤狱的抗议。姚莹出狱后，张际亮很兴奋，从姚寄居于明杨继盛（字椒山，嘉靖间以劾权相严嵩论死）故宅。但此时张际亮病已沉重，一个多月后即去世。姚莹大悲，为鸠金还债，经理丧事，作《祭张亨甫文》和《张亨甫传》，感情沉挚，并非泛泛之言。林则徐在新疆戍所获悉张际亮病逝噩耗，作《哭张亨甫》诗，有句云："修文定写平生志，犹诉苍苍塞漏卮。"[1]何绍基为撰挽联："是骨肉同年，诗订闽江，酒浇燕市；真血心男子，生依石甫，死傍椒山。"[2]称颂了张际亮的为人，也贴切地写出他和姚莹的关系。

三

姚莹能诗善文，朋友中也多以文名于时。当时桐城文派因三祖姚鼐蜚声文苑而奠基，成为清中叶最著名的散文流派。姚鼐接续方苞、刘大 ，对他们的古文主张加以发扬，提出义理、考据、词章三者合一之说，真正把桐城派的古文理论建立和完善起来。他的门生弟子很多，影响所及，扩大了这个文派的堂庑。姚莹是姚鼐的侄孙，曾从他学古文义法，为文一自抒所得，长于议论。汪廷珍称赞姚文"激昂慷慨"，"博辩宏通"。方东树（植之）评论说："其义理之创获，如云霾过而耀星辰也；其论议之豪宕，若快马逸而脱衔羁也；其辩证之浩博，如眺溟海而睹涛澜也。"所以，姚莹文不像一般桐城派的文章过于追求"雅洁"，而失之于拘谨、平淡与浮泛。在姚门弟子中，曾国藩著《欧阳生文集序》中称姚莹与管同（异之）、梅曾亮、方东树四人为"高第弟子"，而姚莹自己则说："当时，异之与梅伯信、方植之、刘孟涂（开）称'姚门四杰'。"[3]后王先谦《续古文辞类纂》也称姚鼐门下以此四人为最著。姚门四杰跟姚莹都有交往。

---

① 林则徐：《云左山房诗钞》卷6，光绪十二年刻本。
② 姚永朴：《旧闻随笔》卷4，1919年铅印本。
③ 姚莹：《中复堂全集·东溟文集》卷2。

刘开与姚莹同里，弱冠时即为文章道义之交。姚莹曾记述：嘉庆九年后，他和刘开、方东树、光聪谐（律原、栗原）等十数人游，"览城郭而眺山川，慷慨悲歌，俯仰一世"。刘开文集中也说到："昔者吾党之人才盛矣，以吾与栗原、筐叔、石甫诸君之同聚乡里也，游燕之与俱，言论之与共，文章道义之相与磨砺而讲习，是岂不足以极友朋之盛乎！"① 可见他们的交谊不同一般。

姚莹说，刘开"负大志，区画世务，体明用达"②。但刘开几次应南北乡试都未考中，"踬于诸生，身屯而道塞"③。因而他比较了解民间疾苦，在《悲哉甲戌行》诗中如实地描写出农民的困苦："禾苗枯死衣典尽，十户九户无朝餐。野藕锄罢汗流颊，更剥榆皮作生业。"他对人才寥落和窒息人才的八股制艺很不满，抨击士人"所尚者，非通经也，应举之文也；所求者，非致用也，干禄之术也"，举凡"所谓经世之略可以备天下之用者，皆置而不讲"④。刘开认为"天下无不变之道，无不坏之法，无不敝之学，虽以孔子之圣，皆有流敝"；因而主张"道与时为转移"，因时"变而通之"。但他是个"人治"论者，在他看来，能否无患，在于"得其人治之"，而"得人在乎造学"⑤。

桐城派古文讲求"有物有序"，但事实上能做到的人很少，一般文章往往流于空泛和贫乏。刘开论政、论学的文章，因时而发，气积势盛，称得上言之"有物"。阳湖派的陆继辂评论说：刘文具"清刚疏朴之气"；管同称赞"其文辞飘忽而多奇"，"辩博驰骋，光气发露，不可掩遏"⑥，都说的是刘文纵横刚健的风格。刘开作骈体文也有成就，现存《刘孟涂集》收有骈体文二卷。这部诗文集共四十四卷，是刘开道光四年病故后，姚莹亲去访得遗稿付梓的。

桐城文士中，与管同最早结识的是刘开，但终生仅得一见。其后，姚

---

① 刘开：《刘孟涂文集》卷6。
② 姚莹：《中复堂全集·东溟文集》卷6。
③ 管同：《因寄轩文二集》卷4，道光十三年管氏刻本。
④ 刘开：《刘孟涂文集》卷2、卷4。
⑤ 刘开：《刘孟涂文集》卷1。
⑥ 管同：《因寄轩文初集》卷5、《二集》卷4。

莹也与管同交游。管同江苏上元人，姚鼐主讲钟山书院时曾从其学，肆力古文。《清史稿·管同传》："鼐门下著籍者众，惟同传法最早。"道光六年管同北游京师，曾与姚莹晤，并应约为刘开诗文集作序。姚莹很称许管同古文的成就，请他为自己所作《邹忠公祠碑文》润色。管同对朋辈文章要求严格，首先看立论是否允当，不仅限于文辞。他在一封信中说："立论终不能的实"，"此文欲改，须并其立意改之，是以未能下笔"①。同样，他对同里同窗好友梅曾亮初学为古文辞时的缺点，诚挚地指出："子之文病杂，一篇之中，数体互见。武其冠，儒其衣，非全人也。"②

　　管同关心世务，有经世之志，所作《拟言风俗书》等，传诵一时。他在此文中深刻地抨击世风："今之风俗，其弊不可枚举，而蔽以一言，则曰好谀而嗜利。惟嗜利，故自公卿至庶民，惟利之趋，无所不至。惟好谀，故下之于上，阶级一分，则奔走趋承，有谄媚而无忠爱。"③在《说士》中，他抨击士人热衷"奔走于利禄之场"，"历观史传以来，士习之衰，未有甚于今日者也"④。管同对洋货输入中国早就表示耽忧，在《禁用洋货议》文中论及国与民之所以并困，除"生齿日繁，淫侈愈甚，积于官吏而兼并于大商"等原因外，还由于"天下靡靡然争言洋货"。他看出这是"洋人""谋人国"的变相办法："洋之乐与吾货，其深情殆未可知。就令不然，而中国之困穷固由于此，则安可不为之深虑也哉！"⑤管同觉察到西方工业品输入对中国社会经济的影响，但是他没有也不可能看到国与民并困的根本原因还在于腐朽的封建制度。他主张禁绝一切中外通商，正是他根植于封建自然经济基础的保守思想的反映。

　　管同的议论，发而为文，刚健纵横，与刘开风格相近。他论文力主阳刚之美，认为文章之至境要"浑然如太和之元气"，但实际上很难达到，往往不能无所偏，因此，"与其偏于阴也，则无宁偏于阳"；文章"孱弱无

① 管同：《因寄轩文二集》卷3。
② 梅曾亮：《柏枧山房文集》卷5，咸丰六年梅氏海源阁刻本。
③ 管同：《因寄轩文初集》卷4。
④ 管同：《因寄轩文二集》卷1。
⑤ 管同：《因寄轩文初集》卷2。

劲气，未得为佳"，而像"《公羊》、《国策》、贾谊、太史公皆深得乎阳刚之美者"①。管同关于文学风格美的观点，作为个人好尚，未为不可，但若作为衡文准则，是绝对化了。其师姚鼐虽认为刚胜于柔，但承认有"阳刚之美"和"阴柔之美"，承认风格的多样化，管同伸刚绌柔，未免失之偏颇。

道光十一年管同病故，年四十七。刘开死得更早，只有四十一岁。继姚鼐之后成为桐城文派中坚的是梅曾亮，号称"大师"。姚莹说："伯言为户部郎官二十余年，植品甚高，诗古文功力无与抗衡者。以其所得，为好古文者倡导，和者益众。"②当时，京师治古文者，如广西朱琦、龙启瑞、王拯，湖南孙鼎臣，浙江邵懿辰，江苏鲁一同，山西冯志沂等，都向他学义法。梅曾亮少年时喜好骈体文，后与管同从姚鼐学古文，才识班、马、韩、柳文的可贵，骈文不如散文之更能表达真情。但他并不完全排斥骈文，所选《古文词略》，悉依姚鼐《古文辞类纂》体例，除散文外，兼收辞赋，且增立诗歌类。他的古文也因得骈文之助，具有安雅妍美、清淡简朴的特点。梅曾亮对于古文，也不泥守师法。他在陈用光的《太乙舟山房文集》序中说："夫公之学，固出于姚先生，而文不必同。"③他认为"文章之事，莫大乎因时"，要"随时而变"，不仅文词要"变异日新"，即内容也要反映时代，"虽其事之至微，物之甚小，而一时朝野之风俗好尚，皆可因吾言而见之"④。这些见解可取，但在他的文章中并未体现出来。他的文章一般缺乏现实内容，就思想性论，成就不大，不及刘开、管同。

四

桐城文派在学术上多尊程朱理学。姚鼐奠定这个文派的规模时，正当

---

① 管同：《因寄轩文初集》卷6。
② 姚莹：《中复堂全集·东溟文后集》卷10。
③ 梅曾亮：《柏枧山房文集》卷5，咸丰六年杨以增刻、1918年蒋国榜补修本。
④ 梅曾亮：《柏枧山房文集》卷2。

汉学盛极而将衰，他主张的合义理、考据、词章三者为一，无疑是反映了这一时代的特点。姚鼐对程朱理学和许郑汉学兼收并蓄，但实际以宋学为主，用汉学为宋学服务。他说："汉人之为言，非无有善于宋而当从者也。然苟大小之不分，精粗之弗别，是则今之为学者之陋，且有胜于往者为时文之士……博闻强识，以助宋君子之所遗则可也，以将跨越宋君子则不可也。"①姚莹承其曾祖范、从祖鼐的遗绪，为学以义理为宗，认为义理、经济、文章、多闻四者明贯，是为"通儒"。多闻，指的是考据。可见尽管姚莹指责考据家扬汉抑宋，但并不完全排斥考据。他的友好刘开、管同以至方东树，大致都是采取这种态度。当时吏风士习非常败坏，汉学也走向末路，支离破碎，脱离现实，"术愈精而人愈无用"，又"专为谋利"，不可能用来解决现实的弊端。要正人心，挽风俗，靠汉学显然无济于事，他们很自然要抬出能有功于风俗人心的宋儒义理，而辟汉儒的独尊。方东树的议论是有代表性的。

方东树与姚莹交往很密切，姚莹说他"著述虽富，而穷老不遇，言不出乡里"②。方东树论学，多见于《仪卫轩文集》等著述中，而具有代表性的是《汉学商兑》。先是嘉庆二十三年江藩撰《汉学师承记》，为清代汉学家立传，并历述其学术渊源，是为汉学树正统，排斥宋学。同时，阮元编辑《皇清经解》，对于诸家著述，凡不关小学，不纯用汉儒古训的，概不著录。方东树于道光六年撰《汉学商兑》，跟江藩、阮元针锋相对，对清代汉学和汉学家全面贬斥。概括说来，一是指责汉学家扬汉抑宋，"首以言理为厉禁，是率天下而从于昏也。拔本塞源，邪说横议，较之杨墨佛老而更陋，拟之洪水猛兽而更凶"，"名为治经，实足乱经；名为卫道，实则畔道"；一是指责汉学家脱离实际，支离破碎，"汉学诸人，言言有据，字字有考，只向纸上与古人争训诂形声传注，驳杂援据群籍，佐证数百千条，反之身己心行，推之民人家国，了无益处，徒使人狂惑失守，不得所用。然则虽实事求是，而乃虚之至者也"。方东树抨击乾嘉汉学不关身心

---

① 姚鼐：《惜抱轩文集》卷6，同治五年省心阁刻惜抱轩全集本。
② 姚莹：《中复堂全集·东溟文后集》卷10。

修养，不关国计民生，而惟繁琐是务，确是说到了要害。但他所以不满汉学家，是因为他们排斥宋学，因而他极力为程朱理学辩护，至于到了强词夺理、肆口诋讥的地步，这是不足取的。

尽管方东树不遗余力地攻击乾嘉汉学家，事实上并不能完全否定汉学，他亦认为"训诂名物制度实为学者所不可阙之学"，"但义理、考证，必两边用功始得"。上面说过，姚莹、刘开、管同诸人大致都是这种主张，不过在他们心目中，义理和考据有"识大"和"识小"之别。刘开说得明白："吾所以尊师程朱者，非党宋也，为其所论者大，所持者下，切于民彝，而裨于实修，可以维持风教于不坠也。其兼取汉儒而不欲偏废者，非悦其博也，将用以参考异同，证明得失，可以羽翼圣道也"；"宋之与汉，其学固有大小缓急之殊也，其交相为用一也，合之则两得，离之则两失"①。他们尽管标榜尊师程朱，但已不是也不可能简单地回复康熙时的尊宋局面，只有"兼汉宋之长，而折衷于孔孟"，即采取"折衷汉宋"、"调和汉宋"的办法。

"调和汉宋"，是嘉道年间学术趋向的一个表现。与姚莹交游的阳湖李兆洛（申耆）、山阳潘德舆（四农），论学也都不祖汉宋。姚莹与李、潘聚会较多是道光十六七年姚在扬州权两淮盐运使时，后来他在《潘四农诗序》中忆记："余之知潘四农也，因张亨甫……余慕之，属生甫（毛岳生）为书，延四农教子若婿。四农欣然至扬州，其从来者弟子吴君大田及其子亮弼也，于是丙申、丁酉之间朝夕相处……而四农北去，李申耆偕其弟子与吴仲伦（德旋）、左石侨（德慧）及亨甫后先至，申耆弟子吴君　为余作《谈艺图》，写诸君之貌甚工。"②李兆洛为学甚博，尤精舆地、天文。魏源甚推崇，谓"近代通儒，一人而已"③。李于汉学宋学有持平之论，他说："为考证之学者，援文比类，据物索象，迨其说不能自还，则务繁征博引，以蕲必伸，其蔽也凿然，而考订精勒之功不可没

① 刘开：《刘孟涂文集》卷2。
② 姚莹：《中复堂全集·东溟文后集》卷9。
③ 魏源：《武进李申耆先生传》，《魏源集》上册，第361页。

也。为义理之学者，穷理必从其朔，其蔽也或至于穷高极远而无所薄，然而剖析理欲、教人践履之功不可诬也。归之大要，皆有功于圣人。"①潘的说法大体相同。他们都指出汉学宋学各有其弊，也都承认两者"皆有功于圣人"，不可抹煞，最后都要归结到能够符合孔孟圣道，能阐明孔孟圣道。

从汉宋之争到调和汉宋，不仅是儒学内部的门户意气之争，正统之争，也不仅是学术变化的动向，更重要的是时代趋向的反映。嘉道年间，清朝的封建统治已处于衰世，阶级斗争尖锐，财政经济危机，吏风士习败坏，社会弊病百出，悲风四起，大乱将临。面对这样的社会现实，地主阶级中的一些有识之士不能不思索如何来挽救危机。汉学已走向末路，不仅不能靠它挽人心、正风俗，而且那时所谓汉学家自己就是"一遇事全无识见，一举念只想要钱"。他们在传统的思想武库中找不出什么新武器，只能去捡起宋学，把宋、汉结合起来，而用宋学所阐扬的修、齐、治、平来维持风教。还有些人也在那里探索，如姚莹友人龚自珍、魏源则是撇开汉学、宋学，而从今文经学中寻求微言大义。然而，这仍离不开儒学传统。但他们毕竟与在故纸堆里讨生活的汉学家有所不同，历史潮流迫使他们面向现实，关心国计民生。

五

"汉宋调和"论者，有不少人讲通经致用，敦崇经世之学。经世之学的兴起，是嘉道年间学风变化的新趋向。姚莹及其友辈，则是这种学风转变的倡导者、开创者。

姚莹"不好经生章句"，"弱冠时即以经世自任"，"所至于山川形势民情利弊无不悉心讲求"。在与游朋辈中，不少人是致力于经世之学的，

① 赵振祚：《养一斋文集序》，《养一斋文集》，道光二十九年刻本。

除上述李兆洛、潘德舆、张际亮、陈庆镛、朱琦、刘开、管同等外，如龚自珍、魏源、黄爵滋、汤鹏、冯桂芬都以究心时务名于时，汤鹏死后，姚莹在为他写的《汤海秋传》回忆说："道光初，余至京师，交邵阳魏默深（源）、建宁张亨甫、仁和龚定庵（自珍）及君。定庵言多奇僻，世颇訾之。亨甫诗歌，几追作者。默深始治经，已更悉心时务，其所论著史才也。君乃自成一子。是四人者，皆慷慨激厉，其志业才气欲凌轹一时矣。世乃习委靡文饰，正坐气　耳，得诸子者大振之，不亦可乎！"①姚对龚、魏等很赞许，认为他们不独是处委靡文饰的风习中而不屑随世浮沉的人，更是以"其志业才气欲凌轹一时"的震聋发聩、开风气者。

龚自珍思想敏锐，文辞峻峭凌厉，年轻时就写了《明良论》严厉抨击时政，并对农田占有、西北边防、科举官制等提出主张，鼓吹"改图更法"。魏源"善经世之略"，尖锐揭露腐败的时政，提出"变古愈尽，便民愈甚"的改革主张。他助贺长龄编《皇朝经世文编》，尤究心于水利、漕运、盐政等事。汤鹏"慨然有肩荷一世之志"，"以宗室尚书之亲贵，举朝所屏息者，而君倡言弹之，亦见骨鲠之风矣！"②他作《浮邱子》，指陈前代得失，通论军国利病、吏治人事。黄爵滋（树斋）不满于时政腐败，提出刷新吏治、惩治贪污、整饬军备等主张。他在道光十八年所上《严塞漏卮以培国本疏》，力主严禁鸦片，成为禁烟运动的先声。冯桂芬，字林一，号景亭。从他的字号，可见他对顾亭林的仰慕，思有以承继其经世致用之学。所以，他"不屑以章句自囿，举凡天文、舆地、兵制、刑法、盐铁、河渠、钱漕、食货诸书，靡不极虑专精，务欲推究其本原，洞彻其微奥，隐然负拨乱澄清之志"③。

鸦片战争后，姚莹和魏源等开始把他们的视野从时务扩展到"夷务"，致力探求西方的知识。姚莹的《康輶纪行》、魏源的《海国图志》、冯桂芬的《校邠庐抗议》都是了解西方、学习西方的代表性著作。《海国图志》

---

① 姚莹：《中复堂全集·东溟文后集》卷11。
② 姚莹：《中复堂全集·东溟文后集》卷11。
③ 吴云：《显志堂稿序》，《显志堂稿》。

是"前路先驱"，《校邠庐抗议》有承先启后的意义。

值得注意的是，这些留心时务的经世之士的议论，不单纯是个人主张，而且表现为带有群体性的活动。《水窗春呓》记载说："自来处士横议，不独战国为然。道光十五六年后，都门以诗文提倡者，陈石士（用光）、程春海、姚伯昂（元之，姚莹族兄）三侍郎，谏垣中则徐廉峰（宝善）、黄树斋、朱伯韩、苏赓堂、陈颂南，翰林则何子贞、吴子序（嘉宾），中书则梅伯言、宗涤楼（稷辰），公车中则孔宥涵（继鑅）、潘四农、臧牧庵（纡青）、江龙门（开）、张亨甫。一时文章议论，掉鞅京洛，宰执亦畏其锋。"嘉道年间，京师一些士大夫时常以文会友，诗酒唱酬。他们一般籍隶南方，有志用世，但或官位不高，或尚未一第，怀才不遇，愤世嫉俗，一般不满意时政腐败，心怀忧虑。他们在一起聚会，不纯粹是文人风雅，而往往带着"处士横议"性质，且使"宰执亦畏其锋"。据《水窗春呓》说，黄爵滋上的禁烟疏，是吴嘉宾、臧纡青、江开三人剪烛夜谈时起的底稿。如果联系上述陈庆镛的上《申明刑赏疏》、姚莹"台湾之狱"前前后后的反响，"处士横议"之出现并非偶然，而是一脉相连的。风气的变化，不仅表现在思想学术上，而且也表现在政治上。这种变化反映了清政府高度中央集权力量已经削弱，在政权结构中一种离心力量在抬头，那种万马齐喑的禁锢窒息在开始被冲破。鸦片战争后，经过太平天国运动，出现了地方督抚军政权力扩大的内轻外重局面，与这种政治力量和思潮的抬头是紧密相联的。

姚莹一生交游很广，本文对所涉及的人只能略作介绍，不是对每个人作全面评价，而是试图把他们作为群体来考察，通过这个群体在政治、思想、学术、文学方面的某些共同点来探究这个时期的风尚和趋向。

（原载《北京师范大学学报〔社会科学版〕》1982年第5期）

刘开述略

一

刘开，字明东，一字孟涂，又字方来，安徽桐城人，生于乾隆四十九年（1784）。幼年丧父，家贫寒，赖其母吴氏艰苦扶养。他从小好学，"吴理庵（士甝）先生授经里中，先生贫不能从游，且甚幼，日于学舍外窃听讲论。理庵先生异之，询知其为孤儿也，召至家授读"①。14岁时，上书桐城文派大家姚鼐，得到姚鼐的赏识，"因从事先生之门，得其学"②。于是刘开成为姚门高第弟子，姚莹在《惜抱先生与管异之书跋》一文中说，他与梅曾亮、方东树、管同称"姚门四杰"③（一说"四杰"中无刘开，为姚莹）。

清代，桐城巨族名门颇多，文风也盛。刘开为人"落脱不羁，喜交游"，20多岁时先后结识了光聪谐、张聪咸、左筐叔、徐六襄、姚莹等人。"当时意气相许，以古人为期，岁过从，欢宴无间。"④据姚莹所记，这些里中英彦，常交游于方竹吾的北园。"嘉庆十一二年间，则有李海帆、朱歌堂、方植之、马元伯、左筐叔、徐六襄、张阮林、刘孟涂、吴子方、光聿原、朱鲁存。此十数人者，皆以文章道义相取。余时年略少，每与往来，觞咏其中，以为竹林之游，无以过也。"他们在这里吟咏的诗，其后编为

---

① 方宗诚：《记刘孟涂先生轶事》，《柏堂集·次编》卷9，光绪六年刻本。
② 姚元之：《刘孟涂传》，刘开：《刘孟涂集》卷首，道光六年姚氏檗山草堂刊本。
③ 姚莹：《中复堂全集·东溟文后集》卷10，同治丁卯年安福县署刊本。
④ 刘开：《张阮林传》，《刘孟涂集·文集》卷10。

《北园宴集诗》，姚莹为之作序。嘉庆十三年（1808）后，"乃各散之四方，虽间岁颇有会者，卒寥落矣"①。留给刘开的，只是对当年的美好回忆和怀念："昔者吾党之人才尝盛，以吾与栗原、筐叔、石甫诸君之同聚乡里也。游宴之与俱，言论之与共，文章道义之相与磨砺而讲习，是岂不足以报友朋之盛乎！"②

刘开家贫，"既无兄弟，独身养母，佣书四方，寒暑匪惮，啬衣食，绝嗜欲，文采之外，无他营焉"③。他曾入两广总督蒋攸铦幕府，"一日省城外下河火，相国闻报，曰：'吾知其中必无孟涂。'盖下河故游士挟妓纵酒地也"④。这也说明刘开"绝嗜欲"的人品。

在广州，刘开与姚莹相晤。刘开在蒋攸铦幕府时，适姚莹也到广州。姚莹于嘉庆十三年得中进士，但以不工小楷，未入翰林，也未任官，遂至广东游幕。故人客中相逢，使刘开大为兴奋，作《喜晤石甫》诗，以表达其心情。在桐城朋辈中，刘开和姚莹感情深厚，在他的诗集中，有不少诗作是怀念姚莹的。他们还结识广东著名诗人张维屏，诗酒唱和。刘开有《赠南山孝廉》诗：

> 展我碧瑶笺，书君白雪篇。孤花艳春色，空翠点晴烟。此笔自今古，有人来海天。相逢无限意，留记暮云边。
> 痛饮不知醉，新交翻易愁。行藏看一别，邂逅足千秋。立志在宵汉，高文齐斗牛。迟回江上路，却是为君留。⑤

刘开离开广州时，张维屏作《赠刘孟涂开，即送其归桐城》诗为送行，诗中称："刘郎下笔长河流，胸次直欲罗九州。"⑥其后送别姚莹，张维屏作《送姚石甫进士还桐城，并寄刘孟涂秀才》诗，以表达对刘开的别后怀念。

---

① 姚莹：《北园宴集诗序》，《中复堂全集·东溟外集》卷1。
② 刘开：《赠吴子方序》，《刘孟涂集·文集》卷6。
③ 陈方海：《刘孟涂传》，刘开：《刘孟涂集》卷首。
④ 姚永朴：《旧闻随笔》，黄山书社1989年，第197页；方宗诚：《刘孟涂先生墓表》，《柏堂集·前编》卷10。
⑤ 张维屏：《花甲闲谈》卷5，道光刻本。
⑥ 张维屏：《听松庐诗钞》卷5，道光刻本。

　　刘开为人，直谅，"与人谈论，辄罄肺腑，言不少隐"①。他对朋友更是直言不阿。有一次姚莹有失检点，刘开知道后，在与姚莹、朱鲁岑对饮时，痛责姚莹。当时姚莹"已成进士，著书作文日有名"，不能忍受，忿然离去，但走至中途又返回。刘开更加痛责，如是三次。在座的朱鲁岑觉得刘开做得太过，刘开回答说："所贵乎友者，为能责善劝学也。今石甫成进士，著书作文日有名，年少气盛，其行不及检，苟无友以责之，异日将肆然在上矣，学业不自此隳乎，宁石甫绝我，我不可阿石甫也，且石甫亦必不我绝也。"②姚莹终于诚恳接受他的意见。可见刘开鲠直不阿的品格。但关于他是否钻名求利，有不同的评论。姚元之在《刘孟涂传》中称赞刘开"奔走四方，间无干谒之态，以故人争重之，四方贤士无不知有刘孟涂者"。然而，与刘开同为姚门"高第弟子"的管同，在《刘明东诗文集序》一文中则说，有人以为"明东学于姚先生，不务师训，而奔走公卿形势，朝上一书以求名，暮进一诗以钻利，此战国游士苏、张之流耳，岂知道者与？"这显然是说刘开四处奔走于达官贵人之门，以求名钻利。对此，姚莹有所解释："不然，明东自负其才，欲为世用，踬于诸生，身屯而道塞，借势王公大人，思以振厉，彼所谓不羞小节而耻功名不显于天下者也，岂游士伦哉！昌黎韩公数数干贵人，自言凡吾所为，小待将以具裘葛，养穷孤，大待将以同吾所乐于人。夫明东之志，亦若是而已矣。"管同固然认为姚莹与刘开为至友，"其必有以得其深，而非他人所能识者"。但自己并没有认同，而是说"与明东踪迹疏甚，无以定其为人"③，态度客观。

　　作为封建社会的文人，刘开也是走科举的道路，"习举子业，试辄不利"，终生只是县学生员。道光元年，刘开应聘"亳州修邑乘"，寓于佛寺④。四年闰七月十四日（1824年9月6日），"陡得腹疾，委顿势不起"⑤，终于去世，年四十一岁。妻倪氏自缢。妾蒋氏，生一子，名继，字少涂。母

①　姚元之：《刘孟涂传》，刘开：《刘孟涂集》卷首。
②　方宗诚：《记刘孟涂先生轶事》，《柏堂集·次编》卷9。
③　管同：《因寄轩文集·二集》卷4，光绪五年重刻本。
④　姚元之：《刘孟涂传》，刘开：《刘孟涂集》卷首。
⑤　卒年据方宗诚：《刘孟涂先生墓表》，《柏堂集·前编》卷10。姚元之《刘孟涂传》则记为"闰月十一日"。

孤得姚莹、光聪谐、马瑞辰等分别迎养于家。刘开生前已有诗集10卷刊行，去世后，姚莹急造其家访遗稿，获得后集22卷，缺第8卷，文集10卷，骈体文2卷。姚柬之耽心时间长了会有佚失，于是捐资刻印，由姚元之主持其事。道光六年刊刻，合为《刘孟涂集》。

二

刘开以文、诗名，于学术也颇关注。陈方海在给刘开所写的传中说，"说经之书及杂著皆未成"，可见他对儒家经书也有所研究。刘开自己说他治《论语》，撰有《论语补注》3卷，并写了"自序"。据方宗诚《刘孟涂先生墓表》所记，刘开还著有《大学正旨》2卷、《中庸本义》2卷、《孟子拾遗》2卷和《广列女传》20卷。《广列女传》稿存于张维屏处，刘继长大后取归，由方宗诚负责校勘刊刻，方撰《校〈广列女传〉叙》。

桐城文派多尊师程朱理学，刘开也不例外。但他对当时宋学存在的弊病并不回护，而是予以明确指出："言宋者流为空虚固陋之习"[①]；"治义理者则近于鄙俚，而不免语录之习"[②]。当然，他对汉学末流批评更多，指出"言汉者溺于琐碎纷纭之说"[③]，"详于名物度数，而或略于义理之是非。其后嗜古者益以博为能，以多为贵，而不顾理之所安。厌故而喜新，以功令所载为泛常，以先儒所言为迂阔。于是猎奇好异之习兴，而躬修心得屏而不论，因之以进取，加之以希时，纷华夺其外，利欲乱其中，而所谓学术者不可言矣"[④]。然而，不能因此认为刘开尊宋排汉。刘开虽然尖锐批评汉学末流的弊病，但并不排斥汉学，他认为"道无不在，汉宋儒者之言，皆各有所宜，不可偏废也"[⑤]。所以，他主张汉宋兼取，"取汉儒之博而去其支

---

① 刘开：《论语补注自序》，《刘孟涂集·文集》卷7。
② 刘开：《上汪瑟庵大宗伯书》，《刘孟涂集·文集》卷4。
③ 刘开：《论语补注自序》，《刘孟涂集·文集》卷7。
④ 刘开：《学论》上，《刘孟涂集·文集》卷2。
⑤ 刘开：《学论》上，《刘孟涂集·文集》卷2。

离，取宋贤之通而去其疏略"①。

尊师程朱而不排斥汉学，大致是当时桐城文派共同的学术倾向。不仅刘开，管同、姚莹乃至方东树都是这种态度。在桐城文派中，批评汉学最激烈的当数方东树。尽管他在所著《汉学商兑》中不遗余力地攻击乾嘉汉学家，至于到了强词夺理、肆口诋讥的地步，但在事实上并不完全否定汉学，他也认为"训诂、名物、制度实为学者所不可阙之学"。桐城文派的三祖姚鼐，即主张合义理、考据、词章三者为一。姚鼐对程朱理学和许郑汉学兼收并取，其门弟子当亦遵守师门规矩。不过在汉宋学之间，姚鼐是有所侧重的，并不是二者同等看待。他是以宋学为主，用汉学为宋学服务。他说："汉人之为言，非无有善于宋而当从者也。然苟大小之不分，精粗之弗别，是则今之为学者之陋，且有胜于往者为时文之士，守一先生之说而失于隘者矣。博闻强识，以助宋君子之所遗则可也，以将跨越宋君子则不可也。"②刘开的旨趣，无异于乃师，也认为宋汉学之间，有大小急缓、后先轻重之别。他说得明白："吾所以尊师程朱者，非党宋也，为其所论者大，所持者下，切于民彝，而裨于实修，可以维持风教于不坠也。其兼取汉儒而不欲偏废者，非悦其博也，将用以参考异同，证明得失，可以羽翼圣道也。"③以宋学为主，汉学为辅，这就是刘开等人的基本态度。尽管刘开标榜尊师程朱，但宋学已趋衰落，不可能回复到康熙时尊宋的局面。所以，刘开又说："宋之与汉，其学固有大小缓急之殊也，其交相为用一也，合之则两得，离之则两失"，而应"兼汉宋之长，而折衷于孔孟"④。这也就是"折衷汉宋"、"调和汉宋"，无论汉学、宋学，都要归结于阐扬孔孟之道。调和汉宋，是嘉道年间学术趋向的一个表现，也是士风的一个变化。

刘开虽尊师程朱，崇尚义理，但他对义理有自己的见解。刘开不是只讲义理，而是把义理与人情相对待，不仅讲理，而且讲情。他批评"后儒不顾人情所安，而以义理之言束缚天下，严之以仪节，多之以防闲。于是

① 刘开：《学论》中，《刘孟涂集·文集》卷2。
② 姚鼐：《复蒋松如书》，《惜抱轩全集·文集》卷6。
③ 刘开：《学论》中，《刘孟涂集·文集》卷2。
④ 刘开：《学论》中，《刘孟涂集·文集》卷2。

乎有操励之学，有专敬之功，论非不是，而人莫能久从，则是言理太密之过也"。他认为"情胜理则无节，理胜情则难行。义理与人情两不相胜，则人心平而天下安"。因而，他主张"义理与人情合而为一"①。刘开的"理情合一"说，应该说是突破了理学家的"存天理，灭人欲"，是前进的。但"理情合一"落后于其乡前辈戴震的以情反理，戴震严厉谴责"后儒以理杀人"，刘开则只是调和义理与人情，人情不能越出义理的规范。

调和汉宋，是对当时面临宋学流于空虚、汉学溺于琐碎的不良学风的一种调整，希图改变无实无用的状况，而臻于通经致用。其时士习衰恶，人才日下，群奔走于利禄之场，"凡所谓经世之略可以备天下用者，皆置而不讲"，"言经既不适于用，言史又无裨于身"②。刘开对此很不满意，他批评"习俗日以浮薄。天下之士，能取科第者足以为才矣，而不通治术无伤也；有多闻博辨者足以称贤矣，而立身之有亏无损也。骤而语以忠信廉节之事，则惊愕而不欲闻，询以家国天下治安之计，则茫无一得"③。甚至"束发成童，即期以富贵。所尚者非通经也，应举之文也；所求者非致用也，干禄之术也"④。他主张经世致用，认为"古时士习六经，凡兵、农、刑、政之事，无不推寻致详，故内以资身心，而出可备天下国家之用。至记诵辞章之学兴，士溺文艺，不知经世之略"。他表示："余固好言兵、农、刑、政之事，而不甘于记诵辞章者也。"⑤刘开怀经世志向，姚莹在文章中也曾言及。他说，刘开"负大志，区画世务，体明用达"⑥。嘉道年间，讲求经世致用是学风变化的新趋向。提倡经世致用的人士颇多，不独刘开，如他的挚友姚莹，"弱冠时即以经世自任"。不过，刘开虽抱经世之志，但几次应南北乡试都未考中，"踬于诸生，身屯而道塞"，怀才不遇，不免愤世而嫉俗。

---

① 刘开：《义理说》，《刘孟涂集·文集》卷1。
② 刘开：《上汪瑟庵大宗伯书》，《刘孟涂集·文集》卷4。
③ 刘开：《学论》上，《刘孟涂集·文集》卷2。
④ 刘开：《贵齿论》，《刘孟涂集·文集》卷2。
⑤ 刘开：《沈晓堂七十寿序》，《刘孟涂集·文集》卷6。
⑥ 姚莹：《中复堂全集·东溟文集》卷6。

三

刘开作为姚门高第弟子，以文名。他的文章既承师法，又有自己的特色。刘开主张为文在于"能夺其才力，倾其蕴蓄，出其陆离光怪，泄其悲愤幽郁，以自成一家之言"①。他不仅这样说，也是力求这样做。他说："余抱简默之志也久矣，身遭困厄，内束于身心之累，外感于习俗之变，不得已而藉文以舒其悲愤之思。"②他对士习、学风、人才等的议论的文章，都是因时而发，"藉文以舒其悲愤之思"的。因此，他的文章言之有物，气积势盛。阳湖派的陆继辂评论说，刘文具"清刚疏朴之气"；管同称赞"其文辞飘忽而多奇"，"辩博驰骋，光气发露，不可掩遏"③；方宗诚认为刘文"天才闳肆，光气煜爝，能畅达其心之所欲言"④，都说的是刘文纵横清刚的风格。

刘开作文，主要是散文，但也作骈体文，其集中即收有骈体文2卷。清代文坛古文发达，而骈文也颇流行，作者甚多，并先后出版多种骈文选本总集。古文、骈文的关系，是当时人们关注的问题。不能否认存在着崇古文者排拒骈文的情况，但也有一些古文家主张骈文与古文"相杂迭用"，即骈散融会。曾师事姚鼐受古文法、阳湖文派的李兆洛，于道光元年刊行所编选的《骈体文钞》，就是体现了这一宗旨。而刘开以桐城文派而兼作骈体文，不单纯是受时风影响，或个人的喜好，也是要兼采骈文之长，融会骈散。他在《与王子卿太守论骈体书》中说："夫文辞一术，体虽百变，道本同源……故骈之与散，并派而争流，殊途而合辙……骈中无散，则气壅而难疏；散中无骈，则辞孤而易瘠。两者但可相成，不能偏废。"⑤就骈文而言，刘开也有其成就。陆继辂就很喜欢刘开的骈文，他说："桐城刘开孟涂，姬传先生古文弟子也。然其文不尽守师法，故余尤爱其俪体。尝跋

---

① 刘开：《复陈编修书》，《刘孟涂集·文集》卷3。
② 刘开：《初学集序》，《刘孟涂集·文集》卷7。
③ 管同：《因寄轩文初集》卷5、《二集》卷4。
④ 方宗诚：《刘孟涂先生墓表》，《柏堂集·前编》卷10。
⑤ 刘开：《刘孟涂集·骈体文》卷2。

其后云：'拾其片语，皆焦氏之奥词，检其数联，成联珠之妙制。而作者才思喷涌，用之如泥沙，非虚誉也。'"[1]在清人张寿荣所刊《后八家四六文钞》中，刘开作为一家入选，与李兆洛等并列。

刘开不仅能文，也能诗，在44卷的遗集中，诗占了32卷。他的诗作也得到其师姚鼐指点，姚鼐曾指出其所寄赠的五言排律存在的缺点：一是"于杜公排律，布置局格，开阖起伏，变化而整齐处，未有得也"，这是诗境大处；一是"所用故事，都不精切，止是随手填入"，这是诗律细处。姚鼐认为，"二者得一，亦可谓佳，但非其至。二无一得，便是今日草头名士之诗。吾恐明东陷入其中，故须为详言之耳"[2]。这对刘开为诗当是有益的指点。

刘开身遭困厄，佣书四方，比较了解民间疾苦，具有同情心。而他的经世思想，也蕴含着民本思想，认为"民者，地气风化之所系，国是人心之所存者也"[3]。因而在他的诗篇中，有一些如实地描写了官吏腐败、百姓穷苦的。如嘉庆十六年秋，刘开在《喜雨歌》中反映了旱灾给农民带来的灾难："禾焦土裂沙尘色，凄凉比户人无食。慈母牵儿夫别妻，仓皇走向道路啼。朝从朱门觅残粒，暮投古寺席地栖。苦甘今昔一梦毕，天明又各分路出。草间饿骨烂始收，后者招魂前者哭。哭声震天天下闻，可怜白昼无片云。"[4]嘉庆十九年，刘开在《悲哉甲戌行》中又描写了旱灾中农民的悲惨生活情景："父老相见但流涕，悲哉今又逢恶岁。昔年疮痍未全复，如何旱魃更为厉？……禾苗枯死衣典尽，十户九户无朝餐。野藕锄罢汗流颊，更剥榆皮作生业。"[5]《食蕨叹》也是写旱灾中农村的，其中有句道："昔闻力田能免饥，今见老农愁不死。出门四望面如灰，十户七闭三半开。亲里相见各无语，但问何处多野菜。"[6]

天灾往往和人祸交织在一起，刘开的诗篇不仅描写天灾给农民造成的

①陆继辂：《合肥学舍札记》卷5，光绪六年兴国州署重刊本。
②姚鼐：《复刘明东书》，《惜抱轩全集·文后集》卷3。
③刘开：《上莱阳中丞书》，《刘孟涂集·文集》卷3。
④刘开：《刘孟涂集·前集》卷2。
⑤刘开：《刘孟涂集·后集》卷7。
⑥刘开：《刘孟涂集·前集》卷2。

苦难，也揭露了在天灾之后百姓又遭官府催逼赋税之苦。在《催科吏》中写道：

> 妇女惊藏老稚走，望见旌旗逃恐后。借问逃者意云何？官领百人亲催科。追迫株连及比户，小民有口难言苦。非敢避官如避寇，自来畏役胜畏虎。官严役怒势莫当，生断人命如牛羊。忍将血肉换上考，鞭挞何碍称循良。如此用心尚何极，火煎日夜怜不得。但嗟旧岁禾为尘，人家所余唯一身。今春绝炊已累日，纵有枯髓锻不出。不出岂能使终止，官令如山违必死，明日街头鬻妻子！①

这首诗鞭挞了催科官吏穷凶极恶，如同虎狼，视百姓"人命如牛羊"。喟叹农家在经受灾荒后，"绝炊已累日"，还要完纳官府的科派，"官令如山违必死"，只好被迫在"街头鬻妻子"。百姓除完纳苛重的赋税，还要为官府服劳役。《力役谣》即描写了服劳役者的悲凄情景："自嗟充役五十载，饥寒留得只身在。长途奔走无虚日，匆皇宁得顾家室。官钱十枚余在手，归来羞涩未敢出。老妻诉骂不绝辞，囊中米尽儿啼饥。"②百姓们生活饥寒交迫，而官吏们却是骄奢淫逸："百金之费人所难，此辈掷同瓦砾看。梁肉腐臭浪弃地，路旁见者心为酸。"③《关下曲》揭露的榷官的奢靡生活，形成了鲜明的对照。

（原载《清史研究》2001年第3期）

---

① 刘开：《刘孟涂集·前集》卷2。
② 刘开：《刘孟涂集·前集》卷2。
③ 刘开：《刘孟涂集·前集》卷2。

略谈张之洞的儒学

在晚清督抚大员中，曾国藩和张之洞可以说有其独特之处。他们不仅为政，同时还做学问。这与李鸿章不同，曾国藩曾说，李鸿章"拼命做官"。曾、张为学崇尚不同，曾宗程朱理学，张尊考据学。但二人又有共同点，都主张汉宋调和，提倡经世致用。这不独他们二人如是，也是当时的学术风气。

鸦片战争后，西方国家入侵中国，西方文化也随之输入中国。同时，中国社会内部阶级矛盾和阶级斗争很尖锐，爆发了像太平天国这样大规模的农民起义。清政府内外交困，面临统治危机。而居于统治思想地位的儒学，在西方文化的冲击下，也面临危机。在这种情况下，儒学一方面出于本身的需要，要进行内部的调整；另一方面也需要发挥它作为官方统治思想来解决清政府面临危机的作用。因此，儒学在晚清发生了变化。

晚清儒学变化是多方面的，除去与西学的会通外，主要有以下两方面：一是息争、会通。儒学内部派别很多，今文经学、古文经学、汉学、宋学，宋学还有程朱理学、陆王心学等各种学术流派。这些学派之间，彼此门户之见很深，互相排斥，甚至互相攻讦。例如，嘉庆、道光年间就发生过汉宋之争。嘉庆二十三年，江藩著《国朝汉学师承记》，为清代汉学家立传，并历述其学术渊源，为汉学树正统，贬斥宋学空疏。宗宋学的方东树则著《汉学商兑》以为反击，指摘汉学脱离实际，支离琐碎。尊汉尊宋，争论激烈，势同水火。但道光年间即逐渐出现息争、调和的情况，鸦片战争以后这种趋向更为明显，儒学各派之间会通融合，诸如汉宋调和，程朱、陆王之间的兼容等。徐世昌的《清儒学案》卷180《心巢学案》中说："道咸以来，儒者多知义理、考据二者不可偏废，于是兼综汉宋学者不乏其人。"这一说法，大致不差。另一方面是儒学各派都面对现实，讲求通经致用、经世致用。鸦片战争前后，魏源等人批评学术与政事分裂的状况，主张"学问、经济无二事"。曾国藩没有将理学与经世对立起来，而是认为"经济之学，即在义理之中"。康有为从今文经学接受"三统"、"三世"和"孔子改制"说，通经致用，以主张维新变法。章太炎则以古文经学"论治"，他绍述清代考据学开创者顾炎武的"经世致用"思想，宣传民族主义。张之洞的儒学就是在上述儒学变化的具体环境中出现的，与此密不可分。

24岁那年，张之洞写了一首诗："仁厚守家法，忠良报国良。通经为世用，明道守儒珍。"这首诗大致反映了他的思想。

张之洞的学术倾向尊崇汉学，曾师从吕贤基等人。对于《易》、《礼》、《春秋》致力较深，曾留下一些札记，如《读聂氏三礼图札记》、《汪拔贡述学》以及《读经札记》中的《驳公羊大义悖谬者十四事》和《驳公羊文义最乖舛者十三事》等。但他不排斥宋学、主张治心宗宋学。张之洞反对汉宋学的门户之见，他曾说："近代学人大率两途，好读书者宗汉学，讲治心者宗宋学。逐末忘源，遂相诟病，大为恶习。夫圣人之道，读书治心宜无偏废，理取相资，诋諆求胜，未为通儒。"[①]他还说："学术有门径，学人无党援。汉学，学也；宋学，亦学也；经济、词章以下，皆学也，不必嗜甘而忘辛也。大要读书宗汉学，制行宗宋学。汉学岂无所失，然宗之则空疏蔑古之弊除矣。宋学非无所病，然宗之则可以寡过矣。"[②]这是张之洞任四川学政时撰写的《輶轩语》、《创建尊经书院记》中阐述的主张，用来教导士子怎样做学问。

张之洞除调和汉宋外，对于理学内部的程朱、陆王两派也加以调和。

① 张之洞：《輶轩语》，《张文襄公全集》卷204，1928年北平文华斋刻本。
② 张之洞：《创建尊经书院记》，《张文襄公全集》卷213。

他认为：王阳明学术宗旨虽与程朱不同，"然王出于陆，亦宋学也。尤如继别之后更分大宗小宗，不必强立门户"①，互相排斥。

一般都认为张之洞崇古文经学，很反对今文经学。这是事实。他在早年所作的《读经札记》中，就作了《驳公羊大义悖谬者十四事》、《驳公羊文义最乖舛者十三事》等文。晚年在《抱冰堂弟子记》中说："平生学术最恶《公羊》之学……谓为乱臣贼子之资。"但是，也不能把它看得过于绝对化。在戊戌维新运动及其后，张之洞针对康有为以今文经学的"三统"、"三世"和"孔子改制"说鼓吹维新变法，对今文经学的批驳尤为严厉。他在《劝学篇》中说，讲《春秋公羊》者，"实有不宜于今日之世道人心者，如禁方奇药，往往有大毒，可以杀人"。此时张之洞对讲《春秋公羊》者的批评如此尖锐，虽不无学派间的门户之见，但更重要的还是由于政治的因素。也就在《劝学篇》中，张之洞告诫青年学子，"《春秋公羊传》，止读孔广森《公羊通义》"，因为"国朝人讲《公羊》者，惟此书立言矜慎，尚无流弊"。可见他并不绝对排斥今文经学。在戊戌维新运动以前，张之洞在一些著述中对今文经学并无特别恶感。如在《国朝著述诸家姓名略》中，将庄存与、刘逢禄、龚自珍都列入"汉学专门经学家"，认为"诸家皆宗汉人家法，实事求是，义据通深者"。

虽然张之洞主张汉宋调和、朱陆兼容，但他主要还是宗汉学，对于宋学等不是同等看待。他强调治经"以汉学为本"，要"从文字训诂入手"，尤其是清代的经学"为千古之冠"，"必以国朝人经说先之"。而宋学也必须以汉学为根本，才能明义理之意义，因为"性理之学，源出汉儒"。但是，张之洞不赞成繁琐考证，主张"经学贵通大义"，"会通贯串方为有益"。他的《輶轩语》、《书目答问》很有影响，尤其是《书目答问》，"翻印重雕不下数十次"。梁启超谈他年轻时读了这两本书，"始知天地间有所谓学问"。

张之洞的"经学贵通大义"，归结为"通经致用"。他认为"读书期

① 张之洞：《輶轩语》，《张文襄公全集》卷204。

于明理，明理期于致用"。通经是"本"，是"根底"，但最终是"归于有用"。也就是说，通经的目的是为了致用。

就儒学本身而言，张之洞在晚清儒学史上有其特殊地位。

张之洞的通经致用有其根本点，这就是维护名教。辜鸿铭称他为"儒臣"，说："当时济济清流……尚知六经大旨，以维持名教为己任，是以文襄在京曹时，精神学术无非注意于此。即初出膺封疆重任，其所措施，犹是欲行此志也。洎甲申马江一役，天下大局一变，而文襄之宗旨亦一变，其意以为非效西法图富强无以保中国，无以保中国即无以保名教。文襄之效西法，非慕欧化也；文襄之图富强，志不在富强也，盖欲借富强以保中国，保中国即所以保名教。"①辜鸿铭在张之洞幕府达二十多年，跟张关系密切，他的这段话揭示了张之洞深沉思想所在。

"保名教"的思想，张之洞在《劝学篇》中即有明显的表现。《劝学篇》系统阐述了张之洞"中体西用"的思想，其中强调的是"中体"。他说："今欲强中国，存中学，则不得不讲西学。然不先以中学固其根底，端其识趣，则强者为乱首，弱者为人奴，其祸更有不通西学者矣。"所谓西学，即西艺、西政、西史；中学，即四书五经、中国史事、政书、地图。他强调："今日学者，必先通经，以明我中国先圣先师之教之旨。"以此为根本，"然后择西学之可以补吾阙者"。显然，西学是作为"补阙"而存在的，而且所可吸收者必须"无悖于经义，无损于圣教"。他在一些篇章中专门阐述"教忠"、"明纲"、"正权"，维护纲常名教，反对民权平等。他称颂纲常名教像日月经天、江河行地，是万古长存的。攻击"民权之说无一益而有百害"，"使民权之说一倡，愚民必喜，乱民必作，纪纲不行，大乱四起"。《劝学篇》得到有名的顽固派苏舆的称赞，说此书是"挽澜作柱"。而有维新思想的何启、胡礼垣则对此书作了有力的批评。

（原载《河北师院学报〔社会科学版〕》1997年第3期）

---

① 辜鸿铭：《张文襄幕府纪闻》，黄兴涛等译：《辜鸿铭文集》上册，海南出版社1996年，第419页。

"儒臣"的应变与儒学的困境

——张之洞与晚清儒学 *

　　一时代有一时代之儒学，也自然有影响各时代儒学发展的独特人物。在晚清，张之洞与儒学很有关系。虽然他在具体的学术研究上成绩微不足道，但凭借其在政治上和文教事业上的重要地位，特别是对于儒学的独特关怀，其有关的思想和活动却对儒学产生了不容忽视的影响。具体考察他这方面的思想和活动，对认识晚清儒学及张之洞本人，都是很有意义的。

一　"通经致用"与儒学自振

　　"通经致用"或"经世致用"思想渊源于明清之际的"实学"思潮。到鸦片战争和太平天国革命时期，由于挟"坚船利炮"而来的列强入侵和与之相伴随的"异教"渗透，造成王朝统治与封建儒学的双重危机，经世致用思潮遂得以再度复兴，并具有了应付来自西方冲击的新的时代内涵。曾国藩那篇著名的《讨粤匪檄》，就透露出了统治者对于儒学的强烈危机感。

　　在镇压太平天国革命的过程中，儒学各派正是受此种危机意识的驱动，在捍卫儒学和王朝统治的使命感的支配下团结了起来。如理学家罗泽

---

* 与黄兴涛合撰。

南、何桂珍、王学家、吴嘉宾，汉学家吕贤基，乃至讲求今文经学的邵懿辰等，都在反对太平天国革命运动中丧了身。张之洞的父亲张瑛也在同太平军作战中身亡。其少年时期的老师如胡林翼、韩超等，也都是在镇压太平天国中出名的具有"经济之才"的"能臣"。在此种环境下成长起来的张之洞，对儒学内部的团结和为学致用的观念，比一般士子都要强些。另外，他从小师从汉学家吕贤基，受到系统而严格的儒学教育，打下了较为坚实的学术基础。同时，由于曾国藩的提倡等因素，这一时期宋理学又相对兴盛。张之洞虽出身汉学门庭，宋学崇尚气节的精神也给他以相当影响，此种影响连同他父亲的"殉节"行为，有力地促成了其执着名教、讲求气节的品格。而以上诸种因素的交互作用，则最终塑造了他既重视致用又强调研经的思想——通经致用。

严格说来，"通经致用"与"经世致用"尚有差别。后者主要强调致用，而前者则将"通经"和"致用"两者并举，甚至视"通经"为"致用"的前提条件。24岁那年，张之洞在一首叙辈诗中写道："仁厚守家法，忠良报国恩。通经为世用，明道守儒珍。"[①]这不仅表明了其"通经致用"思想的形成，也预报了他今后所要从事的事业。

张之洞开始对晚清儒学发生影响，是在19世纪60年代末和70年代初。这时他出入翰院，担任学官，以"通经致用"思想教士论学，全面致力于振兴儒学的事业。大致说来，在出任封疆之前和之初，他振兴儒学的活动主要表现在以下几个方面：（一）广设书院和义学，扩大儒学传习范围。任学官时，张之洞在湖北和四川分别设立了经心书院和尊经书院，从书院带"经"的名称上，其用心可见一斑。初任巡抚时，他更是大展宏图，提倡"减社钱以广义学"，"免差役以尊学校"，"清学田以复旧章"，"筹经费以修书院"，等等[②]。1881年他在山西兴建令德堂，乃至日后在广东建广雅书院，也都和经心书院、尊经书院一样是传习儒学的阵地。不过，这些书院与只为科考服务的旧式书院又不尽相同，它们"皆课通经学古之学，

---

① 许同莘：《张文襄公年谱》卷1，第6页。
② 张之洞：《咨学院筹商事宜》，《张文襄公全集》卷89，第25—30页。

不习时文"①。（二）编纂《輶轩语》和《书目答问》二书，论学教士，培养儒学学术种子。这两本书均成于1875年，当时张之洞正在四川学政任内。在这两本书中，他阐述了"通经致用"的学术思想，为青年学子指点学术门径，充当"老师"，显示出为一般封建官僚和腐儒学究所难以企及的学术视野，成为晚清振兴和光大以儒学为核心的传统学术的有力工具。（三）提倡并带头印刻学术书籍，为士人研习儒学提供方便。在《书目答问》中，张之洞曾专列"劝刻书说"，认为"刻书者传先哲之精蕴，启后学之困蒙，亦利济之先务，积善之雅谈也"②。后来他出任两广总督后创设广雅书局，专刻"经史有用之书"③，就秉承此志而来。

此外，广泛交游京师名流学士，切磋学术，砥砺气节，弘奖风气，也是张之洞出任封疆以前力图振兴儒学活动的重要方面。张氏喜欢研经，据他晚年自称："生平于《易》、《礼》、《春秋》致力最深，欲乞身归里，著经说数种，而事与愿违，颇以为憾。"④他关于经学的著述，主要是早年所做的一些札记。其中不少后来都辗转丢失了。从其所留下的一些札记来看，他对"三礼"、《春秋》的确有所研究。如所做《读聂氏三礼图说札记》和《汪拔贡述学》中对礼器、礼制的研讨与方法的阐释，关于"大小戴记"是否存在的辨析等，都不无他自己独到的见解。关于《春秋》三传的研究，尤其是对《公羊》学的有关驳议也是如此（不知是否后来补作）。

张之洞还喜欢以金石证经，颇好金石之学。据称他在京师时，"与潘文勤……吴清卿为金石之学，京师号为清流党"，而在这些人中间，论水平则"以张孝达（之洞——引注）为上首"⑤。《张文襄公全集》中留有几卷金石学札记，反映他早年确实对此下过一番苦功。他曾作《揭铭》诗云："鼎彝何足好，所好其文字。款识多通假，往往证经义。"⑥可见其治金石服务于经学研究的目的。

---

① 张之洞：《抱冰堂弟子记》，《张文襄公全集》卷228，第122页。
② 张之洞：《书目答问》卷4，《张文襄公全集》卷209，第36页。
③ 张之洞：《抱冰堂弟子记》，《张文襄公全集》卷228，第6页。
④ 《南皮学案》（上），徐世昌编：《清儒学案》卷187，第47页。
⑤ 朱德裳：《三十年闻见录》，岳麓书社1985年，第75、55页。
⑥ 张之洞：《张文襄公全集》卷225，第19页。

在振兴儒学的活动中，张之洞高揭"通经致用"的旗帜，大声呼吁"读书期于明理，明理期于致用"①，他认为，致用之道，学有多途，但必须首先"通经"，因为为学要"有本"。这"本"，"学人因谓之根柢"。"苟有其本，以为一切学术，沛然谁能御之，要其终也，归于有用。天下人材出于学，学不得不先求诸经……其势然，其序然也。"②

那么，怎样才能为实现"致用"的目标而"通经"呢？换言之，如何才能使儒学达到致用呢？张之洞为此提出了他关于儒学的基本思想。

首先，他主张儒学各派要相互宽容，破除门户之见，以致用为归。他严厉批评儒学内部的门户之习，指出："近代学人大率两途，好读书者宗汉学，讲治心者宗宋学，逐本忘源，遂相诟病，大为恶习。夫圣人之道，读书治心宜无偏废，理取相资。诋諆求胜，未为通儒。""要之学以躬行实践为主，汉宋两学皆期于有品有用。"③他告诫学人汉宋两学各有长短得失，互相争执既无好处也无结果，两派都应当正视现实，彼此采取客观冷静的态度："学术有门径，学人无党援。汉学，学也；宋学，亦学也……汉学岂无所失，然宗之则空疏蔑古之弊除矣；宋学非无所病，然宗之则可以寡过矣。至其所短，前人攻之，我心知之，学人贵通，其论事理也，贵心安，争之而于己无益，排之而究不能胜，不如其已也。"④他还认为，汉宋两学都以儒经为据，彼此之间本来就没有绝对的界线。"用汉学之师法，虽兼采诸儒之说，亦汉学也。宗宋学之准绳，虽不谈性理亦宋学也。汉学师法止于实事求是，宋学准绳止于严辨义利，无深谈也。"⑤并且"真汉学未尝不穷理，真宋学亦未尝不读书，即使偏胜，要在宗法圣贤，各适其用"⑥。他还进一步指出，"性理之学源出汉儒"，乾嘉考据之学则由宋儒王应麟开其端，"强生分别，不知学者也"⑦。

① 张之洞：《张文襄公全集》卷204，第36页。
② 《创建尊经书院记》，徐世昌编：《清儒学案》卷187，第33页。
③ 张之洞：《輶轩语》，《张文襄公全集》卷204，第31—32页。
④ 《创建尊经书院记》，徐世昌编：《清儒学案》卷187，第35—36页。
⑤ 《创建尊经书院记》，徐世昌编：《清儒学案》卷187，第35—36页。
⑥ 张之洞：《輶轩语》，《张文襄公全集》卷204，第31—32页。
⑦ 张之洞：《輶轩语》，《张文襄公全集》卷204，第31—32页。

除了主张"汉宋调和"外，对于宋明理学内部的分歧，张之洞也力加弥合，所谓"王阳明学术宗旨虽与程朱不同，然王出于陆亦宋学也，尤如继别之后更分大宗小宗，不必强立门户，互相訾謷"①。

主张儒学内部的调和，无论是汉宋调和还是朱王调和，都不从张之洞始。尤其是汉宋调和的思想早在鸦片战争之前就已出现，鸦片战争后，曾国藩、陈澧等人都曾加以提倡。徐世昌总结说："道咸以来，儒者多知义理考据二者不可偏废，于是兼综汉宋学者不乏其人。"②此言大体不差。张之洞正是承接这一思潮而来，又为这一思潮推波助澜。

其次，从经学研究的角度，张之洞还提出了"通经"的具体原则、方法和门径。在这方面，他的思想主要有三点值得注意：一是强调汉学基本功和清代经学的价值，二是注重通晓儒经大义，三是阐明治经次序。这三者又互相贯通。

张之洞认为，治经学除了必须遵循"汉宋兼容"的原则之外，在具体的通经过程中还须"以汉学为本"。因为"经是汉人创作，义有师承、语有根据，去古最近，多见古书，能识古字通古语，故必须以汉学为本而推阐之乃能有合"。但他同时又认为汉人说经也有错漏，"汉学者，用汉人之法得汉人之意之谓也"③。在这方面，清朝学者实最有成绩。他申述说："经语惟汉人能解，汉儒语惟国朝通儒能遍解。何也？国朝诸大儒读书多，记书真，校书细，好看古书，不敢轻改古本，不肯轻驳古说，善思善悟，参校善，比例差，分别真伪，故经学为千古之冠。"所以他主张"宜读国朝人经学书"，治经"必以国朝人经说先之"④。从经学发展史的角度来看，张之洞的此种见解显然有其合理之处，但同时也反映出他所谓"汉宋调和"并非等量齐观，而是"宗汉学不废宋学"。这一学术取向，从他取名"广雅"也能略见一斑。

为克服汉学繁琐考据、无所用世的弊病，张之洞又主张"经学贵通大

---

① 张之洞：《輶轩语》，《张文襄公全集》卷204，第31—32页。
② 《心巢学案》，徐世昌编：《清儒学案》卷180。
③ 张之洞：《輶轩语》，《张文襄公全集》卷204，第13—18页。
④ 张之洞：《輶轩语》，《张文襄公全集》卷204，第13—18页。

义"。他认为"每一经皆有大义数十百条，宜研究详明、会通贯串方为有益，若仅随文识解，一无心得，仍不得为通也"。并特别声明"若细碎事体猝不能定，姑仍旧说，不必徒耗日力"①。这与一般考据派学者的态度明显有别。与此相一致，他还强调读经宜读全本，《礼记》、《周礼》断不可删，以免偏解经义；读经宜正音读、且宜读正经正注（主要是《十三经注疏》）等正统的治经原则。

在以上两点的基础上，张之洞进一步提出了具体的治经门径和次序。他告诫士子"《汉学师承记》为治经学门径"，治经要"以《皇清经解》为大宗"，"先看赫疏《尔雅》、段注《说文》、《经义述闻》三种"，然后再循序渐进，择经而专②。认为治经虽"宜治一经"，但却必须对诸经义有大致的了解。而要了解诸经大义，又必须根据各经文字训诂的难易程度和经籍本身的大义及彼此之间的关系，来依序进行。张之洞所提出的通经顺序大致如下：

《孝经》—《孟子》—《论语》—《毛诗》—《礼》（《仪礼》、《礼记》、《周礼》）—《尚书》—《春秋》（《左传》、《公羊》、《榖梁》）—《周易》③。

这个通经顺序，包含着相当的合理性，远非同时期和以前那些各持门户之见教徒研经者可比，它对后学具有一定的启迪作用。当代著名经学史家周予同先生从经学史角度提出"通经"的所谓"顺序研究法"，与此便有不少共同之处④。但这里面也带有张之洞的偏见。张之洞在儒经中较为看重晚出的《孝经》，（他取字"孝达"或许与此不无关系），而《孝经》虽义显文浅，却不在五经四书之列，似不应在前。

以上谈的是"通经"问题。至于"致用"，张之洞认为"可用于考古，可用以经世，可用以治身心三等"⑤。考古和治身心或可从汉宋之学中直接获得，而经世之用则无法全部从儒学中获取，因此，他在一定程度上开始

---

① 张之洞：《辎轩语》，《张文襄公全集》卷204，第13—18页。
② 张之洞：《辎轩语》，《张文襄公全集》卷204，第13—18页。
③ 张之洞：《治经宜有次第》，《张文襄公全集》卷204，第15—17页。
④ 朱维铮编：《周予同经学论著选集》，上海人民出版社1983年，第630页。
⑤ 张之洞：《辎轩语》，《张文襄公全集》卷204，第30页。

突破儒学范围，提倡诸子之学。他说："以经学家实事求是的方法读子，其益无限。大抵天地间人情物理，下至猥琐纤末之事，经史所不能尽者，子部无不有之，其趣妙处较之经史尤易引人入胜。故不读子不知瓦砾糠秕无非至道，不读子不知文章之面目变化百出莫可端倪也。此其益人，又有在于表里经史之外者矣。"①在《书目答问》中的"子部"目里，张之洞还特将"周秦诸子"单独列目。其中，儒家书仍占大多数（132部），其他各家也有了相当比例（92部，占"周秦诸子"部总数目的41%）。另外，他还告诫士子"读子宜读丛书"，这样既方便又有用②，治子有方法，"《古今伪书考》为读诸子之门径"③，等等。不仅如此，在《书目答问》里张之洞还列入了一些西学书，如在"子部"里的天文算法类，总数66部里兼通"中西法"的书就列有27部，纯粹的"西法"书也有13部。农书类列有《泰西水法》6卷，兵书里还列有上海制造局刻印的"新译西洋兵书五种"等，并强调"皆极有用"。这表明张之洞对时务的关心，且此时他对于西学也不像通常人们所认为的那样讳莫如深。

但是，总体来说，张之洞在初任封疆之时及之前，以"通经致用"思想教学教士，主要还是起到了光大儒学的作用，对于以经学为核心的传统学术产生了较为积极的影响。国学大师、现代新儒家的重镇钱穆曾自称："余学无师承，亦未受过大学教育，但自知钻研，恒以曾、张二公为师耳。"④梁启超也公开承认，他年青时"得张南皮之《輶轩语》、《书目答问》，归而读之，始知天地间有所谓学问"⑤。尤其是《书目答问》一书，在清末以后几十年间，"翻印重雕不下数十次，承学之士，视为津筏，几至家置一编"⑥。可见其学术价值和影响之大。后来，曾帮助张之洞编撰此书的缪荃孙不无自豪地说："此书通行后，何啻得千百万导师于家塾，而保

---

① 张之洞：《輶轩语》，《张文襄公全集》卷204，第23页。
② 张之洞：《輶轩语》，《张文襄公全集》卷204，第23页。在《书目答问》中，张之洞于传统的图书分类"经史子集"之外，专刊"丛书"一类，这是张之洞的"特识"，是他对传统目录学的新发展。而丛书多收子部书。
③ 张之洞：《輶轩语》，《张文襄公全集》卷204，第27页。
④ 坚如：《张文襄公治学方法述评》，《新东方》1940年第2卷第1期。
⑤ 梁启超：《饮冰室合集·文集之一》，第55页。
⑥ 范希曾：《书目答问补正》序，中华书局1981年。

全旧学不致湮没于尘埃，流失于外域。旧学绝续之交，岂非绝大关系之事哉！"①此说虽含自诩，倒也在一定程度上真实地反映了《书目答问》对振兴儒学及其他传统学术的重要作用。

另外，张之洞在论学教士的过程中，还培养和识拔了一批儒学人才，如廖平、孙诒让、宋育仁、杨锐、袁昶等，他们日后都成为有造诣的经学家，在晚清儒学史上占有其独特的地位。

二 "中体西用"与儒学自守

张之洞对晚清儒学的影响，不仅表现在致力于振兴儒学方面，更表现在维护和捍卫儒学名教方面，后者和前者有直接的承继关系，但又具有新的时代内容和特点。

甲午以后，中国学术思想界西潮奔涌，主张吸收西学、会通中西的思想成为时代主潮。甲午至戊戌时期，儒学界最具活力的是康有为为代表的今文经学。它否定古文经，鼓吹孔子改制，"援西入儒"，并借经言政，导演了一场戊戌维新的活剧。张之洞也是这一时期主张儒学会通西学的主要代表，但他却与康有为等人不同，他虽然也提倡吸收西学，但却坚守儒学根本，固执名教，主张"中学为体，西学为用"。

张之洞学术思想的变化是在出任封疆以后逐渐完成的。与此相一致，他在政治上也转变为洋务派。促使张之洞实现转变的原因诸多，主要是时代逼迫的结果，从学术思想本身来看，则是其内在的"致用"精神的延伸。"致用"的纽带将"诸子之用"与"西学之用"并不困难地连结起来，同为张之洞所提倡。这一点早在《书目答问》中已露端倪。然而，无论是"诸子之用"还是"西学之用"，在张之洞那里归根结底都只是为维护王朝统治、振兴和捍卫儒学服务而已。其心腹幕僚辜鸿铭曾准确地揭示他这一

---

① 缪荃孙：《艺风堂文集·续集》卷5，1913年刻本，第9页。

深沉的思想动机：

> 盖当时济济清流……尚知六经大旨，以维持名教为己任。是以文襄在京曹时，精神学术无非注意于此。即初出膺封疆重任，其所措施，犹是欲行此志也。洎甲申马江一败，天下大局一变，而文襄之宗旨亦一变，其意以为非效西法图富强无以保中国，无以保中国即无以保名教。[①]

然而张之洞保国护教毕竟采取的是一种曲折的方式，他以封疆大吏的身份提倡西学，其影响所及，直接将青年学子拖出儒学殿堂，引向西学天地，所以连梁启超也承认张之洞在戊戌以前"依然是提倡风气的一个人"[②]。因此，戊戌前他标榜"中体西用"，从社会效果和学界影响来说，主要成为接纳西学，因而潜在冲击了儒学的一面为社会所广泛接受的调和旗帜。因为他自己当时在把握"中体西用"原则时，实际上也并未能像后来那样判然轻重，而恰恰是作为"体"的儒学受到至尊至崇的"冷落"，这种情形从他创办的自强学堂、农务和商务学堂正式课程中不安排儒学，只规定利用空暇读经的做法，便可见一斑。

但是，张之洞提倡西学归根结底不过是手段而已，一旦他意识到西学直接威胁于儒学名教，便要起而捍卫。戊戌前夕，当了解维新派康有为以经学形式输入西方社会政治学说，提倡民权、自由、平等，并以此为理论依据进行政治改革的时候，张之洞便赶紧与之划清界线。他一面告诫康、梁不要"固执"谬说，一面给追随康梁的报刊《时务报》和《湘学报》里的维新派施加压力，如"强令湘学报馆改正素王改制之说，自己认错"等[③]。与此同时，他还"纠率许多汉学宋学先生们著许多书"，同康、梁等人争辩，对康、梁的学说进行驳斥[④]。至"百日维新"前夕，他更亲自著成

---

① 辜鸿铭：《清流党》，《张文襄幕府纪闻》，黄兴涛等译：《辜鸿铭文集》，第419页。
② 梁启超：《五十年中国进化概论》，李华兴等编：《梁启超选集》，第835页。
③ 谭嗣同：《致汪康年书》，蔡尚思、方行编：《谭嗣同全集》（增订本）下册，第512页。
④ 梁启超：《清代学术概论》，朱维铮校注：《梁启超论清学史二种》，复旦大学出版社1985年，第124页。

《劝学篇》，系统阐述其"中体西用"思想，极力强调"中体"，以捍卫儒学名教，"绝康梁并以谢天下"①。

张之洞指出："今欲强中国存中学则不得不讲西学，然不先以中学固其根底，端其识趣，则强者为乱首，弱者为人奴，其祸更有不通西学者矣。"他主张"今日学者，必先通经，以明我中国先圣先师之教之旨"，进而了解其他一些中国旧学，以此作为根本，"然后择西学之可以补吾阙者"②。这个"用"仅处于"补缺"地位，且必须"无悖于经义，无损于圣教"。在《劝学篇》的《教忠》、《明纲》、《正权》等篇中，张之洞明确排斥民权、自由、平等的西方社会政治学说及政治制度，以维护封建儒学的纲常伦理。他认为"民权之说，无一益而有百害"，甚至声称"圣人之所以为圣人，中国之所以为中国"，就在于有三纲五伦。从而表明了与康、梁等人在思维取向上的根本差异。

除了政治思想的背景之外，张之洞与康、梁的分歧还存在学术思想方面的因素。他长期不满于疑经的今文经学即所谓"公羊学"的某些治学方法。在他早年所作的《读经札记》中，就有《驳公羊大义悖谬者十四事》和《驳公羊文义最乖舛者十三事》等文，认为公羊之学狂谬不通、歪曲经义的很多，在其晚年发表的《抱冰堂弟子记》里，他表白说："平生学术最恶公羊之学，每与学人言，必力诋之，四十年前亦然，谓为乱臣贼子之资。"③张氏这种态度的形成与今文经学本身的特点和其在近代的影响是紧密相关的。今文经学讲求"微言大义"，形式灵活多变，加之又蕴含"三世"等变化学说，最为关心时局、主张变革的人们所青睐，因而今文经学的崛起和发展，便成为近代经学中最有活力和生机的一幕。从龚自珍、魏源抨击封建统治的腐败，呼唤"变革"，到康有为鼓吹"民权"维新变政，其对封建统治的冲击，一浪高过一浪，情形十分明显。另外，今文经学家一般都怀疑古文经，至康有为则发展到极至，他竟宣布所有古文经都是

---

① 黄兴涛等译：《辜鸿铭文集》，第419页。
② 张之洞：《劝学篇》，《张文襄公全集》卷202，第27页。
③ 张之洞：《抱冰堂弟子记》，《张文襄公全集》卷228，第27页。

"伪经"。这对传统儒学冲击之大，可以想见。

不过，张之洞对于今文经学，也并非像他自己在戊戌及以后所表白、后来又为许多学者所认可的那样，一开始就极端厌恶。他这种学术态度其实也有一个发展演变、逐渐强化的过程。在《輶轩语》和《书目答问》二书中，可以看到，张氏主张调和汉宋，兼容陆王，却没有提及泯灭今古文经学的界线问题。他虽然也泛泛地谈到"公羊家师说虽多，末流颇涉传会"[①]，但强调的是通经义之难，而并无过分责怪之意。另外他认为"公羊家理密而事疏"，"《左传》家事详而理略"[②]。也是各打五十大板，并不见有明显的偏倚之心。不仅如此，由于张之洞出身汉学门庭，且今文经学家治经多不分汉宋门户，主张不死拘文字贵通大义一点，与张之洞的经学主张也有共同之处。所以张之洞在"国朝著述诸家姓名略"中，曾将清代今文经学的始祖庄存与、刘逢禄及其健将龚自珍都列入"汉学专门经学家"一类，认为"诸家皆笃守汉人家法，实事求是，义据通深者"[③]。在"《春秋公羊》家著述"目录里，他也列出了刘逢禄和龚自珍的著作，并且无任何贬词。在"国朝经济家"里，同样列入了龚自珍、魏源，还明显表露出推重其为学致用之心。此外，张之洞同意延请治今文经学的王闿运为尊经书院山长，和廖平保持了那么长久的师生之谊，这也都在在说明了戊戌以前至少是出任疆臣以前，张之洞作为一个汉学学者，从治学本身的角度考虑多些，并不曾对今文经学有格外的偏见。当然，这样说也并不排除张之洞对公羊之学某些治学方法一开始就有不以为然的地方，比如其"妄谈"经义，喜欢疑经，等等。公羊学家大多怀疑《周礼》，而张之洞则对《周礼》崇信有加，在《书目答问》的《周礼》目下，他便严正声明，"疑经者不录"[④]。后来，今文经学在这一点上走向极至，在学界的影响也急剧增大，直接构成对名教的威胁，这才引起张之洞的嫉恨。

有趣的是，张之洞虽不喜欢今文经学，并嫉恨康有为的公羊学，他

---

① 张之洞：《輶轩语》，《张文襄公全集》卷204，第16—17页。
② 张之洞：《輶轩语》，《张文襄公全集》卷204，第16—17页。
③ 张之洞：《张文襄公全集》卷209，第39页。
④ 张之洞：《张文襄公全集》卷209，第13页。

的门生中却出了一个极著名的公羊学家廖平，此人对康有为经学思想的形成，还产生过直接影响。

廖平是尊经书院的学生，从王闿运治公羊学。他受知于张之洞，颇得重爱，屡被拔识，于是"对张知己之感独深"①。以后凡有经学之作，无不送给张氏过目，据传张之洞以其发挥公羊学多有出格之论，每每严加告诫。梁启超曾说："有为早年，酷好《周礼》……后见廖平所著书，乃尽弃其旧说……（廖平）颇知守今文家法。晚年受张之洞贿逼，复著书自驳。其人固不足道，然有为之思想，受其影响，不可诬也。"②有人（包括廖平本人）甚至认为，康有为的《新学伪经考》和《孔子改制考》竟是参照了廖氏的有关著作。这种观点及梁启超在此所提到的廖平晚年"受张之洞贿逼"一事，尚是学术界一大公案。但无论如何，康有为的思想受过廖平的直接启示，而戊戌时期廖平经学思想的转变又受到过张之洞的重要影响，当是不可否认的事实。1897年秋，张之洞通过宋育仁转告廖平："风疾马良，去道愈远，解铃系铃，惟在自悟"，并命其改订经学条例，不可讲今古学及《王制》并攻驳《周礼》等③。可见这位声称多变的"六译先生"放弃尊奉今文经立场的经学第三变，恰恰发生在戊戌前夕，绝非偶然。

戊戌时期，张之洞曾作过一首题为《学术》的诗写道："理乱寻源学术乖，父仇子劫有由来。刘郎不叹多葵麦，只恨荆榛满路栽。"并注释说："二十年来，都下经学讲《公羊》，文章讲龚定庵，经济讲王安石，皆余出都以后风气也，遂有今日。伤哉！"④诗中的"刘郎"即刘逢禄，他是继清代公羊学始祖庄存与之后大张公羊学旗帜之人。在一系列专门著作中，他不仅宣称只有公羊学说才得孔子真传，传授公羊学派的学统方为儒学正统，还大力阐发以"变"为核心的"张三世"、"通三统"的《公羊》大义，对晚清公羊学产生了直接而重大的影响。所以，张之洞追寻清代今文经学的学术来源时，放过庄存与，直谴刘逢禄，实乃明眼。当然，张之洞

---

① 廖幼平编：《廖季平年谱》，巴蜀书社1985年，第53页。
② 梁启超：《清代学术概论》，朱维铮校注：《梁启超论清学史二种》，第63页。
③ 廖幼平编：《廖季平年谱》，第53页。
④ 张之洞：《张文襄公全集》卷209，第12—13页。

当时作此诗，急于表达对公羊学由来已久的嫉恨，也不无为自己洗刷干系的嫌疑。

那么究竟应如何对待《公羊传》呢？该传虽义隐难求、容易走火入魔，但毕竟属于儒家经典，总不能因噎废食的。在《劝学篇》中，张之洞告诫青年士子："《春秋公羊传》，止读孔广森《公羊通义》。"因为"国朝人讲《公羊》者，惟此书立言矜慎，尚无流弊"①。孔广森乃孔子68代孙，所著《公羊通义》是清代继庄存与《春秋正辞》后第二部公羊学著作。在晚清，孔氏及其书并不为公羊学家们所重，一般都认为他"不通家法，其书违失传旨甚多"②。但张之洞看重的是其朴学的治经方法，以及主张《春秋》三传平起平坐，抹杀今古文界线，指责何休阐发《公羊》"改制"说等为"不通"的经学观点，至于《公羊传》本身实有的内涵如何，早已不是他所要关心的重点。

惟其如此，张之洞并没有停留在只防公羊之学的流弊之上。他还处心积虑，进而提出全面的"防弊"主张。他说："群经简古，其中每多奥旨，异说或以篇简摩灭，或出后师误解。汉兴之初，曲学阿世以冀立学，哀平之际，造谶益纬，以媚巨奸，于是非常可怪之论益多，如文王受命、孔子称王之类……而说《春秋公羊》者为尤甚……演其余波，实有不宜于今日之世道人心者，如禁方奇药，往往有大毒，可以杀人。假如近儒《公羊》之说，是孔子作《春秋》而乱臣贼子喜也。"③由此他还提出："诸经之义，其有迂曲难通分歧莫定者，当以《论语》、《孟子》折衷之论。《孟》文约意显又群经之权衡矣。"④显然，这已不是一个求真治学者的研经态度，而是一个狂热"儒臣"的护教固经之举了。

出于对儒学名教的深忧，张之洞对诸子的态度也因之发生了变化。他一改以往偏重申说诸子学"致用"功能的做法，变为反复强调诸子学的弊端。在《劝学篇》中，他专做《宗经》一篇，规劝士子"道光以来，学人

① 张之洞：《劝学篇》，《张文襄公全集》卷202，第32页。
② 梁启超：《中国近三百年学术史》，朱维铮校注：《梁启超论清学史二种》，第314页。
③ 张之洞：《劝学篇》，《张文襄公全集》卷202，第19—22页。
④ 张之洞：《劝学篇》，《张文襄公全集》卷202，第19—22页。

喜以纬书、佛书讲经学，光绪以来，学人尤喜治周秦诸子，其流弊恐有非好学诸君子所及料者"①。指出，诸子之学意在偏胜，因而各有偏失。不如"圣人之道大而能博，因材因时，言非一端，而要归于中正"。认为"九流之精，皆圣学之所有也，九流之病，皆圣学之所黜也"②。也就是说只要笃守儒学，信奉儒道，不学诸子也未尝不可。这就又将诸子回复到原来的最低学术地位。

不仅如此，张之洞为了防患，还煞费苦心地将诸子"最为害政"、"施于今日必有实祸者"，一一列举出来，认为"学老者，病痿，学余子者，病发狂"。其中他专门提到荀子，指出"荀子虽名为儒家，而非十二子，倡性恶，法后王，杀《诗》《书》（读隆杀之杀），一传之后，即为世道经籍之祸"③。他特别强调，在诸子中，老子之学为害最巨，认为造成中华积弱不振，甘于愚钝的正是老学的罪过，而非儒学的责任。那误国误民的"大巧若拙"一语便源于老庄之学。

戊戌后期，更能体现张之洞沉重的儒学忧思的，尚在于他此时所提出的儒学"守约"主张上。张氏强烈意识到："沧海横流，外侮洊至，不讲新学则势不行，兼讲旧学则力不给，再历数年，苦其难而不知其益，则儒益为人所贱，圣教儒书浸微浸灭，虽无嬴秦坑焚之祸，亦必有梁元文武道尽之忧，此可为大惧者矣。"④面对这一危局，他认为必须"设一简易之策以救之"，是为"守约"，即以简单易行的方式，守住儒学中最为精髓的东西。为此，他专门列举了以儒家经学为核心的各门旧学的"守约"之法。最后他"损之又损"，对资性平弱的人只嘱其读朱子的《近思录》、陈澧的《东塾读书记》，另加两本史书《御批通鉴辑览》和《文献通考详节》，以为"果能熟此四书，于中学亦有主宰矣"⑤。

关于经学，张之洞的"守约"之法主要还是"通大义"。这时他讲

① 张之洞:《劝学篇》,《张文襄公全集》卷202, 第19—22页。
② 张之洞:《劝学篇》,《张文襄公全集》卷202, 第19—22页。
③ 张之洞:《劝学篇》,《张文襄公全集》卷202, 第19—22页。
④ 张之洞:《劝学篇》,《张文襄公全集》卷202, 第29—30页。
⑤ 张之洞:《劝学篇》,《张文襄公全集》卷202, 第29—30页。

"通大义"和出任封疆之前又有几点不同：以前重视"通"的学术途径，强调汉学的"考古"功夫，现在则认为"考古非要"了；以前讲"大义"只是泛论，现在则一一落实了。他说："切于治身心治天下者谓之大义"，如《易》的大义是"阴阳消长"，《尚书》的大义是"知人安民"，《诗经》的大义是"将顺其美，匡救其恶"，《春秋》的大义是"明王道诛乱贼"，《礼记》的大义是"亲亲、尊尊、贤贤"，《周礼》的大义是"治国、治官、治民，三事相维"[①]，等等。这里，张之洞所概括的儒经各义是否准确并不重要，重要的在于他此时不得不勉为其难地去作这样一种概括，实典型地反映了西学西力冲击之下儒学的悲哀。

此外，张之洞这时讲"通大义"和以前还有一点不同在于，他明确提出了一套自成一体的系统"通经"法式，即"明例"、"要旨"、"图表"、"会通"、"解释"、"阙疑"、"流别"的七条所谓"提要钩元之法"。"明例"指的是明经书义例，这是治经的传统方法；"要旨"指"今日尤切要者，每一经少则数十事，多则百余事"；"会通"指"本经与群经贵通"之义，"解释"指"先儒异义各有依据者，择其较长一说主之，不必再考，免耗日力"；"阙疑"指"隐奥难明碎义不急者，置之不考"；"流别"指的是"本经授受之源流，古今经师之家法"[②]。这七条方法中，有的张之洞以前也曾谈到，甚至还嘱门人进行过尝试。如甲午以前，他嘱廖平纂《左传经例长编》、宋育仁纂《易例长编》等，即是经学"明例"之作[③]。但如此完整地提出这七条治经法式，似属张之洞此时的发明。

戊戌以后，张之洞曾急切地四处找人，按照他所谓的七条方法组织编纂经书，1898年底，他曾托梁鼎芬电请广州的经学家杨惇甫，要其"择一二经先编明例一卷寄来"[④]。至于结果如何，不得而知。不过张之洞坚信，以这样的方法治经和读经，"浅而不谬，简而不陋，即或废于半途，亦不至全无一得。有经义千条以开其性识，养其本根，则终身可无离经畔道之

---

① 张之洞：《劝学篇》，《张文襄公全集》卷202，第37页。
② 张之洞：《劝学篇》，《张文襄公全集》卷202，第31—32页。
③ 许同莘：《张文襄公年谱》卷7，第125页。
④ 许同莘：《张文襄公年谱》卷7，第125页。

患"①。张之洞希冀在儒学生死存亡的危急关头，通过这种"守约"的权宜之策，暂时保存儒学种子，以待将来发挥光大，所谓"书种既存，终有萌蘖滋长之日，吾学吾书庶几其不亡乎！"②一片保守苦心，昭然若揭。

张之洞声称，他的"中体西用"并非顽固保守之论，而是一种正确无弊的中西会通原则。他抨击康有为杂糅中西是一种"自扰"，"自扰者，令人眩惑，丧其所守"③。而似乎只有他的"中体西用"说才是一种"自固"。为了论证"中体西用"会通方式的合理性与可能性，他特别从儒经中去发掘蕴含西学的"经义"。如他指出，《论语》里"敏则有功"，是"工宜机器，行宜铁路之义"；《周礼》"司市"，是"商学之义"；《论语》"教民七年，可以即戎"，是"武备学堂之义"；《中庸》"赞天地之化育"，是"西学格致之义"；《周礼》"土化之法，化治丝枲，是"化学之义"；《礼运》"货恶弃地"，是"开矿之义"；等等。也就是说，现今西学里的自然科学及其应用，大都符合"圣经之大义"，"圣经已发其理，创其制"④。这就不仅论证了儒经的高明，也劝化了那些不知迂回的顽固派们。从后一意义上说，张之洞此举实也不乏"托古"应世的味道。

与此同时，张之洞还通过对儒学的重新诠释，人为地排斥了其部分痼疾。他明确指出："浅陋之讲章，腐败之时文，禅寂之性理，杂博之考据，浮泛之词章，非孔门之学也。孔门之学，博文而约礼，温故而知新，参天而尽物。孔门之政，尊尊而亲亲，先富而后教，有文而备武，因时而制宜。"⑤这种所谓"去芜留菁"的重新诠释，应当说增强了儒学适应现实的能力，并在一定程度上堵塞了当时抨击儒学者之口。所以连光绪皇帝也认为张之洞所言"平正通达，于学术人心大有裨益"，并令各省学官督抚对《劝学篇》"广为刊布，实力劝导，以重名教而杜厄言"⑥。这样，张之洞所阐述的"中体西用"思想便正式成为清王朝最基本的文化政策和教育方

① 张之洞：《劝学篇》，《张文襄公全集》卷202，第33页。
② 张之洞：《劝学篇》，《张文襄公全集》卷202，第31页。
③ 张之洞：《劝学篇》，《张文襄公全集》卷202，第48页。
④ 张之洞：《劝学篇》，《张文襄公全集》卷202，第45—48页。
⑤ 张之洞：《劝学篇》，《张文襄公全集》卷202，第27页。
⑥ 张之洞：《劝学篇》，《张文襄公全集》卷202，第1页。

针，同时也越来越成为封建士大夫捍卫儒学纲常的理论权威。

经过这一时期的斗争，戊戌以后，儒学内的今文经学派迅速走向消亡，宋学得以苟延，古文经学则出现了相对活跃的局面，这虽然主要是政局变化的结果，与张之洞的努力也不无一定的关联。戊戌时，张之洞为了保名教，对重纲常讲气节的宋学予以了一定程度的强调，且由于过于重视"通大义"的缘故，也容易造成人们对汉学的轻忽之心，有的学者因此认为张之洞此时所奉的"正学"是宋学①。严格说来，这是不准确的。张之洞当时所强调的"正学"主要针对今文经学而言，除了宋学之外，还当包括古文经学在内。戊戌前夕，他特邀古文经学家章太炎赴鄂办《正学报》即是明证，只是由于章太炎与他政治见解分歧的缘故，其计划最终流于破产而已。

20世纪初，最为活跃的正统派古文经学家是孙诒让。他擅长《周礼》，喜欢以古文经论政，被公认为清学的殿军。孙诒让乃张之洞典试浙江时所取的名士，尊张之洞为师，与其交往不断。他曾将自己的《周礼正义》"长编数十巨册"，"櫽栝觚理，写成一帙"②交给张之洞，而张之洞也十分推重他，在《劝学篇》里谈到治《周礼》时，张氏特别提到孙氏尚未完稿的《周礼正义》，叮嘱须看。后来，孙诒让著《周礼政要》，以古文经论政，气势颇壮，这与张之洞的奖掖和支持实分不开。1907年，晚清另一古文经学大师俞樾作古，张之洞曾专门致信给他的后人俞阶青，表示特别的钦敬和哀悼，并赞扬他"守朴学于经籍将息之秋"，"列儒林真无愧色"③。可见其最终也没有忘记自己的古文经学出身。

戊戌以后，张之洞在实际行政中也严格按照"中体西用"的原则，致力于"曲线"维护儒学的事业，一方面他继续推行"新政"，并相继议废了八股，奏停了科举，视书院改制和兴办学堂为新政第一要务；另一方面又严定儒学课程，增加学堂学经时数（相对于戊戌以前而言），并禁止讲

---

① 汤志钧：《近代经学与政治》，中华书局1989年，第226页。
② 孙诒让：《周礼正义》序，中华书局1987年版。
③ 张之洞：《张文襄公全集》卷221，第31页。

授"泰西哲学",声称"中国圣经贤传无理不包",不必"舍四千年之实理,而骛数万里外之空谈"①,然而,八股时文和科举制度的废罢,不仅没有给儒学甩掉包袱,反而导致了"遽患"。它夺走了蝇营儒经者的进身之阶,剥去了士大夫的自缚之茧,使他们更快地抛弃儒学功课,倾心西学而去。这是张之洞所始料未及的。

值得指出的是,对于废科举、兴学堂可能导致的对儒学的冲击,统治者内部也曾经普遍地怀有过疑虑。在说服当局采纳这一举措的过程中,不管张之洞的真实想法如何,他实际上都起到了至关重要的作用。1905年9月2日,他在与袁世凯一起上奏的那份著名的"请废科举折"中就专门强调,只要方法得当,废科举不仅不会有害于儒家经学,还可能因此"昌明"之。其奏折写道:

> 或虑科举一停,将至荒经。不知习举业者,未必其湛深经术。但因科场题目所在,不得不记诵经文。又因词章敷佐之需,不得不掇拾经字。故自《四书》《五经》而外,他经皆束置不观。即《五经》亦不皆全读,读者亦不尽能解,是何与于传经?今学堂奏定章程,首以经学根柢为重。小学中学,均限定读经讲经温经暑刻,不准减少;计中学毕业,共需读过十经,并通大义。而大学堂、通儒院,更设有经学专科;余如史学、文学、理学诸门,凡旧学所有者皆包括无遗,且较为详备。盖于保存国粹,尤为兢兢。所虑办学之人,喜新厌故,不知尊经,则虽诸生备谙各种科学,亦仅造就一泛滥无本之人才,何济于用。应请饬下各省督抚学政,责成办理学务人员,注意经学暨国文国史,则旧学非但不虑荒废,抑且日见昌明。②

然而事实证明,张之洞等人的想法是过于天真了。科举废罢不到一年,他就看到了他"不忍见闻"的"种种恶风怪俗":"有议请为罢四书五

---

① 张之洞:《筹定学堂规模次第兴办折》,《张文襄公全集》卷57,第21页。
② 朱有瓛主编:《中国近代学制史料》第2辑上册,华东师范大学出版社1983年,第111页。

经者，有中小学并无读经功课者，甚至有师范学堂改订章程，声明不列读经专科者"等等[①]。面对士人弃儒学就西学的"末流之弊"，张之洞"怵然不宁"，在国粹论的启发下，他终于想出挽救儒学的最后一个办法，即以特种学堂的方式保存儒学，创办专门的"存古学堂"。1906年，他在湖北首创这样的学堂，广集儒学图书，延请各门通儒为教员。翌年又奏请各省仿建。在《创立存古学堂折》中，他明确表示，"中国圣经贤传"等中国"国粹"绝不能"听其衰微，渐归泯灭"，而应该"宝爱护持"，以"延正学而固邦基"[②]。一时间存古学堂遍布全国。然而这些存古学堂自身却是"腐败情景，日甚一日"[③]，他所寄寓的最后希望不能不随之破灭。1909年，心力交瘁的张之洞终于发出"国运尽矣"的哀叹，弃儒学和清王朝而去。他死后仅两年，清朝统治便土崩瓦解，儒学丧失了封建王朝的依托，从此永远失去了往日的尊崇。

三　儒学的命运与"儒臣"的困境

张之洞关于儒学的思想和活动是引人深思的。首先，它清楚地反映了儒学在晚清的演变特点和历史命运，展示了封建统治者既要维护王朝统治，又要捍卫正统儒学的两难境地。千百年来，儒学作为封建文化的主体，和封建王朝互相依存，稳如泰山，牢不可破。而时至近代，现实的逼迫尤其是西方的冲击，却使其面临了"千古之奇变"。在新的形势下，封建儒学究竟如何适应现实统治的需要，在适应过程中又如何维护儒学自身？这个时代的难题就无可回避地摆在了统治者的面前。

在晚清，张之洞无疑是统治集团中对这个问题关注得最为持久，处理得较为灵活，意见甚为王朝所重视，于儒学也最有影响的代表人物。他揭

① 张之洞：《创立存古学堂折》，《张文襄公全集》卷68，第26—32页。
② 张之洞：《创立存古学堂折》，《张文襄公全集》卷68，第26—32页。
③ 《学部官报》1908年第58期。

橥"通经致用"的思想旗帜振兴儒学，号召儒学内部团结一致，消除门户之见，实现汉宋调和与朱王兼容，并强调治经"贵通大义"，提倡兼通诸子，恰好反映了封建儒学对于时代环境的最初适应。但随着民族危机的发展，西学的严峻挑战，仅此已远远不足以应变。于是在"致用"精神的接引下，儒学从兼通诸子发展到融汇西学，康有为的今文经学迅速崛起，其学"援西入儒"，以经论政，活跃一时。但康氏经学着眼于民族危机，以经学的外衣包裹近代资产阶级政治思想的内容，不仅无益于封建儒学，而且导致了"自扰"之害，因而为张之洞"中体西用"思想所排斥。"中体西用"代替"通经致用"，成为儒学维护自身而又适应现实环境的有力武器。从儒学学术史的角度来看，"中体西用"也可以说是儒学"会通"西学的一种模式、一种努力。但即使在"中体西用"的文化政策之下，作为"体"的封建儒学这时也不得不甩掉包袱，被迫"守约"，其最主要的任务就是守住儒经最根本的经义。于是传习儒学的世袭阵地——书院消失了，与儒学相与维系的科举制度废除了，最后只得借助新兴学堂的形式讲经研经，赖于"存古"，然已到山穷水尽、无可挽回的地步。整个晚清时期，儒学在本质上适应时代以维护封建统治，同时又自觉捍卫自身的轨迹，大体如是。它显示了传统儒学不断走向衰落的历史命运。

其次，从张之洞振兴和维护儒学的思想活动中，我们可以清楚地看到，他那复杂多变的色彩背后实具有着深沉不变的儒家性格。其自始至终都立足于儒学的那种高度自觉，理当成为我们认识其思想和事业的一把钥匙。张之洞本人曾自称："平生学术惟与儒近"，认为"儒之为道也，平实而拙于势，恳至而后于机，用中而无独至，条理明而不省事，志远而不为身谋，博爱而不伤，守正而无权"[①]。这是他对儒术"精髓"的提炼，也是他对其一生政治和学术文化活动的自我评价。

张之洞的确是一个儒学影响深入骨髓的人物。别的暂且不说，仅就其"明道守儒珍"的思想模式来看，就可见一斑。为了振兴和维护儒学，他

---

① 张之洞：《傅鲁堂诗集序》，《张文襄公全集》卷213，第7—8页。

从提倡"通经致用"，"汉宋兼容"，到"中体西用"，"会通中西"，实际上都不过是融会在他心灵深处的儒经"中庸之道"的反映，是"用中而无独至"的儒术运用。前者是将两者等量齐观的"用中"形式，后者则是一主一辅的"用中"形式。这一点，张之洞在《劝学篇》的序言里实际上已有过清楚的表白，他明确写道："凡此所说，窃尝考诸中庸而有合焉。"[1]正因为如此，辜鸿铭称张之洞为"儒臣"[2]，柳诒徵赞他"直将儒术殿炎黄"[3]，赵尔巽等也说他"历官各省，无不以崇尚儒术，修明文教为先图"[4]。清廷的《谕祭文》更作论："其新猷之建设，悉原旧学之研明。"[5]这些切中肯綮的评价，对我们认识张之洞的政治精神和文化品格，是大为有益的。而这一点反过来也说明，在清末，面对着西学西力的冲击，儒学并非仅是简单消极地处于被动防守的地位，其价值观念和思维方式因袭地渗透在大批官僚和士大夫的意识深处，从而能动地选择着西学，保卫着自己。

然而，如果仅仅停留于此，尚未见及张之洞与传统儒学关系的微妙之处。实际上，当我们审视前引张之洞夫子自道的所谓"平实而拙于势"和"守正而无权"的"儒学道术"时，发现他其实已在新的形势下和更大的强度上面临了儒者做人与治世内外矛盾、公私难调的传统难题。因为拙于"势"、"权"者，必然淡于功利。而淡于功利者，焉能讲求富强？这毋宁说与他所致力的洋务实政和救国护教的动机正相抵牾。传统儒学严于"义利之辩"，虽不绝对地反对功利，但却并未正面强调过功利的价值，以致人们总是羞于讲"功"言"利"，往往将其视作"义"、"理"、"道"、"德"的对立面，所谓"重义轻利"、"重德轻力"、"重道轻器"、"重理黜势"是也。这些规范如用在个人修养之上诚不乏高雅之处，若用作应对外患日亟的治国方策，就不免迂腐可笑了。正是鉴于此，张之洞在上述的儒学规范之上，自觉形成了对于个体和对于群体、国家两相分离的双重标

---

[1] 张之洞：《张文襄公全集》卷202，第3页。
[2] 黄兴涛等译：《辜鸿铭文集》，第418页。
[3] 柳诒徵：《张文襄祠》，《学衡》1924年第25期，《柳翼谋先生文录》，台北广文书局1970年，第539页。
[4] 张之洞：《张文襄公全集》卷首（上），第9页。
[5] 张之洞：《张文襄公全集》卷首（上），第3页。

准。即对于民族国家,"利"、"力"和"势"必须讲求,而对于个人来说,则当少讲或者不讲。

关于张之洞"临机"的此种选择,其心腹幕僚辜鸿铭曾有过敏锐的揭示,他说,张之洞鉴于清流党对外"以理制势"、"以德抗力"的失败现实,"遂欲舍理而言势。然舍理而言势,则入于小人之道,文襄又患之,于是踌躇满志而得一两全之法,曰:为国则舍理而言势,为人则舍势而言理。故有公利私利之说"。他因此批评张之洞未脱功利之念,其学恰恰本于他自己反复责难过的荀子,是"大醇而小疵"。张之洞为此辩解说:"我所讲求者乃公利,并非私利。私利不可讲,而公利却不可不讲。"并转而讥讽辜鸿铭"知经而不知权",即不懂因时制宜、通权达变的道理。没想到辜鸿铭接着又给其以有力的反驳:"当日孔子罕言利,然孔子亦讲私利乎?""《大学》言:'长国家而务财用者,必自小人矣。'然则小人为长国家而务财用,岂非亦系言公利乎?"他还批评张之洞真正不懂"权",所谓"权",即"用理得其正"之义,张之洞所谓"权",乃是为了目的不择手段之"术",而非"权",其振振有辞的"中体西用"论,也不过是一种天真的不伦不类的调和而已。面对此种清醒的理想主义的"醇儒"观念,张之洞当然只能是哑口无言,"默默让茶"了。①

从辜鸿铭和张之洞的相互指责中,人们不难看到传统儒学价值观念那种深层的内在紧张,它虽在强大的外患逼迫下,促使张之洞等儒者暂时对做人和治世、中学与西学保持了一种矛盾调和的选择,但同时却无法消除其在价值深层所面临的作为儒者人格分裂、进退失据的困惑与迷茫。或许,这才是最深刻意义上的儒学和儒臣近代困境的体现。

同样体现这一困境而令人深思的,当然还有张之洞捍卫儒学的思想和活动所产生的矛盾效果。特别是其晚年兴办学堂和奏废科举的努力,便不乏种豆得瓜、事与愿违的历史效应。后来深怀亡国之痛的遗老们追溯祸首,遂纷纷指责张之洞,说他"轻变学章",使得"少年狂易之徒,弃

---

① 见《张文襄幕府纪闻》中的《权》、《清流党》、《公利私利》、《务外》等篇,以及辜鸿铭同年以英文发表的著作《中国牛津运动故事》,可见黄兴涛等译:《辜鸿铭文集》,第423—428页以及第320—324页。

旧从新，尽取先圣之大经大法荡然扫地，无复留余。学术一歧，遂遭国变"①。这虽不尽公平，却也真实地道出了历史演化的复杂结局。

晚年的张之洞曾作过一首《惜春》诗，写道："老去忘情百不思，愁眉独为惜花时。阑前火急张油幕，明日阴晴未可知。"②可见其晚年对自己有关活动事与愿违的可能后果并非一无所觉。只是由于"阑前火急"，实无紧急应对的两全之道罢了。这一点，不仅显示了近代儒学衰落不可抗拒的历史命运，也集中地体现了张之洞维系儒学活动的悲剧意义。

（原载《清史研究》1999年第3期）

---

① 张之洞：《张文襄公全集》序，卷1，第2页。
② 张之洞：《张文襄公全集》，诗集四，第30页。